Teaching Chinese as a foreign Language

对外汉语教学心理学

汉语国际教育丛书

徐子亮◎著

华东师范大学出版社
·上海·

图书在版编目(CTP)数据

对外汉语教学心理学/徐子亮著. —上海:华东师范大学出版社,2007.10
汉语国际教育丛书
ISBN 978-7-5617-5660-7

Ⅰ.对… Ⅱ.徐… Ⅲ.对外汉语教学–教学心理学–研究 Ⅳ. H195 G441

中国版本图书馆 CTP 数据核字(2007)第 167418 号

汉语国际教育丛书

对外汉语教学心理学

著　　者　徐子亮
组稿策划　大中专教材事业部
项目编辑　曹利群
文字编辑　林　敏
责任校对　赖芳斌
封面设计　卢晓红
版式设计　蒋　克

出版发行　华东师范大学出版社
社　　址　上海市中山北路 3663 号　邮编 200062
网　　址　www.ecnupress.com.cn
电　　话　021-60821666　行政传真 021-62572105
客服电话　021-62865537　门市(邮购)电话 021-62869887
地　　址　上海市中山北路 3663 号华东师范大学校内先锋路口
网　　店　http://hdsdcbs.tmall.com

印 刷 者　常熟市文化印刷有限公司
开　　本　787×1092　16 开
印　　张　13.5
字　　数　222 千字
版　　次　2008 年 2 月第 1 版
印　　次　2022 年 1 月第 9 次
印　　数　12801–13900
书　　号　ISBN 978-7-5617-5660-7/B·344
定　　价　34.00 元

出 版 人　王　焰

(如发现本版图书有印订质量问题,请寄回本社客服中心调换或电话 021-62865537 联系)

汉语国际教育丛书编委会

主　编　潘文国　顾伟列
成　员　（以汉语拼音为序）
　　　　陈勤建　顾伟列　潘文国　吴勇毅
　　　　徐子亮　叶　军　张建民

目　录

序　言

中国经济的持续发展和中国国际地位的提高，中国与世界各国经济合作和文化交往的空前发展，在国际上形成了不断升温的"汉语热"，同时也催生了一门新的专业——汉语国际教育。汉语国际教育，顾名思义，是一门为在国际上进行汉语教育而服务的专业，是为国际汉语教学培养培训师资和管理人才的专业。这个专业是在中国国内原有的对外汉语专业的基础上发展而来的。它与对外汉语专业既有共同点，也有不同点。其共同点都是为了培养对外汉语教师和相关人才，不同点主要体现在以下几个方面：

第一，更加强调"国际"性。"对外"和"国际"两者的名称不同。"对外"是立足于国内，强调培养在中国国内从事对外国人进行汉语教学的师资；而"国际"则把这一任务从国内推向了世界，立足于全球，致力于在世界范围内培养从事汉语和中国文化教学的师资以及相关的管理人才。在国际上从事汉语教学，与国内从事"对外汉语教学"相比，其地理环境和人文环境都有很大的不同，会产生许多意想不到的困难和问题，需要教育者和受教育者去共同面对和解决。更重要的是，汉语国际教育表明：汉语教学不再是中国人的事，而成为一项国际性的事业。我们要适应这个转变，促成这个转变。

第二，更加强调"应用"性。汉语国际教育是作为一个专业硕士学位设立的，其服务对象是国际范围内在第一线从事把汉语作为第二语言教学的教师，解决他们所面临的迫切的问题，提高他们汉语教学的水平和能力以及效果和效率。这一专业培养和培训并重，既培养未来的国际汉语教师，又注重对在职国际汉语教师的培训提高。

第三，更加强调"广泛"性。与对外汉语教学相比，汉语国际教育更加强调广泛性。这里的"广泛"性，有人才的广泛性，除教学人才之外，还要有管理人才和译介人才；有对象的广泛性，要面临不同国家、不同语种的特殊要求；

有层次的广泛性,要适应各种起点的教学所需要的教师,等等。因此,我们必须因时、因地、因人、因任务、因目标制定和调整培养和培训方案,让汉语国际教育这个专业不断走向成熟。

华东师范大学是全国最早设立对外汉语专业的院校之一,也是最早设立对外汉语方向硕士点、博士点的院校之一,又是国家汉办和国务院侨办对外汉语教学和华文教育的双基地,拥有二十多年对外汉语教师培养和培训的经验和多名国内外知名的对外汉语教师培养和培训专家,有责任为汉语国际教育专业建设贡献一份绵薄之力。因此,我们组织编写了这套《汉语国际教育》丛书,以满足培养培训汉语国际教学骨干教师的需求。

这是一套开放性的丛书,力求体现汉语国际教育教学的国际性、应用性和广泛性等原则。汉语向国际推广是我国对外开放、提高国家软实力和实现和平发展的战略举措,我们拟先集中力量,围绕教师培养培训,积极做好能够反映汉语国际教育教学发展前沿的,理论、方法与实践紧密结合的教材建设工作。目前先出版 7 种,今后将根据需要和可能,进一步拓展范围。我们欢迎国内外专家积极投稿,支持该丛书的编写出版。

[作者系华东师范大学对外汉语学院教授]　　　　　　潘文国

2008 年 2 月 15 日

对外汉语教学心理学

第一章　绪　　论

　　《对外汉语教学心理学》是承袭语言心理学而发展起来的一门课程。它以普通心理学中最核心的内容为基础，汲取语言心理学中有关语言感知、语言获得、语言理解和语言生成等精华，引入认知心理学的基本原理，从教和学两方面来阐述汉语作为外语学习的心理活动、心理过程和心理规律，由此建立起具有对外汉语教学特点的心理学课程。对外汉语教学属于外语教学范畴，而外语教学因受心理科学发展的影响形成诸种不同的流派，这些流派的教学原则和教学特点，以及它们所依据的心理学原理，必然会直接或间接地渗透或融入到对外汉语教学之中。相关的教学理论和心理学原理，也在一定程度上充实和丰富了对外汉语教学心理学课程的内容。心理学对外语教学的影响和作用，外语教学中的心理因素，对外汉语教学心理学的性质与意义、研究对象与内容，这些都是本章首先要讨论的内容。

第一节　外语教学与心理学

　　语言习得的过程是一种心理活动过程，外语学习也不例外。要进行成功的外语教学，必须了解心理学对外语教学的影响和作用，研究语言的学习心理以及外语教学的心理活动过程和规律。

一、心理学对外语教学的影响和作用

　　在各门学科的学与教的过程中，自始至终都伴随着一系列的心理活动。外语教学更是直接受心理学影响的学科之一。特别是外语教学法，历史上各种流派的产生和形成，都受到心理学科的发展及心理学各种流派的作用和影

响。心理学所研究的感觉、知觉、记忆、想象、思维等心理活动和情感、意志等心理过程，以及需要、动机、兴趣、理想、个性等等①，都在相当程度上影响了外语教学法。

从外语教学的历史来看，从 17 世纪到现在曾出现过许多种教学法流派，它们都有相关的心理学理论作为基础。

（一）官能心理学与语法翻译法

官能心理学的创始人沃尔夫(C. Wolff，1679—1754)认为，人的心灵可划分为各种官能(faculties)，如感觉、想象、记忆、悟性、理性、意志等以及能力(powers)。与这些官能相应的心理活动是与生俱有的，能相互分离和独立地加以训练发展。官能获得训练和发展，又有助于学习其他知识内容和技能技巧。18、19 世纪教育中发展并流行的形式训练说，就是建筑在官能心理学的理论基础之上的。形式训练说认为，人的各种官能可用高难度的材料来训练，而复杂的拉丁文法是训练和发展学生智慧的最理想的材料。在官能心理学和以官能心理学为理论基础的形式训练说的影响下，酝酿并诞生了语法翻译法②。外语教学的双重目的(即利用母语作书面翻译的能力的培养和重视阅读能力的培养)、系统的形式语法的学习(即讲求词法与句法的系统和规范)、利用翻译的手段(即用母语来翻译讲解以及进行书面的读和译)、机械操练(如背诵语法规则、做大量的翻译练习)，这些语法翻译法的基本特征都源于官能心理学，它们潜藏着或渗透着感觉、想象、记忆、悟性、理性等心理活动或心理过程。

（二）内省理论、联想心理学与直接法

19 世纪后期，科学心理学诞生。被誉为实验心理学鼻祖的德国心理学家冯特(W. M. Wundt)倡导实验内省法，即自我观察法。通过内省实验，他认为："语言心理中起主要作用的，不是思维，而是感觉。因此，引入意识中的概念和表象所伴随的刺激应当尽可能有感觉的成分。而最强有力的感觉又是由音响表象所引起的。③"在这种心理学理论的影响下，以口语为基础、以模仿为主的直接法应运而生。直接法提出"用外语教外语"的原则，就是以"音

---

① 叶奕乾、祝蓓里主编：《心理学》，华东师范大学出版社 1996 年版，第 3—5 页。
② 章兼中著：《外语教学心理学》，安徽教育出版社 1986 年版，第 35—37 页。
③ 章兼中著：《国外外语教学法主要流派》，华东师范大学出版社 1986 年版，第 26 页。

响感觉"为基础,尽可能地使外语词语的声音跟词语的语义结合起来。著名知觉心理学家吉布森(J.J. Gibson)认为,对人类生活和学习起重大作用的是五种知觉系统:基本定向系统、听觉系统、触觉系统、味—嗅觉系统和视觉系统。它们分别从体内外环境中获得不同信息,产生不同知觉①。直接法提出口语先行,以直观手段进行教学,正是为了调动视觉、听觉、触觉、言语动觉器官等,使之整体配合、协调而起作用。心理学的"皮层痕迹"说认为联想是记忆的基础,而直观手段容易吸引学习者的注意并产生联想,联想越充分则记忆越牢固。直接法中"希望学生通过联想,使新旧语言材料建立联系"的基本观点即源于此。心理学的实验认为"重复可以看作是巩固原有的记忆痕迹的过程。②"即:复现率越高,越容易在记忆中保留。直接法提出的加大复现率帮助记忆的原则,就是以反复感觉、加深大脑皮层痕迹及其在新语境中的联想的理论为指导的。

(三) 行为主义心理学与听说法、视听法

20 世纪 40 年代,巴甫洛夫条件反射即两个信号系统的理论引起心理学领域的巨大反响,也对外语教学法的发展产生了深远的影响。美国心理学家华生(J.B. Watson)在条件反射学说基础上提出了行为主义心理学公式:刺激(S)—反应(R)。他认为人和动物的行为都可纳入刺激和反应的规范之中。而斯金纳(Skinner. B.F.)则进一步将其发展为:刺激—反应—强化,心理学称之为新行为主义。他把动物和人类的学习看作是操作,而强化是操作条件作用的结果③。听说法以行为主义的心理学说作为其理论根据,强调模仿和重复的机械性训练;受翻译行为对语言刺激反应迟缓的心理活动原理的影响,排斥或限制母语,要求直接用外语进行思维。50 年代法国创始的视听法或情景法,也正是在行为主义心理学的基础上,从刺激—反应的原理出发,把学习过程归结为幻灯图像和录音的声音信息刺激反复作用于感官而建立起来的条件反射。视听法重在视(图像刺激)和听(声音刺激)的互相联系及互相结合上,充分利用和发挥视觉、听觉感知的协同作用。这种认识在行为主义心理学中可以得到解释。因为语词概念有的和实物发生直接联系(如具体词);有的和图像发生间接联系(如抽象词)。声音和图像经过刺激—反应

---

① 邵瑞珍著:《学与教的心理学》,华东师范大学出版社 1990 年版,第 39 页。

② 同上注,第 50 页。

③ Skinner. B.F. *Verbal Behavior*. New York: Appleton - Century - Crofts. 1957.

的频繁联系,能建立起条件反射。因而当图像单独出现时,学生头脑中也会有表示图像意义的词语声音反应出来。同时,根据大脑对语言的感觉和外界的刺激总是作综合性反应(即通过视听觉理解语言材料是以整体结构形式实现的,不是由个别元素的行为决定的)这一心理学原理,视听法主张通过声音的整体结构(包括字音素、词语音节、句子语音流等)学习外语,整体地学习和记忆词语,整体地领会语句的意思①。

(四) 两个信号系统学说、心理学活动理论与自觉对比法、自觉实践法

巴甫洛夫两个信号系统的学说对外语教学产生的影响是巨大的。盛行于苏联 20 世纪 40 年代以前的自觉对比法即以此为其理论基础之一。学习外语是建立一套新的第二信号系统。根据两个信号系统的原理,外语学习要通过两种语言的对比,依靠并利用母语的第二信号系统对目的语的第二信号系统产生正迁移。一般而言,目的语的第二信号系统是在母语的第二信号系统的基础上同第一信号系统相联系的。而母语的第二信号系统的保守性对目的语的第二信号系统的建立也可能产生负面的干扰。因此,自觉对比法要求学习者自觉地进行语言对比,加强正迁移,控制负迁移。

产生于 20 世纪 50 年代末的自觉实践法是苏联外语教学改革的产物。A·H列翁季耶夫的活动理论(认为人的一切内部活动都来源于外部活动,活动是主客体转化的中介,内部活动和外部活动互相影响和制约)、A·A列翁季耶夫的言语活动论(认为外语教学必须在交际中进行)、加利佩林的智力活动按阶段形成论(认为心理活动是外部物质活动向知觉、表象和概念方向转化的结果。转化过程按阶段实现),这些心理学活动理论以及别利耶夫的外语教学心理学都是自觉实践法的心理学理论基础。别利耶夫的《外语教学心理学纲要》主张从自觉学习外语到自觉掌握外语,认为掌握外语的过程,就是用外语来思维的过程;只有自觉掌握外语,才是真正的掌握;而掌握了外语,具有自动化的外语熟巧,可以不经过翻译就能理解外语。A·A列翁季耶夫创立的"言语活动"论,提出外语教学必须紧密结合交际,以交际为重要手段。这些理论的影响和采纳,形成了自觉实践法的教学法体系②。自觉实践法在克服直接法的极端片面之处的前提下,继承了其合理的内核,同时也兼收并

---

① 徐子亮、吴仁甫著:《实用对外汉语教学法》,北京大学出版社 2005 年版,第 23 页。
② 章兼中著:《外语教学心理学》,安徽教育出版社 1986 年版,第 56—71 页。

蓄国外外语教学法流派（如结构法、情景法、视听法、功能法等）中行之有效的精华，不断充实、完善自己的教学法体系，因而得到语言教学界的肯定。

（五）认知心理学与认知法

20世纪60年代由于受现代语言学和信息加工理论的影响，兴起了认知心理学。其代表人物皮亚杰（J. Piaget）把行为主义公式修正为：S—(AT)—R。即一定的刺激（S）被个体同化（A）于认知结构（T）中，才能对刺激（S）作出反应（R），否则就没有反应的基础。皮亚杰和英海尔德（Piaget & Inhelder, 1969）指出：儿童认知的发展是通过智力结构的改进和转换而实现的①。在皮亚杰看来，客体只有在主体结构的加工改造以后才能被主体所认识，主体对客体的认识程度完全取决于主体具有什么样的认知结构。也就是说，头脑中如果没有相关的认知结构，即使刺激再强烈也无法作出反应。这就从根本上动摇了听说法赖以生存的行为主义S—R的心理学理论②。

50年代末，美国著名心理学家布鲁纳（J. S. Bruner）的"发现学习"理论也为认知法的产生打下了理论基础。他提出，教学以"学习者为中心"，教师应充分发挥学生的积极性和主动性，引导学生通过对所学对象的观察、分析、归纳等逻辑思维活动，自己去发现其中的规则和原理。这就是"发现学习"（discovery learning）③。它能激发学生的主观能动性，使其创造性地去完成自己的学业。

美国认知心理学家奥斯贝尔（D. D. Ausubel）提出的两种"学习"理论——机械性学习和有意义学习，更是认知法反对听说法的有力武器。奥斯贝尔认为，机械的模仿记忆是一种死记硬背，不可能保持长久；而有意义的学习是认知学习，即学习本身形成概念或原理，随后以某种可感觉到的方式与他们原有的思想联系起来时产生的学习，④这种记忆可以长期保持。

乔姆斯基（Noam Chomsky）认为，语言是受规则支配的系统，学习并掌握语言并不是学会某个特定的句子，而是运用规则去创造（构成）和理解新句子，规则性和创造性是语言的两个重要特征⑤。

---

① Piaget. J & Inhelder. B, *Memory and Intelligence*. New York：Basic Books, 1973.
② 徐子亮、吴仁甫著：《实用对外汉语教学法》，北京大学出版社2005年版，第28页。
③ 章兼中著：《国外外语教学法主要流派》，华东师范大学出版社1986年版，第190页。
④ 朱纯编著：《外语教学心理学》，上海外语教育出版社1994年版，第32页。
⑤ 彭聃龄主编：《语言心理学》，北京师范大学出版社1991年版，第24页。

正是在这些认知理论的作用下,外语教学又产生了新的教学法——认知法,或称认知—符号学习理论。这种教学法主张以学生为中心,进行有意义的学习和操练,强调对语言规则的理解和掌握,注重培养并提高全面运用语言的能力。

(六) 心理语言学与功能法

20世纪60年代后期发展起来的心理语言学关于外语学习的认识过程、学生用语言理解和表达思想、语言和思维过程的关系等阐述,对功能法产生了很大的影响。功能法强调以学生为中心,从学生的实际需要出发来制定教学目标。根据目标选择教学内容,确定教学方法。在学习过程中要发挥学生的自觉认识作用,进行有意义的合乎情理的交际训练。心理语言学的功能派如费利克斯和哈恩(Felix. S & A. Hahn)认为在外语学习过程中,学习者并不是复述所听到的语言,而是从接触到的语言素材里选择具体的语言结构,有规律地使用与本族语说话者有显著区别的语言。这些有毛病的语言形式是外语学习过程中不可缺少的一部分[1]。功能法对学生的错误不苛求,它认为不完善的交际往往是有效的,有价值的,而在学生表达时不断纠正错误只会分散学生的注意力,影响表达的进行[2]。

(七) 人本主义心理学与沉默法、社团学习法

上世纪60年代在美国产生了人本主义心理学。人本主义心理学的创始人是马斯洛(A. Maslow)和罗杰斯(C. R. Rogers)。

马斯洛将人与动物的本能加以根本区别,强调人的内在价值和潜在能力,提出了自我实现论。马斯洛认为人的生存需求具有五个不同的层次,生理需求是最基本的。在此之上分别为安全需要、归属感与爱的需要以及自尊和尊重他人的需要,而自我的价值实现是最高层次的需要。罗杰斯则强调以人为中心的理论,强调自我指导、自我意识,以促进人的自我实现。

人本主义心理学强调人的创造力,以人为中心,重视人的主观能动性和人的价值的实现,注意人际交往中情感的决定性因素和从整体的视角审视事

---

① 王初明著:《应用语言心理学》,湖南教育出版社1990年版,第48页。
② 徐子亮、吴仁甫著:《实用对外汉语教学法》,北京大学出版社2005年版,第33页。

物。罗杰斯的教学观认为在教育中要注意发展人的个性,强调教学应以学生为中心,教师的任务是引导和帮助学生适应环境的变化,鼓励学生自己解决问题。

人本主义心理学对外语教学法产生了重大影响。沉默法和咨询法这两种外语教学法即以人本主义心理学为理论基础。

1. 沉默法

沉默法由英国数学家兼心理学家加特诺(G. Gattegno)在 20 世纪 60 年代初首创。沉默法的主要学习理论认为:通过发现或创造获得的学习效果优于记忆和重复;相应的物体学习和解决问题的学习有助于提高学习效果。

沉默法的总体目标是通过语言基本要素的训练培养学习者的听、说能力。沉默法的主要特征是教师要改变传统的以教师为样板的方式,外语教师在课堂上应尽可能地保持沉默,让学生多开口,培养他们的独立性,提高自信心。

2. 社团学习法

社团学习法(Community language learning)也称为咨询法,由美国芝加哥 Loyola 大学心理学教授 Charles A. Curran 首创。

社团学习法吸取了心理学中的心理咨询的一部分理论和实践方法,把教师和学生的关系看作是心理医生和病人的咨询关系。

社团学习法的主要特征是让学生了解学习的价值,以明确学习动机;教师要创造一个轻松安全的学习环境,让学生克服成年人学习外语害怕出错的阻力,进行愉快的学习;在学习中既促进学生的思维活动也注意情感因素和需求。

Curran 把语言学习观总结为 SARD,即 S——安全感(security);A——注意力和进取心(attention and aggression);R——记忆和反思(retention and reflection),对学习内容进行反思,对学习目标进行评估;D——区别(discrimination),发现学习材料间的相互联系。社团学习法的学习进程围绕话题进行,教师在最初阶段主要起辅助作用,给学生提供对应的目的语和表达法;在后续阶段教师监督学生的话语并提供必要的帮助[①]。

---

① 束定芳、庄智象著:《现代外语教学——理论、实践与方法》,上海外语教育出版社 1996 年版,第 219 页。

（八）记忆理论和全身反应法

心理学关于"记忆痕迹"理论认为：记忆联系越频繁，刺激越强烈，记忆的联想和回忆就越容易。美国加利福尼亚圣何塞（San Jose）州立大学心理学教授 Jame Asher 吸取了"记忆痕迹"的有关理论创立了全身反应法。全身反应法旨在通过语言与行为的协调来进行语言教学。Asher 认为成年人成功的第二语言学习与幼儿母语习得过程相似。他认为，幼儿接受大人的语言指令一般先用身体反应，而后再学会用语言进行反应。成年人应该学习这种方式。Asher 还吸取了人本主义心理学重视学习中的情感因素的观点，认为对学生的言语输出应尽可能宽松，不作严格要求以减轻学生的心理负担，培养愉快的学习情绪，提高学习效率。

全身反应法的教学目标是培养学生的口语能力，教学手段是运用理解达到教学目标。教学内容由教师根据以祈使句为基本模式的课程计划决定。主要课堂活动是祈使句操练，用以调动学生的身体行为和活动①。

（九）习得理论、监控理论与自然法

近代心理学研究把重点放到了第二语言的学习上，心理学和外语教学法的关系就更为直接和密切了。20 世纪 70 年代，克拉申（Stephen D. Krashen）提出了"习得理论"和"监控理论"，并跟特雷尔（Traey D. Terrel）一起倡导自然法。他们认为语言的习得是在自然的交际情景中经常使用语言而发生和发展的，不仅儿童如此，即使是成人，也应通过这种方法来掌握语言。

自然法以克拉申的习得/学习假设、监控假设、自然顺序假设、输入假设、情感过滤假设等习得理论为主要理论基础。在语言教学中，强调自然习得，注重理解基础上的学习；课堂教学充分展开交际活动，注重内容而不追求形式的完美；努力提高学习者的学习兴趣，营造轻松的学习气氛，提倡自我纠正，等等。

自然法是源于第二语言习得理论的一种语言教学法。第二语言学习中的心理因素在自然法中得到了重视和体现。

综上所述，足见外语教学法的形成和兴起，无一不是直接地或间接地跟

---

① 束定芳、庄智象著：《现代外语教学——理论、实践与方法》，上海外语教育出版社 1996 年版，第 209 页。

心理学理论的发展有关。心理学理论每进展一步,就会有相应的新的教学法或改进了的教学法出现。当前,由于认知心理学的发展,心理学走上了一条融合各派长处的新路,外语教学也因此出现了较多的交际法与传统教学法相结合的教学模式。

二、外语教学中的心理因素

人的心理现象是多种多样的。人的各种活动,诸如劳动、工作、学习、交际、运动等等,可以说都是某种心理现象的反映。在众多的心理现象中,人的心理活动所包括的心理过程和个性心理,是其中最为重要的部分。

(一)心理过程

心理过程是一种变化着的心理现象。这种心理现象包括认识过程、情感过程和意志过程三个方面。认识过程包括感觉、知觉、记忆、想象、思维等心理活动,例如,人文学科、自然学科、语言学科等的学习和认知的活动和过程;情感过程是人在认识客观事物的过程中所引起的对客观事物的某种态度的体验或感受,例如喜爱与厌恶、热心与冷漠、欢乐与惆怅等;而意志过程,则是在认识和情感的作用下,人有意识地克服内心障碍与外部困难,坚持实现目标的过程。这三方面是统一的心理活动的不同侧面,心理学称其为心理过程[①]。

(二)个性心理

个性心理是一种稳定的心理现象,它包括个性倾向性和个性心理特征两方面。个性倾向性包括:需要、动机、兴趣、信念和世界观;个性心理特征包括:能力、气质和性格等方面的差异。两者的有机结合,形成人的不同的个性[②]。

(三)心理因素对外语教学的影响

外语教学是第二语言教学。在第二语言教学中,心理因素产生极其重要的影响。其中认识过程是学习的主要心理活动。例如学习生词,对词音的接收要动用听觉;对词形的接收要动用视觉;对词语的说写要动用口舌或手指的动觉,这些不同感觉相互联系和综合的结果,就有了对某个生词的知觉。

---

① 叶奕乾、祝蓓里主编:《心理学》,华东师范大学出版社1996年版,第3—5页。

② 同上注。

知觉了的生词也可能被遗忘,因此要采取措施(例如复述、再现或再认)加强记忆。生词往往有若干义项,要运用想象去探究其内部的关联,同时在思维时能够从记忆中选择、提取和应用。这些就是学习第二语言的认识过程中的心理活动。第二语言学习既是一种认知心理过程,又是一种与情感密切相关的心理活动。在认知与学习的成就中,情感因素起着相当重要的作用。例如学习生词,在有限的时间内,如果生词数量过多,就容易产生厌烦情绪;生词数量适当,就会有一种愉悦和顺利感。对一个句子的含义,如果能较快地领悟与把握,则会充满自信;如果不得其解,就会焦虑烦躁。对一篇课文,如果艰深而难懂,就会有畏难情绪产生;如果能顺利地阅读和理解,就会萌生成就感。而课文的内容诸如故事、情节的波折,人物命运的坎坷,结局的出人意料,说理的透彻和周密等等,也会激起学习者的喜悦、欢快、同情、悲伤、欣慰、信服等情感上的起伏,从而激发学习和探究的兴趣。以上种种都是语言学习心理活动中的情感过程。在第二语言学习的心理活动中,学习者能否完成认识过程,能否控制情感过程,得看个人的意志因素。有学习意志且意志强者,能知难而上,达到学习目标;无意志或意志薄弱者,则往往遇难而却步,学习成效不大。综上所述,可以看到,在学习外语的心理现象中,认识过程、情感过程与意志过程三者是互相支撑、有机结合而缺一不可的。这种心理上的影响既表现在语言学习过程中,也体现在学习者个体的差异上。

学习者个体的心理差异也直接影响到外语的学习。这种心理差异具体反映在学习的动机、态度、意志、个性特征等方面。学生学习目的明确、目标专一,那么这种适当的学习动机就会带来良好的态度,具体表现为学习积极主动,能在个人意志努力下克服学习上的各种困难;反之,不恰当的动机和消极的学习态度则会导致对学习失去兴趣以致半途而废。不同的性格特征和个性差异也会影响到学习效果。例如外倾型和内倾型的性格类型,前者表现为爱交际、爱说话,因而有利于语言学习中的口语和听力技能的提高,以及交际能力的培养;而后者表现为勤于思考,基础扎实,因而更有利于把握语言结构形式的严谨性和周密性。

第二节　对外汉语教学心理学

对外汉语教学心理学主要研究外国人在汉语学习和应用过程中的心理

现象和心理活动。明确对外汉语教学心理学的性质和意义，熟知这门学科的研究对象和内容，就能区别于一般的教学心理学与语言心理学，把握对外汉语教学的特点及其心理规律。

一、对外汉语教学心理学的性质与意义

对外汉语教学心理学是汉语作为外语教学的心理学，属于外语教学心理学范畴，是一门学科心理学。外语学习反映出一定的心理现象，外语学习的过程也是心理活动的过程。对外汉语教学心理学研究汉语作为外语教学过程中的心理现象以及心理活动规律。

教育心理学认为：从学习过程与教学过程的相互关系来看，学与教事实上是对同一过程不同角度的理解。学习过程侧重于学生内部的心理发展过程，而教学过程侧重于教师的教，表现为一种物质活动的外部过程，外部过程必须以内部过程为基础，又促进内部过程的不断发展[①]。研究教学，提高教学质量和水平，首先应该了解学生是如何学习的，研究学生内部的心理发展过程。对外汉语教学心理学研究汉语作为外语教学过程中学生的学习心理，就是研究学习的内部过程，是从根本上为对外汉语教学水平的提高奠定基础。对外汉语教学心理学也研究对外汉语教学的外部过程，即教师的教学，特别是教学过程中的心理现象与规律，并以此来促进学习的不断发展。对外汉语教师具备了一定的对外汉语教学心理学知识，了解言语活动的心理特点、了解学习者的语言认知过程和情感因素、了解和把握学习者的共性心理和个性特征，将有助于有效地组织教学、顺利地完成教学任务、成功地实现教学目标，从而提高教学质量和教学水平。同时，对提高教师的学科素养和自我教育能力也有着积极的意义。

对外汉语教学心理学在研究和解决对外汉语教学过程中反映出有关心理学领域的问题的同时，也为对外汉语教学学科的发展，提供了大量的资源和理论依据。从心理学角度的分析和拓展，丰富了对外汉语教学学科的内涵，开拓了学科视野，促进了学科向深度与广度的进一步发展。

二、对外汉语教学心理学的研究对象与内容

对外汉语教学心理学的研究对象有三个方面：

---

① 莫雷主编：《教育心理学》，广东高等教育出版社 2002 年版，第 2 页。

（1）汉语作为外语学习的心理过程与规律

掌握这方面的心理过程与规律，有助于知识的接收、保持、记忆和提取，也有助于阅读、说话、听话和写作能力的培养和提高。

（2）汉语作为外语教学的心理因素与规律

掌握这方面的心理因素与规律，有助于调动认知成分、情感成分和意志成分，保证学习沿着健康、正确与有效的方向前进。

（3）学习者和教育者在整个教学过程中的心理现象及其变化

掌握这方面的心理现象与变化，可针对学习对象的特点采取适当而正确的教学方法和教学措施，使教与学始终和谐而有效地进行。

基于此，对外汉语教学心理学的主要内容包括：

（1）对外汉语教学心理学的基本论述与基本概念，包括外语教学与心理学、外语教学中的心理因素、对外汉语教学心理学的性质、意义、研究对象等。

（2）汉语作为外语学习的心理机制和学习过程，包括汉语作为外语的感知、理解和记忆。

（3）从语言技能角度出发的对外汉语的听力教学、口语教学、阅读教学与写作教学的心理机制，教学难点的心理分析以及听、说、读、写能力培养的策略和方法。

（4）与汉语作为外语学习相关的因素，包括学习者的认知风格、情感因素以及教师心理特点的分析。

根据上述四个方面的内容，本书章节的具体安排为：第一章概述外语教学与心理学以及对外汉语教学心理学的性质、意义，研究对象与内容。第二章阐述汉语作为外语学习的心理基础，包括生理基础、心理机制、学习过程以及知识和技能的掌握。第三章阐述汉语作为外语的感知和理解，分别介绍各种感觉在第二语言感知中的作用、汉语作为外语的言语知觉和汉语作为外语的词汇理解、句子理解和话语理解。第四章阐述汉语作为外语的记忆，具体内容有记忆特征、汉语作为外语的识记、保持和遗忘、再认和回忆。第五章至第八章分别阐述对外汉语听力教学、口语教学、阅读教学、写作教学的心理机制、教学难点的心理分析和能力培养。第九章阐述汉语作为外语学习的学习者心理，论述与汉语学习密切相关的学习者的认知风格与情感因素。第十章阐述对外汉语教师心理，包括对外汉语教师的角色与能力及其人格特征。

　　《对外汉语教学心理学》属于外语教学心理学范畴,是一门学科心理学。它撷取了普通心理学的主要内容,引入了语言心理学和认知心理学的基本原理,揭示了对外汉语教学的心理过程和心理规律。

　　心理学的发展,影响着各种外语教学法流派的形成。每一个外语教学法流派的出现,无一不是心理学的研究和发展取得一定成就的产物。

　　外语教学中的心理因素,最为重要的是人的心理活动。所谓心理活动,一是指不断变化着的心理过程,主要有认识过程、情感过程和意志过程三个方面;一是指比较稳定的个性心理,主要有个性倾向(如需要、动机、兴趣、信念和世界观)和个性心理特征(如能力、气质和性格)。它们直接或间接地影响着外语教学。

　　对外汉语教学心理学的研究对象是:学习的心理过程和规律,教学的心理因素与规律,学者与教者在教育过程中的心理现象及其变化。其研究的内容是:对外汉语教学的基本论述与基本概念,汉语作为外语学习(包括听、说、读、写)的心理机制和心理过程,学习者的心理活动与教学者的心理特点。

知 识 运 用

　　1. 外语教学法各个流派的形成分别受到什么样的心理学研究成果的影响?

　　2. 人的心理活动主要是变化的心理过程和稳定的个性心理。联系本人学习外语的经验和教训,谈谈这些因素对外语学习的作用和影响。

研 究 热 点

　　对外汉语教学宜采用怎样的教学法?有人主张听说领先,有人主张听说读写齐头并进,有人主张先认读汉字,请谈谈你的想法。在吸取各家之长形成具有汉语特点的教学法过程中,应该汲取哪些心理学的研究成果?

第二章　汉语作为外语学习的
心理基础

汉语作为外语的学习，和所有外语学习一样，有其一定的生理基础和心理机制。生理基础涉及大脑的组织及其神经活动；心理机制涉及信息的贮存和记忆。汉语作为外语的学习和认知活动，正是在生理和心理这两个平台上进行的。研究汉语作为外语的学习，不仅要注意学习的外显行为，更为重要的是要探索学习的内隐机制。除此之外，还要讲究汉语作为外语学习的知识掌握和技能熟练的途径。本章就是围绕着这些基本理论和核心问题来阐述和展开的。

第一节　汉语作为外语学习的
生理基础和心理机制

汉语作为外语学习，有其一定的物质基础。这就是大脑和人体的神经系统。外国学生能学习和认知汉语，正是依赖于神经系统中的神经细胞进行信息传递而最终贮存进大脑的。因此有必要了解神经元的结构和功能，了解大脑的组织。汉语作为外语学习，还有其一定的心理机制，从信息刺激感官，到遗忘或贮存，直至记忆并化为自动化，不断改变着、充实着学习者的认知结构，积累和丰富着世界知识，这些活动和过程，都有其内在的规律。学习和了解语言学习的一些心理机制，有助于研究汉语作为外语的学习和认知。

一、汉语作为外语学习的生理基础

人类对语言的认知是一种高级的神经活动。这种活动是以人类的大脑物质为基础的。了解人类的高级神经活动机制，有助于我们把握人类的认知心理过程。

（一）语言学习的物质基础——神经元

人的脚踩在有刺的东西上，会感觉痛；盲人的手接触到钻有许多孔的盲文，能意识到是什么意思；人的眼睛看到外界的实物（包括文字），耳朵听到外界的声音（包括语音），就能认识事物（包括语言）。这一切的发生，全依靠人的神经、脊髓和大脑。也就是说人类对周围世界的认知是建立在人的生理基础之上的。

1. 神经元

人体的神经系统是认知的物质基础。神经系统中最重要的组成部分是神经元，也就是神经细胞。"大脑大约有 1 000 亿个神经元，每个神经元具有相当于一部中型计算机的处理能力。"[1]

神经元是神经系统的结构和功能单位，是专门负责传递和加工信息的细胞。它由细胞体和突起组成。细胞体的外延有一些短支，叫做树突；另有一条与细胞体相连接的细长管道，叫做轴突，如图2-1所示[2]。

轴突是神经元互相联系的通道。一个神经元的轴突向另一个神经元的树突伸延，通过轴突尾部分叉的终端芽，与其他多个神经元的树突紧密接触，叫做突触。一个神经元可通过突触，对多个神经元施加作用；另一方面，一个神经元

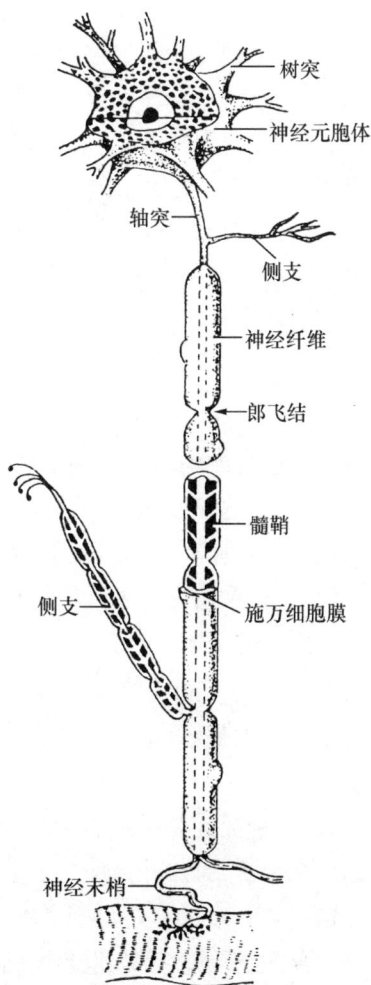

图 2-1　神经元模式图

树突
神经元胞体
轴突
侧支
神经纤维
郎飞结
髓鞘
施万细胞膜
侧支
神经末梢

---

① 桂诗春编著：《实验心理语言学纲要》，湖南教育出版社 1991 年版，第 73 页。

② 柏树令主编：《系统解剖学》，人民卫生出版社 2001 年第五版，第 306 页。

的胞体或树突，也接受众多神经元的影响。神经元之间就是通过这种方式系连起来，进行接收整合和传递信息。

2. 神经元的信息传导

神经元的信息，是以脉冲方式沿着轴突进行传递的，就跟电线中的电流传导相仿，即轴突终端在轴突的一边发出化学物质，叫做神经传导物（或叫神经递质）。而神经元在突触处并不是连接在一起的，而是有一个间隙。神经递质通过这个间隙，让神经元内膜集中较多的阴性离子，外膜则集中较多的阳性离子，造成膜内外相差 70 毫伏的电位差。这种电位差视神经递质的不同而有所增减。减少电位差的突触联系叫做兴奋，增加电位差的叫做抑制。

一组轴突相互联结，可延伸至一定的距离，就像电缆中成束的电线。一个轴突或将信息输入中枢神经系统（脊髓和大脑），或从中枢神经系统输出信息。输入和输出不能兼具。所谓"神经"，就是由传入和传出两种轴突组成。比如，脚踩到尖刺上，引起脚部痛神经元突触的兴奋，它们便一个接着一个像接力棒似的把痛感传递到脊髓，并由脊髓传送给肌肉，促使脚做出从尖刺上移开的反射。如果这种痛感由脊髓上传到大脑，就给大脑留下了"尖刺伤害人，应避而远之"的经验与记忆。盲人之接触盲文，使手部的神经元突触兴奋起来，并传递到脊髓，再由脊髓传到大脑，在那里，传递的信息得以汇集和整合，从而意识到盲文所表达的意思。而健全人的视觉或听觉同样也是通过神经元把看到的实物或听到的声响一一传递给中枢神经系统。由于颈以上部位的感觉传递不经过脊髓，由头部神经直接完成，所以视觉神经把眼睛得到的信息传到大脑，听觉神经把耳朵得到的信息传到大脑，传递的距离短，反应也就比较快。

反之，神经元突触也能经过传递，抑制另一个神经元的活动。比如尖刺的东西很名贵，脚移开会使之滚落下去而毁坏，在此种情况下，大脑可能发出抑制信息，不让发出移脚的行为。再如，盲文篇幅太长或者文字记号（刺的孔）模糊，大脑不能接收，也会发出抑制信息，限制神经元活动，使行为不再继续下去。又如，视觉神经和听觉神经的疲劳和效率不高，实际也是大脑抑制神经元活动的结果。

3. 神经元的类型和信息的神经表征

神经元有各种类型，有的是感觉神经元，作用是传递痛痒、冷热、损伤、触摸、视听等等感觉，比如脚踩尖刺，手触盲文，眼观外物，耳听声响等；有的是运动神经元，作用是激活肌肉，比如手脚活动，口腔发声等；有的是中间神经元,介于感觉神经元和运动神经元之间,起"上通下达"接力棒式的传递作用。人们的思考、觉察和感受,很大部分是大脑中数目庞大的中间神经元活动的结果。而人们的行为是神经系统中所有神经元交互作用的一种复杂的结果。比如,人因脚踩尖刺而引起痛痒、损伤的感觉,由神经元一个接连一个传递给中枢神经系统(脊髓或大脑),再由脊髓或大脑返回信息到脚,激活脚部肌肉活动而把脚从尖刺上移开。这里就有庞大的神经元进行着传递和交互作用的活动。而大脑的认知活动正是由庞大的神经元编成神经活动型式(即编码)来实现的。比如识字活动,一个方块汉字"腿"的外形,由视觉神经把"腿"分解为"月、退"等几个部分在有关的神经元之间进行层层传递;"腿"的语音,由听觉神经分解为"t、u、i"等几个音在有关的神经元之间进行层层传递;"腿"的意义则可能从图画或实物通过视觉神经元进行传递,或者可能从母语的对应义"leg",由听觉神经元进行传递。外界的有关这个汉字的信息,由各种类型的神经元传递到大脑,在那里得到整合而编成一个神经活动型式,于是人就认知了"腿"这个汉字。

(二)语言学习的物质基础——大脑组织

人类的中央神经系统包括大脑和脊髓。脊髓有把大脑神经信息传递到肌肉(如促使口腔肌肉活动而说话,或促使手指肌肉活动而书写)和把身体的感觉又传递回大脑(如感到发音不标准,或感到书写不正确)的功能。大脑内部有许多神经结构,如控制呼吸、吞咽、消化的髓鞘,调节肌肉运动或随意活动的小脑,传递肌动和感觉信息到皮质区域的丘脑等等。在这些结构外面,覆盖着一层灰质,叫大脑皮质,也叫新皮质。大脑皮层的面积有 2 200 平方厘米,要把这么大一块薄膜盖在颅骨上必须折叠起来,因此大脑皮层表面布满许多脑回和脑沟,像胡桃似的呈现着许多褶皱。

大脑皮质有许多重要功能区域。如额叶中央前回是运动区域,支配对侧身体各部分的自主运动。顶叶中央后回是感觉中枢,接受来自对侧身体各部分的感觉。枕叶内侧,是视觉中枢,接受来自两眼的对侧一半视觉刺激。颞叶上回和横回,是听觉中枢,接受来自两耳的听觉刺激。而皮质上的褶皱或裂沟把这些区域分隔开来。

人的大脑分为左右两半球,人体的右部与大脑左半球相联系,左部与大脑右半球相联系。两个半球的功能具有一侧优势。人体解剖学和人体生理学的研究表明,左侧大脑半球为语言的优势半球,大脑的左半球主要进行语言、文字、计算等符号与分析的信息处理；右侧大脑半球在非语词性认识功能上存在一定功能优势，音乐才能、图形、空间辨认、深度知觉和触觉认识等信息加工更多依赖于右半球。人脑高级功能向一侧半球集中的优势现象是相对的，不是绝对的。左侧半球也有一定的准语词性认识功能，同样右侧半球也有一定简单的语词活动能力。

人体的神经系统是人的心理产生的自然前提和物质基础。人的心理由人的高级神经系统的活动而产生，而人类对现实世界的认知则是人的心理高度发展的结果。

二、汉语作为外语学习的心理机制

一个词语或词组（比如中文的"禁止右转"或英语的"no right"），一种实物或标志（比如➡️），为汽车司机的视觉神经所接受，由神经元传递到大脑皮质的有关区域，在那里得到加工和识别，并反过来把大脑的意识传递给手的肌肉，激发手的肌肉作出相应的反射活动：扭转方向盘，朝前驾驶，或向左转。这里包含了人们接受和输出信息的心理活动过程。

（一）接受和输出信息的心理活动流程

人是怎样接受外界的信息并进而作出输出反应？先看下面的心理活动示意图①：

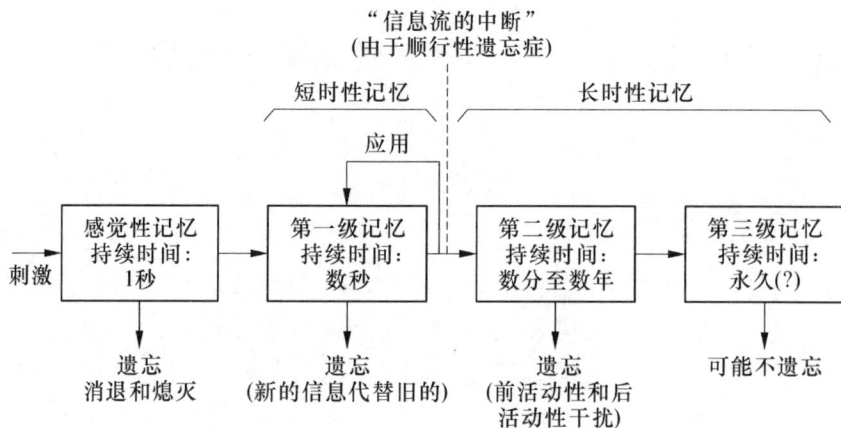

"信息流的中断"
（由于顺行性遗忘症）

短时性记忆　　　　　长时性记忆

应用

刺激 →	感觉性记忆 持续时间： 1秒	→	第一级记忆 持续时间： 数秒	→	第二级记忆 持续时间： 数分至数年	→	第三级记忆 持续时间： 永久(?)

遗忘
消退和熄灭

遗忘
（新的信息代替旧的）

遗忘
（前活动性和后活动性干扰）

可能不遗忘

图 2-2　人的信息处理过程

---

① 张长城、葛斌贵、周保和主编：《人体生理学》，科学技术文献出版社 1993 年版，第 190—193 页。

如图2-2所示,人类信息的贮存和记忆可分为两种形式和四个连续的阶段。两种形式为短时记忆和长时记忆;四个连续阶段为:感觉性记忆、第一级记忆、第二级记忆和第三级记忆。

外界的刺激物作用于感觉器官,如司机行车时看到多种物体,听到多种音响,它们通过感觉性传入冲动(即信息)到达脑的感觉区域,如果是无关紧要的信息,如看到的房子,听到的风声,则在感觉性记忆中储存极短的时间(不到一秒钟),就会消失。如果是比较重要的信息,如看到标志牌上"禁止右转"的交通警号,则要在记忆中进一步加工和整合信息,使之从感觉性记忆转入第一级记忆。

第一级记忆储存的信息犹如指针,它会唤醒早先贮存于大脑长时记忆中的知识(如交通常识),找到与外界信息相同或相近的型式,并由大脑据此发出指令:直走或左拐。车驶过去之后,储存于司机的第一级记忆(即短时记忆)的"禁止右转"这个信息,也随之而忘,因为短时记忆中信息存放的时间也很短,只有几秒。路面上有许多新的信息(如红绿灯、路牌、限速等等)接踵输入司机的感觉器官而进入短时记忆,挤掉了旧的知识信息。

但是,这位司机在这条路上走过几次后(即经过反复实践后),"这条马路不能右转"的信息上升为经验(知识的一种),而贮存到第二级记忆。第二级记忆属于长时记忆,不仅容量大,而且时间长。出租汽车司机头脑里有一张城市交通的活地图(包括哪条路是单行道,哪条路是步行街等),就是反复开车的实践和觅路的经验逐步积累的结果。当然,如果这位司机以后不干这个职业,那么由经验得来的知识,也会因为先前的或后来的信息干扰而淡忘,乃至遗忘。

第一级记忆的信息痕迹,通过长期运用,进入第三级记忆,一般不会被遗忘,比如自己的名字、出生地、出生年月、就读的学校等等,很可能成为永久记忆的知识。

(二)心理活动的自动化过程

人在接收或输出信息时,需要集中精力去听、去看、去思、去行动,这就是注意。注意是大脑的一种资源,它是有限的。人在使用注意资源时,有时必须调动所有的资源,比如学开汽车时,必须全神贯注;有时只要付出一部分或少量的注意资源,比如技术熟练的司机可以边开车边交谈。这说明经过练习,可以减少注意力,练习越多,需要的注意力就越少。高度熟练的过程甚至无需多少注意,这就是自动化。学习外语一些词语和某种语法规则,通过强化练习,能自如地运用这些外语词语来造作合乎某种语法规则的句子,或者能正确地理解这样的语句,这就意味着在这个局部范围里,达到了自动化或准(接近)自动化的过程。

综上所述,认知过程可以分为两种不同类型:无需注意的自动化过程和需要注意的控制过程。学习知识和技能,开始时都需要付出较多的注意力来控制,学开车是如此,学语言也是如此。"一心以为有鸿鹄将至",注意力涣散,是学不好的。通过一段时间的控制性的反复练习,如何利用手脚配合来驾驶汽车,如何遣用某些词语来造作某种语句,逐渐形成一套次序并作为一个单位被学下来,而且连同适用某种场合(如汽车的左转、右转、倒车,某种语句的使用语境等)也一起作为程序被保存下来。以后只要这个场合出现,就会自动地用上这种程序,不必临时去编写程序,这就是自动化过程。因此,"所谓自动化,无非是建立程序,并储存起来供以后使用。①"但是,自动化的程序有着固定化的特点,一旦建立,就会照章执行,很难进行修改。外国学生学习汉语所出现的用词或造句的错误,往往难以纠正,就是因为建立了不正确的自动化程序的缘故。

人在某方面建立了自动化程序,就能分配注意资源到别的感觉器官,也就是说可以同时做两件事,比如司机边开车边听音乐,学生边听课边记录等。当然如果使用的是同一种资源(如耳听的注意资源,或口说的注意资源),则不能"一耳兼听"或"一口两用",例如,不可能在同一时间听两篇广播或念两篇文章。

(三)认知基础

语言的认知活动不仅需要有语言学习的物质基础,而且还需要有语言学习的心理机制,汉语作为外语的学习和认知,正是在这两个平台上进行的。

1. 结构和过程

认知活动包括结构和过程两个部分。两者之间有协同和交互作用。他们有点像蜜蜂的蜂房结构和蜂房内部的工作过程。蜂房的结构和构造是由蜜蜂修建的,而且结构的大小、形状、位置、容量等一般是不变的。同时,蜜蜂的采集、运输和贮存等活动过程却在不断地变化。而这些变化与结构也有一

① 桂诗春编著:《实验心理语言学纲要》,湖南教育出版社 1991 年版,第 100 页。

20
对外汉语教学心理学

定的关系:即过程影响着结构(蜜蜂采集、贮存的蜂蜜充满了蜂巢结构),结构制约着过程(蜜蜂的运输和贮存必须遵照蜂房结构的分布和路径)①。

认知心理学称说的结构,大多是比喻性的,如贮存箱、框图、树、图书馆、加工水平、图式等等。认知心理学指称的过程,是"以某种方式分析、转化或改变心理事件的操作或职能系统"②。比如语词"酿造"和"酝酿"的学习,传递到短时记忆后,进行形、音的分析和编码,从而转化成电码式的符号进一步输送到长时记忆贮存箱,在那里得以整合(操作)而恢复原状(其形归入偏旁部首系统,其音归入音序系统)。由于"酿造"一词跟"蜜蜂酿蜜"的具体事件(图式)容易挂钩和联想,因此形成并获得了这个词的意义和概念。"酝酿"一词的涵义则比较抽象,不易接受和理解,在传递或识记途中已被遗忘。认知活动中的这些分析、编码、遗忘、转化、概念的形成等等都是过程。而诸如此类的活动过程,它们可以充实或部分地改变原有的知识结构。比如,"酿造"一词的输入,伴随着"酿蜜"、"酿酒"的意义和概念,扩大了、丰富了原来的词语知识结构(认知心理学称为心理词典)中"打造、建造、构造、编造、创造、制造"等词族体系。

2. 世界知识

人类由于认知活动的不断开展、扩大和深入,贮存和积累了丰富的、大量的、乃至渊博的自然科学和社会科学知识,包括物理的、化学的、天文的、地理的、动物的、植物的、历史的、政治的、经济的、语言的、文化的、科技的等等,统称为世界知识。这些世界知识是学习语言所必不可少的。在汉语中,词语的意义搭配就得靠世界知识的支撑。如气温说"高低",不说"大小";积雪说"溶化",不说"溶解";高山说"峻峭",不说"开阔";建筑说"雄伟",不说"雄壮"等等,都跟世界知识有关。汉语水平考试(HSK),测定的虽是汉语的听力、语法、阅读、综合应用等水平,但包含在语言之中的却是大量的、各方面的知识,如果缺乏世界知识,就可能弄不明白或理解不了考试的语料。而学生对某些方面的知识(如学校生活、音乐、体育、旅游胜地等)比较熟悉,题目中有关这样的内容就容易明白和理解;如果对某些知识(如经济、历史等)比较生疏,则题目中涉及的相应内容,理解起来就比较吃力。

语言知识也是世界知识的一部分。它是汉语作为外语学习的最为直接

---

① [美]罗伯特. L. 索尔索著,黄希庭等译:《认知心理学》,教育科学出版社1990年版,第9—10页。

② 同上注。

的知识。儿童学话,因为没有语言知识,只能从模仿大人说话中习得。成年人因为有母语的语言知识,或者有学习外语的语言知识,他们能在短时期内学得汉语,就是得益于语音知识、词语知识、语法知识的借鉴和迁移。

语境知识,是预期和理解语料意思的最为有效的知识,也是话语说得得体和贴切的重要因素。比如"潦草"一词,原意是"写字不工整",但在"办事不能马虎潦草"的句子中,没有"不工整"的含义,而学生能体会出这个词语含有"不认真、不仔细"的意思,就是从上下文的语境中推想出来的。又如"光临"一词是表示欢迎客人或顾客来到的敬辞,但如果不分场合,用这个词说自己来到什么地方(如"我光临商店"),那就很不贴切了。

生活经验是一种非常有用的常识,对听力和阅读理解更有着直接的关系。比如生长在东南亚的学生,没有感受过冬天北风的寒冷,因而对"寒风刺骨"这个词语理解和体会不深。但是当他们冬天到中国的北方去旅游,饱尝"寒风"钻入身体的苦楚后,就能真正理解和体会到这个词语的形象和生动了。

对语言特有的感受,直接影响学习语言的速度和效果。有的外国学生具有学习语言的天赋,他们往往在学习汉语前,已经学过一种或多种外语,这些学习语言的经验有助于对汉语的认知和掌握。而有的学生缺乏这方面的接受能力和天赋,他们接受汉语的知识以及技能的转化就比其他同学要迟缓一些。

第二节　汉语作为外语学习的过程

汉语作为外语的学习,有看得见的学习活动,那是学习的外显行为;也有看不见的学习活动,那是学习的内部运作。行为主义心理学只阐述学习的外显行为,注重"刺激—反应";认知心理学讲求学习的内隐活动,努力揭示内部运作的规律,以便更为有效地学习和认知所学的语言。

一、学习的外显行为

所谓学习的外显行为,是指看得见、听得到、摸得着的学习活动。它包括两个方面:学什么(学习的内容)和学得怎样(学习的效果)。

汉语作为外语学习,学的内容自然是指知识性的和技能性的这两个既有区别又有联系的方面。知识性的包括汉语的语音知识、汉语的词语知识、汉语的语法规则、汉语言蕴涵的文化常识等等。技能性的包括听、说、读、写四项基本技能。课堂教学是汉语作为外语学习的基本形式。课本中的生词(包括词语例释)、课文、语法、注释、练习等都是基本的学习内容。

学习的效果怎样,知识内容是否为学生所记住,所学的知识是否已经转化成为听、说、读、写的技能,这就要靠测试和反馈。通过测试(书面的或口头的),可以衡量和评估学生的学习成绩、学习水平和学习质量。据此来调整和增删学习的内容。

以上所说的是就一篇课文、一个学习单元、或一个学期的教学而言,如果小而言之,课堂上的一个词语、一条语法规则的学习,也是外显的学习活动。比如学生学习"便宜"这个词语,注意了它的词形、读音、意义及其用法以后,就看它在练习(包括书面练习和口头练习)中,能否念得出、写得出、用得上。如果学生能说:"上海的东西很便宜",则说明他已经掌握;如果学生说:"上海便宜东西",则说明他半懂不懂;如果学生说:"便宜下雨",则说明他完全不懂。学习的内容是既定的,学习的效果也是可以耳听目睹的,所以称它为外显行为。心理学上把学习的内容叫做刺激(stimulus),用 S 替代;把学习的效果叫做反应(response),用 R 表示,连结起来,就是 S—R。这就是行为主义心理学讲求"刺激—反应"的著名公式。根据行为主义学说,学习就是不断地进行"刺激—反应、刺激—反应"的结果。

二、学习的内部运作

S—R(刺激—反应)是行为主义心理学的典型公式。但是学习者接受一个刺激,到最后作出反应,中间究竟是怎么运作的呢? 早期的行为主义心理学没有回答这个问题。经过研究和实践,在心理学界就有了 S—O—R(stimulus - organism - response law)这样的公式出现。这里的 O(organism),指的就是内部运作,也就是学习者的认知系统。它包括有限的传递系统、认知策略系统、知识系统和自我监控系统,如图 2-3 所示。

有限的传递系统是接受外界信息的核心系统。它由感觉的信息登记、注意与识别、短时记忆、长时记忆组成。比如,有两个句子"他顽强地坚持下去"、"他顽固地坚持自己的看法",先后作为刺激信息输入有限的传递系统;经过感觉登记,加上注意与识别,传递到了短时记忆;信息在短时记忆中进行编码,转化为传递符号,并反复再现,进入到长时记忆;长时记忆把符号复原

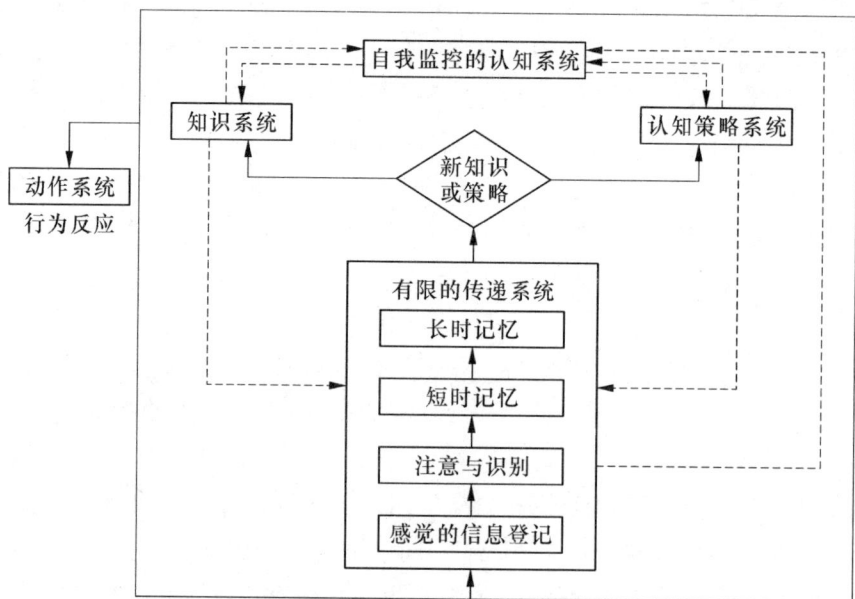

图 2-3 学习者的认知系统

为词语和句子,并把它们分门别类贮存进知识系统(如词语归入心理词典;句子归入句型)。

对于感觉登记的这两个句子信息,要不要加以注意与识别,怎样编码(比如根据词语的音、形、义编为传递符号——语音码、空间码、语义码;根据词序先后进行线性的空间编码),要不要再现(多次反复地出现),等等,这些认知活动都受认知策略系统的指导和支配。可见,学生的认知策略系统,其作用是采取有效的学习手段和学习方法来获取最佳的学习效果。

在这两个句子的传递过程中,学生的知识系统也在其间起作用。比如感觉登记过的信息,它们是新知还是旧知,可以遗忘还是必须储存,可以保持原有的知识结构还是要部分地改变知识结构等等,知识系统配合策略系统做出抉择。另外对于传入长时记忆中的信息,知识系统起着整合的作用。比如,学生根据过去学过的知识(如"坚持"的词性,"顽固"、"顽强"的修饰作用,主动补和主谓宾句型等),整合新输入的信息,从而正确理解这两个句子的意思。可见,学生的知识系统是理解语言信息和输出语言信息的宝库。

凌驾于传递系统、策略系统、知识系统之上的是自我监控认知系统,信息的传递、策略的采用、知识的提取,都受其监测和控制。比如学生的知识系统中已明确"顽强"是"坚强,不肯退让"的意思;"顽固"是"思想保守"的意思。

那么，如果把"他顽固地坚持自己的看法"中的"顽固"理解为"顽强"，则系统就会自我监控，要求知识系统重新寻找它的确切意义；如果学生说了这样的话："他太顽强了，别人的话都听不进去。"监测系统就会告诉他这里的"顽强"用错了，要求知识系统提取和更换更为确切的词语："顽固。"

第三节　汉语作为外语学习的
知识和技能的掌握

　　汉语作为外语学习的知识的掌握，有一个分层级的渐进的过程，其认知活动一般要经历理解、巩固、记忆和积累等阶段；汉语作为外语学习的技能形成和掌握，也有认知、联系形成、自动化等几个阶段。了解这方面的原理和规律，便能自觉地创造内外部的条件，促成知识和技能的快捷掌握。

一、汉语作为外语学习的知识的掌握

　　外国学生要掌握汉语知识，必须遵循四种知识学习的心理层级，分阶段地进行；同时也要符合知识学习的理解、巩固、记忆和积累等心理活动过程。这样，才能牢固地掌握汉语知识。

（一）知识学习的层级

　　知识的掌握是一个由浅到深、由简单到复杂、循序渐进、逐步积累的过程。这个过程可以分为几个阶段进行，尽管这几个阶段之间是很难具体划分的。心理学家加涅提出了四种智慧技能及其层级关系，如图 2 - 4 所示①。

1. 辨别

　　联想与连锁是基本的学习形式，它属于"刺激—反应"条件反射式的机械学习范畴。比如踩到脏物马上做出收脚的连

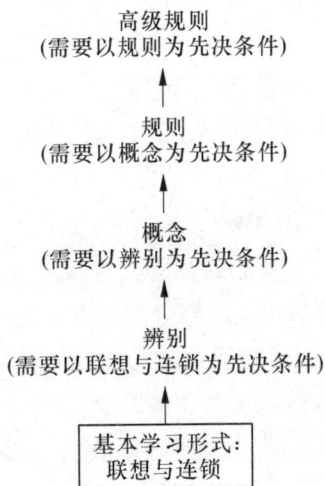

高级规则
（需要以规则为先决条件）

↑

规则
（需要以概念为先决条件）

↑

概念
（需要以辨别为先决条件）

↑

辨别
（需要以联想与连锁为先决条件）

↑

基本学习形式：
联想与连锁

图 2 - 4　四种智慧技能及层级关系

---

① 邵瑞珍主编：《学与教的心理学》，华东师范大学出版社 1990 年版，第 69 页。

锁反应,接触到"污染"一词,马上联想起烟囱冒黑烟。在这种"刺激—反应"学习基础上形成最低级的智慧技能——辨别。辨别指发现事物或符号之间的差别。比如一般2岁的孩子能够分辨苹果和橘子的形状和味道;城市里3岁的孩子能够辨认和读出英语或汉语拼音的部分字母;农村的小学生通过联想,能够分辨词语"污染"和"污泥"的差异:"污染"是冒黑烟、排放废水形成的;"污泥"是黑色的泥土,可能是肥料。

2. 概念

在辨别的基础上,形成概念。同一类事物经过多次的观察和接触,它们的共同特征就会在头脑中得到反映。比如"手套"和"袜子",尽管在质地上(布的或纱的)、用途上(保护皮肤或防寒)有很多相像的地方,但一者是套在手上的,一者是穿在脚上的。这就是这两种东西的本质区别。所以我们可以说:概念是同类事物的共同本质特征的反映。换句话说,抓住了某类事物的共同本质特征,也就掌握了该事物的概念。概念有两类,一类是具体概念,通过观察可以获得,像上面说的"手套"和"袜子"之类的日常概念。一类是定义性概念,它们是不能通过观察来获得的,必须用定义来揭示。比如"利率",到银行就能看到牌子上公布着的各种利率,但很难形成具体的概念,如果用定义"利息与本金的比率"来揭示,那就比较清楚了。当然要形成"利率"这个概念,首先要观察并获得"利息"和"本金"这两个具体概念,才能理解"利率"的定义。在对外汉语教学中,许多词语的解释,不能用实物来联想,只能用定义来揭示其含意,如"勇敢"、"刚毅"、"误会"等;有的词语,意义比较模糊,如"料峭"(词典说形容微寒)、"炽热"(词典说形容极热),都很含糊,这可说是模糊概念,只能放在具体句子中去体会和领悟。

3. 规则

在概念的基础上可以获得再高一级的智慧技能,即规则。所谓规则,指的是公式、定律、法则、原理等,它是大量例证的抽绎和概括。规则的讲述,必然要用到若干概念以及概念之间的关系,以命题形式呈现。比如,考察汉语中有些词语,像"傻里傻气、土里土气、糊里糊涂、古里古怪、马里马虎、俗里俗气",都带点儿贬义。据此可概括为:双音节形容词AB,用"里"构成A里AB,含有贬义。这一法则里有"双音节"、"形容词"、"构成"、"贬义"等概念。这些概念的排列显示了一定的关系,它们组合成一组命题(一个命题由一个主项和一个谓项构成):"双音节形容词是AB,AB可用'里'构成A里AB,A里AB含有贬义。"掌握了这一法则,就能接受和演化更多的同类词语:啰里啰嗦、笼里笼统、莽里莽撞、毛里毛糙、流里流气、晃里晃荡、娇里娇气、疙里疙瘩，等等。

规则有上位和下位之分。例如形容词 AB(如晃荡)是上位规则，它们的重叠式 AABB(晃晃荡荡)以及 A 里 AB(晃里晃荡)都是下位规则。

规则学习和掌握需要有内外两方面的条件。内部条件是学习者对构成规则的概念已经掌握。比如，只有明确形容词、贬义、重叠等概念，才能学习 A 里 AB 的规则。外部条件是指导和反馈。比如学习者从教师的指导或书本上的说明，知道 A 里 AB 的词语含有贬义，在运用这个规则推衍同类词语时，说"轻里轻松"、"漂里漂亮"，会得到教师(或他人)的否定反馈，因为它们不含贬义；说"老里老气"、"肮里肮脏"，会得到教师(或他人)的肯定反馈，因为它们含有贬义。有了指导和反馈，才能掌握规则。

4. 高级规则

在概念和规则的基础上可以获得更高一级的智慧技能——高级规则。所谓高级规则，是指将学过的简单规则加以重新组合而得到新的规则，以应用于范围更为广泛的具体情境。比如汉语作为外语的学习，在规则这一层级上学生学习了一些简单的法则，像形容词谓语句，学习者学习了"主＋形"(不带宾语)的规则，如树叶红了/嗓子哑了/人心安定了。以后又陆续学习了"形＋宾"法则中的细类：

"形＋补＋宾"规则：困死我了/快活死人了

"形＋使动宾语"：繁荣经济/端正态度（意义为"使经济繁荣"）

"形＋意动宾语"：重感情/重义轻利（意义为"以感情为重"）

"形＋自动宾语"：好了疮疤/瞎了一只眼（意义为"疮疤好了"）

"形＋对动宾语"：淡泊名利/热心事业（意义为"对名利淡泊"）

"形＋比较宾语"：矮人一截/高他一着（意义为"比人矮一截"）

由于规则比较细小、烦琐，不易记住，有必要将其合并为："主＋形(补)＋宾(使动、意动、自动、对动、比较)"这样的高级规则。

由几个简单的规则合并或浓缩为一个高级的复杂规则，不仅扩大了规则使用的涵盖面，而且加深了规则的本质特性，它可以减少记忆的量，有助于规则的保持和回忆。

(二) 知识学习的心理过程

知识的学习和掌握，一般都要经历理解、巩固、记忆和积累等过程。

1. 理解

知识理解是外界知识信息传递至大脑，大脑的信息加工器调动旧有的知识对新知识进行分析和整合，从而得以领会和理解的过程。比如学习和理解生词"居中"，大脑对之加工时，就有以往学过的"居住"、"居留"等词语知识，以及与之对应的母语意义 reside、live 等的参与，才能接受这个新词语。学习和理解语法规则"数量补语"（如他来过一次），头脑里就会出现先前学过的程度补语（如她穿得很漂亮）等知识，两相对照并理解和接受。而对课本中有关文化知识的学习，则更是必须调动已学的词语和语法知识，以及已有的文化知识基础，透过字面和句子领会其中的意思和含义，才能得以理解。

2. 巩固

知识的巩固，就是保持知识而不被遗忘。教师的讲解，书本上的说明，学习者当时可能接受。例如，学习词语"果然"，教师解释（或书上说明）："表示事实与所说的或所预料的相符，有'真的、确实'的意思。"并举了几个例子："他说下午来开会，果然及时赶到了"、"天气预报说今天下午下雨，果然午饭后下起了淅淅沥沥的小雨"。学习者似乎已经懂得，但过后就会产生不同的情况：有些话语已经从头脑中消失（如定义式的说解）；有些东西头脑里已经淡漠，只模模糊糊地留下一些笼统的印象（如例句）；只有作为知识的核心部分才隐隐约约地留存于大脑（如"相当于'真的、确实'的意思"）。这是因为传递知识信息的神经元之间的触突的联系尚不紧密，大脑皮层有关这方面的痕迹较浅，印象不深刻。表现到外部，就是刚学的知识正在消退或遗忘。因此，及时的巩固，是保持知识的最好举措。课堂教学中教师的小结和巩固性的提问（如问词语的含义）和练习（如造句），就是为巩固知识而采取的措施。

3. 记忆

巩固知识的目的和结果，都是加深记忆。前面说过，大脑的记忆系统有三级。知识信息经过感觉登记，最先进入的就是第一级记忆（即短时记忆），由于短时记忆的容量小，储存时间短，学生常会发生"前听后忘"或"前读后忘"的现象（如课文有 30 个生词，学习到后面的生词，前面的已经模糊不清了）。所谓"过目不忘"那是极为罕见的。最为有效的办法，就是把知识迅速输进容量较大、储存时间长久的第二、三级记忆（即长时记忆）。而要把第一级记忆中的知识移进第二、三级记忆，其先决条件是知识的反复刺激，在课堂和书本上重复地出现（即复现），或者让学生反复地辨认和应用（即再认）。也就是说，让传递信息的神经元之间的触突有紧密而频繁的联系。这样就可在大脑的皮质上刻下深深的痕迹,留下深刻的印象。以后需要用到这些知识时,就能想得起来(即能够匹配)并能拿出来用(即能提取):在书面阅读中能辨认而理解,在口头说话中能用它来造句表达。

4. 积累

知识输入第二、三级记忆,积累的知识越来越多,如果杂乱无章地任意堆放,则应用时就很难寻觅,必须像图书馆的书籍那样分类、编号、上架,才方便检索。因此大脑知识系统中的知识是有序的、相互联系沟通的。它们犹如一张大网,有连线、有结节(或叫结点)。结节是知识,连线是知识之间的联系。由此,我们把大脑的知识结构比喻为有大小层级的网络结构。例如:

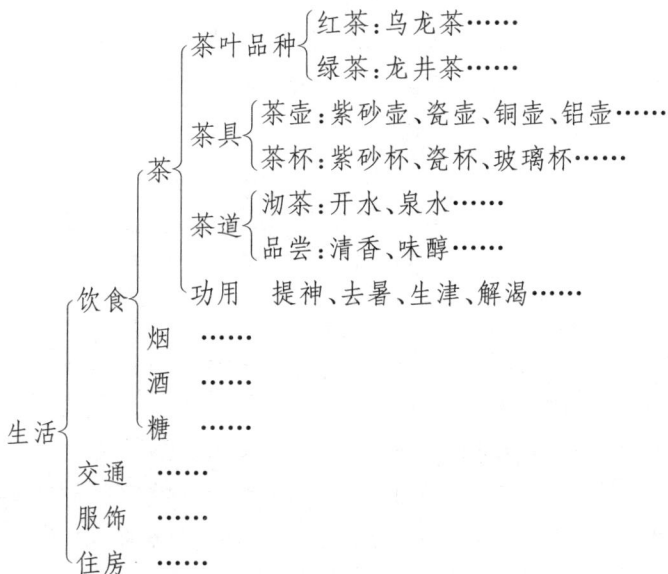

```
生活 ┬ 饮食 ┬ 茶 ┬ 茶叶品种 ┬ 红茶:乌龙茶……
     │      │    │           └ 绿茶:龙井茶……
     │      │    ├ 茶具 ┬ 茶壶:紫砂壶、瓷壶、铜壶、铝壶……
     │      │    │      └ 茶杯:紫砂杯、瓷杯、玻璃杯……
     │      │    ├ 茶道 ┬ 沏茶:开水、泉水……
     │      │    │      └ 品尝:清香、味醇……
     │      │    └ 功用    提神、去暑、生津、解渴……
     │      ├ 烟 ……
     │      ├ 酒 ……
     │      └ 糖 ……
     ├ 交通 ……
     ├ 服饰 ……
     └ 住房 ……
```

有关"茶"的知识,与"烟、酒、糖"等知识是同位的概念,它们之间的关系是同位联系;而"茶、烟"等知识,是属于"饮食"部分的,它们之间的关系是下位与上位的联系;而"衣食住行"的知识又是属于"生活"部分的,它们之间的关系又是下位与上位的联系。但"茶"知识也可以分出多种小类,它们之间的关系,是上位与下位的联系。可见,头脑里的知识是纵横交错地联系在一起的。

二、汉语作为外语学习的技能的掌握

汉语作为外语学习的知识有汉语语音、汉语词汇、汉语语法、汉语语篇等,汉语作为外语学习的技能有汉语听力、汉语口语、汉语阅读、汉语写作等。

（一）汉语作为外语学习的技能基本特征

汉语作为外语学习的技能是听、说、读、写,或者说汉语知识在听、说、读、写诸方面的操作和应用。而所谓汉语技能的掌握,也就是指能运用汉语知识进行听、说、读、写的熟练操作和熟练应用。熟练操作和熟练应用的基本特征体现在下列几个方面。

1. 迅即反应

知识的接收是输入,知识的应用是输出。听、说、读、写的每一种技能的运用过程,实际上就是对所输入的知识信息的反应。这个过程,叫做知觉—动作的信息加工过程,有五个步骤,如图2-5所示。

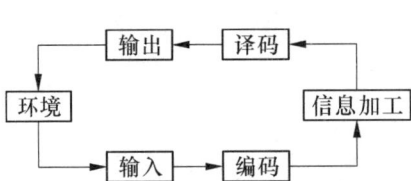

图2-5 知觉—动作的信息加工过程

对外汉语教学心理学

比如,外界有一个句子信息:"你购买的新楼年底能交付使用吗?"这个刺激引起感觉(视觉或听觉)冲动而输入大脑。在短时记忆中,信息被编码和转化成符号,并在长时记忆中进行信息加工,整合为概念和命题,从而得以理解。在理解的基础上,学习者要运用联想和思维作出反应和答复的符号指令:"我购买的新楼年底交付使用,没有问题。"这个指令经过译码转化为神经冲动,再由神经冲动引起肌肉活动(口说或手写),而输出到外部世界。初学者,理解上述的句子信息有许多细节和小步,例如,先要理解"购买、新楼、年底、交付、使用"等词语的概念,同时要弄清"购买"和"新楼"的关系,"新楼"与"使用"的关系,"年底"同"交付"的关系,然后才能分析出其中的一些命题:"新楼,我购买"、"新楼能使用"、"年底能交付",经过整合,才能完整地、准确地理解句子的意思。继而,再考虑如何反应和回答。其间,要经过比较长的思索和推理时间。但随着实践和练习的增多,尤其是组块(词组)的积累和掌握,对句子的理解不必要经过那么琐细的推敲,而能两步或一步完成。那么学习者就能迅即作出反应和答复。所以,迅即反应,可以说是熟练掌握技能的标志之一。

2. 善用线索

情境线索有利于听、说、读、写技能的发挥。听人说话或视听电视节目,因为有具体情境(大致知道讲话的内容),就容易听懂;在一定的场合中对人说话,因为有语境可资利用,容易说清楚;阅读文章,因为文章本身有情节或有上下文语境,也容易理解;写作,有一定的故事和内容,也能启发构思和有助于用词造句。汉语听、说、读、写技能熟练者,往往善于利用线索;而线索的较多利用,反过来又能促进技能的更加熟练。两者相互为用。比如,学习和接受了"灯火辉煌"和"战果辉煌"这两个词语中的"辉煌",头脑里除了"光辉"、"盛大"的含义外,还把使用的语境"灯火一片光明"和"成绩非常突出"这样的情景一起存进记忆。在应用时,出现这样的语境(如国庆节的外滩,或运动会),就可把它们作为线索,从记忆中搜寻和提取"辉煌"这个词来进行描述,说(或写)出:"国庆之夜的外滩一片辉煌","运动会上,我们班级的成绩很辉煌"等。由此可见,线索的利用和凭借,也是技能熟练的表现。

3. 自我纠错

在运用听、说、读、写的技能的过程中,理解错、说错、写错往往在所难免。初学者,由于技能不熟练,使用某项技能时是对是错,自己吃不准;即使知道错了,也无法自行更正。比如,初学者常常说这样的话:"我见面他"、"你是毕业这个学校的吗?",而且一错再错,很难纠正。这是因为建立了不正确的程序,缺乏自我监控的能力。而技能熟练者,一则对属于动宾结构的离合词,如"道谢、见面、分手、握手、散步、毕业"等,不能再带宾语的性质比较熟知;二则对介词的用法也比较清楚,因而在说话和写作中,他们的监控系统能够充分地履行其职责,说(或写)出正确的话语,如"我们向他们道谢","我跟他见面","你是从这个学校毕业的吗",等等。即使偶尔说错或写错(如"我们道谢他","你毕业这个学校吗"),也能在监控系统的作用下,进行自我纠错。

4. 程序控制

汉语的听、说、读、写技能集中地表现在用词造句上面,初学的生词和语法规则,应用时常常不能得心应手,这就是技能生疏的表现。随着练习的增多,就能慢慢驾驭这些词语和语法规则。比如,形容词谓语句,规则之一是主语与形容词谓语之间不用"是"来联系;规则之二是形容词不单独用作谓语,一般要加程度副词,如"他学习很刻苦","他工作十分努力"等,除非在对句中,如"他学习刻苦,工作努力"等。应用形容词按照这样的规则造句,练习多了,就形成了一套程序。以后就不用临时去思考和替换,程序本身会引导学习者去造作和完成句子,而且速度快,准确率高,其熟练程度几乎达到了自动化。

（二）技能的形成

技能形成可分为三个阶段：认知阶段、联系形成阶段、自动化阶段。

1. 认知阶段

学习者通过教师(或指导者)的言语讲解，或书本的说明，以及观察别人的动作(包括读拼音，说汉语，写汉字等)示范，理解做某种动作的要领和要求。这就是动作技能的形成的认知阶段。比如学游泳要先理解和懂得呼吸、屏气，以及手脚动作的配合等；学驾车必须认识和知道方向盘、控制装置、仪表，以及手脚的配合等；学念拼音，应先熟悉声母、韵母、声调，以及发音部位和方法；学写汉字，该先了解汉字的笔画、笔顺、框架结构，以及起笔、收笔等；学说汉语，须识记汉语词语、句法结构，以及语气语调等。这个阶段，还只停留在理性知识的认知上，尚未真正地进行实践，即使可能尝试做某些局部的动作(包括言语行为)，也只是低级的模仿而已。

2. 联系形成阶段

学习者努力使一定的刺激与反应形成联系，如驾车时的前进、后退、左转、右拐，动作该怎么反应这些刺激，逐步形成联系。尽管有时动作似乎比较简单，但是要形成这种联系是很复杂的，必须经过多次的练习方能达到。语言学习的技能形成更是如此。比如，学生看到"今天打扫教室"，马上能念出"jintian dasao jiaoshi"，而且马上去拿拖把、扫帚准备扫除。从刺激到动作的反应，似乎很为直接，其实这里有许多环节和步骤：视觉接收汉字"今天打扫教室"的信息，传入大脑，从长时记忆中提取同"今天"、"打扫"、"教室"相似的模式与外界信息匹配，同时从心理词典中提取这几个词的读音，再从语义网络中提取和整合这几个词的组合意义，并形成指令，促使口腔或手部肌肉动作。这种联系不是一蹴而就的，而是经过无数次的刺激—反应建立起来的。

这个阶段的特点是技能的局部动作被综合成更大的单位，最后形成一个连续技能的整体，即建立起动作的连锁(一个动作完成，紧接着开始另一个动作)。

3. 自动化阶段

进入这个阶段，一系列的动作或一长串的动作已联合成为一个有机整体而固定下来。学习者按照固定的系列进行技能动作，不太花多少脑力。驾车者能够边开车边交谈，就是开车技能自动化的表现。再如，汉语学习到一定程度，能熟练地阅读文章中的句子，能听懂广播中的每一句话，能说出头脑里想说的话，能遣词造句写出几百字的短文等等，除了一些难词难句需要排除和跳跃外,大部分的听说读写技能动作都似乎是自动流出的,无需特别的注意和纠正。这说明学习者的技能动作已进入自动化的阶段。

(三)技能的保持和迁移

技能的掌握跟知识学习一样,也有保持和迁移的问题。

1. 技能的保持

学习的知识必须有一定的复现率,才能贮存于大脑;存于大脑的知识又必须经常应用,才能避免淡忘或消失。技能的学习和掌握也是如此,要反复地练习和应用。保持技能比较好的方法是:

(1)过度学习。从学习技能到掌握技能,中间必须经过大量的、反复的练习,才能建立起刺激—反应的动作连锁。这就是过度学习。凡是经过过度学习的技能一般都可经久不忘。比如掌握了游泳或驾车技能,即使间隔几年没进行实践,也仍然能"游"、能"开",或许开始时显得生疏些,但几分钟后便能自如地施展自己的技能。外国人学习汉语,达到能跟中国人自由交流的程度和水平,即使回国几年没怎么使用汉语,但一旦有机会需要使用汉语,重新拾起来还是很容易的。

当然,如果练习一两次就能成功的新技能,其遗忘的速度就比较快。比如欧美学生写"感"、"谢"这两个汉字,依葫芦画瓢,似乎书写已经成功,一两次后不再练习,那么离开了汉字的字样,怎么也写不出来了。

(2)动作连续。技能常常是以连锁的动作组合起来的。连锁的动作分解开来往往都比较简单,不易遗忘。比如,西方人学习使用筷子夹菜:三个手指分工拿住筷子——运用手指的力度和方向张开筷子——夹住目的物——手臂和手指移动把目的物递向自己的盘子——松开手指和筷子让目的物落下等,这些动作都是连续的行为,练习几次就能掌握,且不会忘记。因为第一个动作做完,就会联系到第二个动作,第二个动作进行时,就会联系到第三个动作。这种牵连关系有利于技能的保持。但是如果几个动作是孤立的,没有联系的,就遗忘得快。比如,念读和书写汉字"赛",虽然认知的是同一个汉字,但念读的动作与书写的动作不是连续的,是孤立的,它们各有自己的一套程序。因而学习过后,常会出现读出其音 sai,却可能写不出它的字形;或者写出了字形,而忘了它的读音。

2. 技能的迁移

技能动作的迁移,有正迁移和负迁移。

（1）正迁移。一种技能动作对学习和掌握另一种技能动作有帮助和促进作用的，叫正迁移。日常生活和学习活动中正迁移的事例很多。比如骑摩托车的人，比较容易掌握驾驶汽车的技能，因为处理机械的技能比较相似；会拉小提琴的人，比较容易学会弹吉他，因为左手指按弦的技巧和把位的移动比较相似。欧美学生学习汉语拼音，对韵母、声母的发音技巧掌握较好，因为母语的拼音技能有助于汉语拼音技能的掌握。而由于英语中只有重音，没有声调，欧美学生的声调掌握就较差，因为没有高低升降等发音技能的正迁移。

（2）负迁移。旧的技能动作对新的技能动作的学习和掌握起干扰和消极作用，这叫负迁移。比如开小车的人，不容易开大型载重汽车，因为车身的长短和车子的载重量，不是开惯小车的人所能适应的。电脑打中文，习惯于使用全拼的人，很难掌握五笔型的打字方法，因为对键盘的设置和分配，两者相差太大，容易互相干扰和混淆。日本学生发汉语拼音 zhi、chi、shi，常念成 ji、qi、xi，"是"念成"西"，就是受日语发音的干扰和影响。

（四）技能形成的条件

技能的学习和掌握，不是每个人都整齐划一的。有的人形成技能快而有的人慢；有的人技能发挥正确率高而有的人容易出错。究其原因，有内部的条件和因素所致，也有外部的条件和因素影响。

1. 内部条件和因素

一个人的成熟、经验和个性跟技能的形成和掌握有很大关系。

（1）成熟。成熟是指年龄增长和智力发展到一定阶段的表现。一般来说，年龄幼小和智力尚未充分发展的阶段只适宜于做一些简单的操作，如玩积木、骑小三轮车、敲小鼓等。随着年龄的增长和智力的逐步发展，就能学习和掌握略微复杂的动作，如骑自行车、玩游戏机等。到了成熟阶段，就能学习和掌握理解性成分较多的技能动作，如使用电脑、研制航模等。当然，这不是绝对的，有些竞技项目如游泳、滑冰、体操等，训练越早成绩可能越好。学习外语的听说技能，儿童也往往比大人掌握得好，不过因为完全依靠模仿，所需的时间较长；而大人学外语的技能，尽管困难，但因为比较成熟，可在较短的时间内突击掌握。

（2）经验。经验是由实践得来的知识和技能的积累。所谓经验丰富，指的就是积累的知识和技能既多且广。有的经验可直接运用于动作技能的学习和掌握，比如骑自行车的经验可迁移到学骑摩托车，打游戏机的经验有助于电脑的使用。有的经验可间接地作用于某种动作技能的学习和掌握,比如滑冰的平衡经验,有利于体操或骑摩托车;英文打字的经验,也有助于掌握中文打字的技能。

经验与成熟有密切关系。经验积累越多,表示人也越成熟;人比较成熟,更易在实践中取得经验。两者相辅相成,促进动作技能的形成。

(3) 个性。人的个性对动作技能的学习和掌握也有一定的影响。个性不同,即使进行同一种动作技能,也会有行动方式上的不同。比如同样练习打乒乓,因为个性不同,有人握直拍,以快攻见长;有人握横拍,以削守为主。而选择什么动作项目,跟个人的兴趣爱好有关。比如选择运动项目,有人爱好撑竿跳,有人喜欢打篮球。

个性的内向性和外向性在一定程度上也会影响到动作技能的学习和掌握。内向性的人,兴奋过程弱且短,抑制过程长;外向性的人,极易兴奋,很难抑制。表现在学习动作技能上,外向性的人,勇于实践,讲究行动速度和效率;内向性的人,比较拘谨,讲求精细准确。比如学习汉语过程中,有的人勇于开口,急于用汉语交流,尽管话语中偏误较多也不在意;有的人虽然在话语实践方面比较退缩,但一旦说话,遣词造句比较正确。这就是外向性和内向性的不同个性在学习技能上所形成的差异。

2. 外部条件和因素

影响技能形成的外部条件和因素,主要是指导和反馈。

(1) 指导。在学习动作技能过程中,学习者往往只能觉察自身的一部分动作,而能得到旁人(教师或教练等)的指点和评价,就可以了解自己动作技能的全貌和动作的偏差,及时得到修正。指导有语言指导(如学习射击,指导者在一旁讲述和指点射击的要领和姿势);指导者边示范边指导(如指导者作射击示范,同时讲要领和注意的地方);利用视听手段进行指导(如观看射击的分解动作片)。

(2) 反馈。练习动作技能过程中,每次练习都能得到反馈信息,知道自己的进步和不足,能有效地促进技能的学习和掌握。反馈信息,有的来自对自己行为结果的知悉,有的来自教师和旁观者,有的来自照相或录像的镜头。比如在动作学习的初期,学习者主要依靠自己对行为结果的知悉(如投篮是否命中,跳高是否过竿等),来改进自己的技能。但投篮的姿势和跳高的技巧得进一步靠教师或旁观者的指点。当然,有条件用录像记录动作的全过程,则能更明确地进行观察,加以对照和改进。外国学生学习汉语说写技能,除了自身的监控和修正外,及时得到教师和他人的肯定或否定反馈,就能不断提高自己的说写汉语的技能和水平。

本章从汉语作为外语学习的生理/心理机制、学习的过程以及知识和技能的掌握三个方面,介绍汉语作为外语学习的心理基础。

神经元和大脑组织是语言学习的物质基础。语言学习的心理机制则包含了接受和输出信息的心理活动过程、心理活动的自动化过程以及语言学习的认知基础。汉语作为外语的学习和认知,正是在生理基础和心理机制这两个平台上进行的。

在汉语作为外语学习的过程部分着重分析了学习的外显行为和内部运作。学习的外显行为包括学习内容和学习效果。学习的内部运作指的是学习者的认知系统,它包括有限的传递系统、认知策略系统、知识系统和自我监控系统。

汉语作为外语学习的知识和技能的掌握分别阐述了知识学习的层级与知识掌握所经历的理解、巩固、记忆和积累等心理过程;论证了技能的基本特征和技能形成的认知阶段、联系形成阶段和自动化等三个阶段。此外技能的形成,也有保持和迁移以及受内部条件和外部条件制约的问题。

1. 学生要认识教师写在黑板上的汉字"车",他的大脑的认知活动是如何展开的?

2. 以会话技能的形成为例,说明语言技能的形成所要经历的几个阶段。

3. 语言技能的形成有的人快、有的人慢,是什么原因?

外语学习中,负迁移往往是外显的。通常我们能从错词、错句等偏误中发现并加以分析纠正;正迁移则往往是内隐的,我们如何充分发挥正迁移的作用呢?

对外汉语教学心理学

第三章 汉语作为外语的感知和理解

在公众场合，有人抽烟：手指摸出香烟（触觉），点燃香烟（运动觉），鼻子嗅到烟味（嗅觉），舌头有点辛辣（味觉），眼睛看到烟雾（视觉），耳闻责备声音（听觉）等等，这些都是感觉。因而可以说，感觉是由物质世界一定的刺激直接作用于有机体的一定感觉器官所引起的反应。而人们感觉和发现有人在什么地方抽烟，就是由不同类感觉相互联系和综合的结果。这可称为知觉。可见，感觉具有个别特性（如感觉到声音、或颜色、或气味等），知觉具有整体特性（如知觉到抽烟）。当抽烟者看到标志牌

 或 禁止吸烟

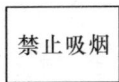

这些符号或字词，通过神经传入大脑的相应部位，人脑对之进行初步的分析和综合（即知觉），并进行思维和推理，从而懂得符号与字词的含义（即理解），马上采取熄烟的行动（即反应）。从实例中，可以得知知觉与理解的密切关系，一经感知立即理解，很难划分出阶段与层次；也可以得知言语的感知跟实物的感知一样，可归结为第一信号系统的活动过程；而言语的理解则是第二信号系统的活动过程，它必须依赖于符号或语词的刺激。可以这么说，感知是感性的理解，理解是直觉的感知，但直觉感知不是真正的理解，只是理解的感性基础。

第一节 汉语作为外语的感知

汉语作为外语的学习，其中汉字的音素，词语的音节，句子的语音流，需要学习者的听觉去接收和辨别；汉语的字、词、句的外形，需要学习者的视觉

去观察和判断;而运用汉语来说话和写作,则需要学习者的动觉的参与。然而光凭某种单一的感觉尚属于局部的、浅表的声音或图像,必须经过头脑的加工,将几种感觉联系起来综合成为知觉,才能把外界的语言刺激信息上升为知识而得以理解或储存。因而明确感觉和知觉的区别与联系,对汉语作为外语的感知具有相当重要的意义。

一、各种感觉在第二语言感知中的作用

感觉有视觉(接受光线刺激)、听觉(接受声音刺激)、嗅觉(接受气味刺激)、味觉(接受食物、液体等刺激)、肤觉(接受冷热、压力、伤害等刺激)、平衡感觉和运动感觉(接受身体位置变化和运动刺激)等,而跟言语知觉联系最为直接和紧密的是听觉、视觉和动觉。

(一)听觉

声波作用于耳朵中的听感受器——内耳科蒂氏器上的毛细胞,产生听觉。语言中与听觉有关的要素是语音和韵律。

1. 语音因素

与语言有关的听觉是语音听觉。语音是人体由肺部呼出的空气流,经气管,通过声带的松紧和口腔或鼻腔的共鸣而产生的。所产生的语音在空气中传播,听觉所接收的就是这种携带声音信息的音波,它具有音高、音强、音长和音色等一般声波的声学特性。

(1)音高。语言的音高由声音的振动频率决定。振动次数多,频率高,声音也高;反之,声音就低。一般来说,男人的声音低,女人的声音高,儿童的声音尖。他们同样说一个"行",并不影响词义,但是声音的高低变化可以构成不同的语调,在一定的语境中影响言语意义。比如,"行!"为降调时,表示肯定;"行?"为升调时,表示疑问。

(2)音强。指声音的强度(或叫响度)。与声波的振幅有关,振幅越大,声音越响(强);反之,声音就轻(弱)。一般来说,话语的轻重并不改变语义。但在言语交际中,说话的响度有时也能传达一定的思想感情,比如在电影院看电影,或音乐厅听音乐,有人高声说话,旁边人平稳而低声地说:"不要讲话",带有劝告、提醒的性质;如果大声说:"不要讲话",显然带有发怒或气愤的感情了。

(3)音长。指声音的长短。取决于发音振动所延续的时间,振动时间

长,声音就长;反之就短。音长在有些语言中有区别词义的作用。例如英语中的[i],在 sheep(羊)[ʃiːp]中念长音,在 ship(船)[ʃip]中念短音。在汉语中,同一个"啊"的声音,发短音时一般表示应答;发长音时,则往往表示沉吟。

(4) 音色。指嗓音音质的特色。在语音中不同的音是由基音(频率最低而振幅最大的音,比方每秒振动 100 次)和陪音(成倍地高于基音的频率,比方每秒振动 300、600、1 200 次不等)复合而成的。由于内含的共振峰(即具有最大振幅的陪音)频率和数量不同,从而形成不同的语音特调。人们可根据言语中每个音的特调音色来区别不同的词。每种特调音色可能在实际发音中有点细微的差别(音位属性),但听觉还是能够认同的,这就叫音位听觉,也就是言语听觉。如 kan(看)中的[a]和 kao(靠)中的[a],仔细体会发音是有点细微差异的,但它们属于同一个音位。

2. 韵律因素

韵律因素包括语调、重音、节奏等。它们是声音的频率、振幅、时间等因素的变化在言语中的反映。

(1) 语调。指音调变化而构成的旋律模式。对于汉语来说,除了每个字原有的声调外,整个句子还有抑扬顿挫的调子。有的句子音高逐渐上升(如:他已经来过?),表示疑问;有的句子音高逐渐下降(如:他已经来过。),是一般的叙述;有的句子音高平直(如:他终于匆匆地走了,没有留下什么话。),表示庄严、冷静;有的句子音高有曲折变化(如:他想笑,笑不出来;他想哭,也哭不出来;真正是哭笑不得!),表示惊讶、怀疑、讽刺。这些音调变化的旋律模式,就是语调。借助旋律模式,可以传递句子所表达的意思,表明说话人的态度和情感。

汉语属于声调语言,但声调指单个字的调子,是词的结构的一部分,能区别词义或语素义。而语调指贯串整个句子的调子,表达整句的意思和感情。两者的功能不同。

(2) 重音。指多音节词中某一音节或句中某词发音响度较大的现象。英语、俄语音节中的重音可改变词的意义或词性。汉语的音节没有重音问题(只有在念轻声时显得前后的音略重些),听汉语话语主要是注意和辨别句子中重读的词。有两种重音,一种是语法重音,根据语法结构的特点而把句子的某些部分重读。比如一般句子的谓语部分(他是留学生),名词前的定语(平凡的人干出了不平凡的事),动词或形容词前的状语(天气渐渐地暖和起来了),动词后的补语(他普通话说得很流利)等。另一种是强调重音,没有一定的规律,视环境、感情的需要而对某个词加以重读。如"他在做作业"(强调某人),"他在做作业"(强调动作的对象),"他在做作业"(强调行为)。

(3)节奏。指话语的停顿次数和长度。停顿可把话分成若干个小段落,称为节奏、节拍或音步。比如,曙光/刚划破/雾纱笼罩的/黎明。句子作这样的划分和停顿,便于朗读和说话。说话人的话语节奏,有助于听话人的听觉接收,对理解句子有很重要的意义。

(二)视觉

可见光波(波长为400—760毫微米的电磁波)作用于眼球视网膜上的视细胞,产生视觉。语言的感知和理解跟空间视觉、眼动以及注视这些视觉要素密切相关。

1. 空间视觉

空间视觉是对物体的形状、大小和距离的感觉。反映在语言知觉上,有空间方位和线性排列两种。空间方位是关于物体在空间的位置;线性排列是关于事件的先后顺序。眼睛接触汉字的形状所引起的感觉(如"书"字),属于空间方位;眼睛扫视西方文字的先后字母所引起的感觉(如 book),属于线性排列。当然,汉语的词在句子中的次序(横排),跟拼音文字一样,也属于线性排列的视觉。

2. 眼动

阅读是依赖眼睛的快速眼跳运动方式进行的。眼睛的跳动称为眼动。每次眼动之后是相对的静止,视线固定在某一点上,称为眼停。眼动时,看到的东西甚少;眼停时,能获得大量的字词信息。人们能够清晰地感知阅读材料中的文字符号,主要依靠眼停。眼停的次数和眼停的持续时间,与阅读能力、阅读材料难度及阅读要求有关。外国学生阅读汉语课文或语料,初级班学生的眼动次数明显高于中高级学生,而且需作反向眼动(即回视),因为他们要反复来回地看和读;而中高级学生遇到艰深的阅读材料时,眼停次数和持续时间也会加多。每次眼停所感觉的字词,一般都处在视觉器官的中央凹,大概可以清晰地感觉4个词。中央凹两旁的视觉,叫视野,它们可以感觉到整体,但不甚清楚。因此,阅读的最大速度,一般来说,每秒钟有5次眼跳,每次眼跳可以清楚地感觉4个词,那么,从理论上说,一分钟可以阅读1 200个词。但实际上,由于种种原因(阅读材料的深度和难度、阅读水平的高低、个体的个性和阅读习惯等），成年读者达不到这个速度，他们每分钟能读 200 到 400 个词已可称得上是熟练的阅读者了。

3. 注视在阅读中的作用

注视实际上就是眼睛运动的停顿。眼停时间越长，注视越充分，就能比较清晰地感觉字母、单词或短语等，并开始对刺激做出反应，进行阅读的内部加工。眼动实际上是阅读的暂停，将视线移向下续的文字信息，为再一次眼停时感觉字词创造条件。视觉感知的字词信息不是连续的，材料常常被划分为若干组块。比如，有这样一段文字："南方北方/的溶洞，/我看过/许多处，/觉得惟有/云南/建水县/的燕子洞/独具特色。"在阅读时，不是一眼就读完的，而是眼睛移动了多次，一组一组的字词分成几批被注视而进行阅读的。上述句中的斜线，是根据眼动划分的，划出来的单位不一定是音步或节奏。这些组块由大脑重新装配成时间和空间上连续的视觉词。在大脑世界知识的监控、补充和影响下，理解视觉词的连续意义。

（三）动觉

动觉是身体运动和位置变化作用于肌梭、肌腱和关节中的神经末梢而产生的运动感觉。动觉中与言语知觉直接相关的是言语动觉和模仿发音运动。

1. 言语动觉

言语动觉来自发声器官。人们说话发声，空气从肺部发出，经过声道进入口腔或鼻腔，如果气流不受阻挡，发出的是元音（如 a、o、e、i 、u）；如果气流受阻，有的在双唇、齿龈、软腭部位完全阻塞而突然放开（如汉语拼音 b、p、d、t、g、k），有的在唇齿或舌齿之间摩擦成音（如汉语拼音的 f、h、x、s、sh、r），有的是塞音和擦音的合音（如汉语拼音的 j、q、z、c、zh、ch），发出的都是辅音。这些由发音器官（声带、口腔等）中的肌肉、肌腱和韧带内各种动觉感受器和传入神经将信息返转传入大脑皮层，从而产生感觉，这就是言语动觉。人们常常凭这种言语动觉来感受自己说话的内容、过程和错误。例如日本学生常把 can lan(灿烂)念成 cen len，纠正其读音就要依靠他们的言语动觉来体会和监控。

2. 模仿发音运动

言语交际中，不仅说话者能感受自己的言语动觉，就是听话者，在听话过程中，也会有意或无意地模仿说话者的发音运动，产生运动肌肉信号，从而准确地听清对方的话音。人们在听话过程中，如果看得见对方的口形，不由自主地模仿对方口腔的肌肉运动,就容易听懂对方的话语。这说明言语动觉从中起了一定的作用。

(四)言语知觉中各种器官的相互作用

言语听觉、言语视觉和言语动觉是相互配合、相互补充来知觉言语的。

运用视觉来阅读课文或语料时,阅读者常伴有嘴唇的开合和喉头的蠕动,这是言语动觉在参与视觉活动一起进行阅读。运用言语听觉听话语时,听话者也会有模仿说话者的发音肌肉运动,从而提高辨音和审音的质量。另外,听觉还能唤起相应的视觉形象。比如听到人家说姓 zhu,马上会想到和询问是"撇未朱"还是"言者诸";听到说姓 zhang,立即会问是"弓长张"还是"立早章",等等,人们必须依靠这些视觉的补充才能正确地感知。

人们讲话时的发音动作、面部表情、手势和身体姿势,也能传播一定的信息,有助于言语知觉。比如人们说:"不是这么回事!"双手摇动,或头部摇晃,脸上呈现出惊讶的表情等,以此来否认某个事实。

人们在说话交流时,还可凭借视觉了解客观情景,以听取和理解对方的讲话。比如,购买衣服、穿衣试镜的场景,容易听懂对方对衣服的尺寸、款式、颜色等的评价。

感觉仅仅反映客体的个别属性,但知觉和理解都是在综合各种属性的联系和关系的基础上产生的。因此,各种感官的相互作用对于言语知觉有着一定的认知意义。

二、汉语作为外语的言语知觉

知觉不同于感觉,它是由多种感觉综合与抽象而成,是大脑初步分析和综合的结果。知觉是感觉和思维之间的一个重要环节,对感觉材料进行加工,为思维准备条件[①]。因此,语言学习,有敏锐的感觉固然重要,而能及时上升为知觉,则更为关键。

(一)知觉

知觉是对客观事物表面现象或外部联系的综合反映。它同感觉一样,是由客观事物作用于感觉器官所引起的,但比感觉较为复杂,较为完整。人们

---

① [美]罗伯特. L. 索尔索著,黄希庭等译:《认知心理学》,教育科学出版社 1990 年版,第 26 页。

认识事物的整体或联系,是两个方面综合的结果:一个是感官的特殊察觉(具体的),一个是已具有的知识和经验的补充(抽象的)。比如隶书体的"**汉语**"两个字,为视觉所察觉,因为大脑中对"汉语"这两个字已有印刷体("汉语")和活体("*汉语*")的知识,依赖这两种字体的笔画和间架结构,就能辨认出这两个隶书字是什么字。察觉隶书体字样尚属于感觉,而认出是什么字,则已上升为知觉。可以这么说,感觉是知觉的基础,知觉是感觉的深入。美国心理学家索尔索说:"在感觉层次上,信息是非常特殊的,而在解释层次上,信息通常是抽象的。我们对世界的看法是取决于我们(在抽象感觉中)所知道的和我们(在特殊感觉中)所感觉到的综合结果。①"因此,知识经验不同的人对同一事物的知觉常有所不同。例如,对草书"汉语",有的认得出,有的认别字,问题就在于他们贮存汉字字体的知识是否完备。

(二)知觉的基本特征

知觉具有整体性、选择性、理解性、恒常性等基本特征。

1. 知觉的整体性

一个小学三年级的儿童,看着残缺的商店招牌"酉宀",能认出是"酒家"二字;看到广告牌上残缺的"广兄",能知道本来是"庆祝"二字。生活中这样的例子很多。这就是知觉整体性特征的作用。知觉是对当前事物的各种属性和各部分的整体反映。即使有时只感觉到某种事物的个别属性或主要特征(如酉宀广兄),也能根据以前的经验而知道它的其他属性和特征(如氵家大礻),从而知觉该事物(如酒家、庆祝)。可见,知觉的完整性意味着知觉具有组织性能和结构性能。

2. 知觉的选择性

课堂上教师在黑板上写的白色粉笔字,是学生的知觉对象;写字帖黑底上面的白字或白纸上面的黑字,是习字者的知觉对象。这就是知觉的选择性。虽然作用于人们感觉器官的客观事物多种多样,但人在同一时间内是不可能感受那么多的刺激的,只能感受引起注意的少数刺激。能感受到的是知觉对象(如粉笔字),其他则是知觉的背景(如黑板)。当然在某种条件下,对象和背景可以相互转换。比如,临帖习字,有时得注意笔画在黑方格或米字

---

① [美]罗伯特.L.索尔索著,黄希庭等译:《认知心理学》,教育科学出版社1990年版,第26—27页。

格内的位置,这时的背景倒成了知觉的对象。再如给人照相,取景时,景物是知觉的对象;而拍摄时,人物却成了知觉的对象。

影响知觉选择性的因素较多,如刺激的变化(如听音乐时,音乐旋律的声响和音乐指挥的动作)、对比(如看戏,舞台灯光的集中和分散)、位置(如照片中的醒目位置)、运动(如足球运动员的体态和穿插)、强度(如光照的亮度、声音的强弱)、反复(如教师强调的重点),以及个体经验的多少、情绪的高低、兴趣的有无等,都会在不同程度上影响着知觉对象的选择。

3. 知觉的理解性

有一组(4幅)漫画,第一幅画面是一个男子在吸烟,第二幅画面是男子把点燃的香烟扔到窗外,第三幅画面是男子急匆匆下楼,第四幅画面是男子用手接着从窗户丢下来的香烟。题目是戒烟。人们受题目的启示,联系生活中的现象和经验来理解所感知的画面,懂得漫画的真意:讽刺抽烟者想戒烟而下不了决心的情形。漫画上只有人物的行动,没有什么解释词,而人们却能通过感知画面来理解,这就是知觉的理解性。知觉的理解性,要依靠两方面的因素:一是文字提示;一是积累的知识和经验。人们感知的万事万物,反映在语词上都有一定的名称,因此文字提示可引起知觉的联想,跟过去的知识和经验挂起钩来;而知识和经验又可把所感知的事物概括化和抽象化。这也就是知觉有理解性的原因。知觉语言亦是如此,比如经营熟鸡的商店广告牌上说:"鸡"不可失。人们看到这则广告觉得很有意思,就因为大家学过"机不可失,时不再来"的古语,所以懂得广告牌利用谐音的创意。

4. 知觉的恒常性

人们等候公交车,迎面过来的小轿车都显得很大,而远处驶来的公交车看来很小,但人们凭着经验就知道那是一辆大的公共汽车。也就是说,尽管知觉的条件(比如远近、大小)有了变化,而由于知识与经验的参与,知觉表现出相对的稳定性。这就是知觉的恒常性,尤以视知觉为甚。

知觉的恒常性有形状的恒常性(如尽管苹果的品种不同,但给人的印象总是苹果的形状)、亮度的恒常性(如尽管黑衬衣在阳光下反射的光比白衬衣在黑暗处反射的光更多,但黑衬衣看起来总是黑的,白衬衣看起来总是白的)、颜色的恒常性(如新旧红领巾尽管颜色有深浅,但给人的印象总是红色的)、大小的恒常性(如看远处的大人再小,印象总是大人;看近处的小孩再大,印象总是小孩,不因观察的距离和角度有变而有所不同)。知觉对象的形

对外汉语教学心理学

状、亮度、颜色、大小等特性，是一种人的主观印象，是在经验影响下所保持的相对的稳定性。这种稳定性可以使人们始终按事物的真实面貌来反映事物，从而有效地适应环境。

（三）汉语作为外语的言语知觉特点

言语知觉对思维和理解有着重要作用，因为言语知觉是感觉与思维的统一；言语知觉是理解的基础和前提；而理解乃是言语知觉的有意识部分与未意识部分相互作用的结果。

1. 感觉与思维的统一

言语知觉介乎于感觉与思维之间，是两者的统一。外语学习者听觉所感受到的言语是一串串不分散的、不可分开的语音流，而要从中知觉和区别出一个个音素，并将它们合成为一个个音节，识别其字词，这已经涉及外语的思维。

知觉语音，必须有一般的目的语的语音和音位学的知识。除了要了解和掌握发辅音（汉语中是声母）的特点，即发音部位（如双唇音、唇齿音、齿音、齿龈音、腭音、软腭音、喉音）、发音方法（如闭塞音、摩擦音、塞擦音、鼻音、边音、半元音）、声带振动的程度（如清音、浊音），以及发元音（汉语中是韵母）的舌头变化（舌的部位及其高度）之外，还要注意辅音受元音的影响（如汉语拼音中 ni 和 nang 中的 n 的发音随着紧跟的韵母特点而有变化），以及元音受前后音的影响（如汉语拼音中 wa、la、lai 中的 a 音，随前后音的特点而有所变化），不管这个音的真实读音如何，人们仍然将它们视作（或辨审为）同一个音，这就是音位。因此，言语知觉可归结为三个阶段：

（1）听觉阶段。在这个阶段，声响信号转化成为神经表象，即对声音的基本频率和一些特征（如音高、音长、音强等）进行了编码，被存储在感觉贮存器中。这个阶段的代码称为"原始码"，还没从信号中抽取出语音或音位信息。

（2）语音阶段。这个阶段主要是依据语音知识或目的语语音系统和特点将感觉到的言语声音切分为音节，并确定其语音名称。虽然人们听到的言语声音几乎没有停顿，但所幸言语由音节构成，人们借助于音节，可以知觉一串语音并切分出一个个音节，并随后正确命名言语声音。如 nishentihaoma，这一串言语声音，人们可将它们划分为一系列音节 ni /shen /ti /hao /ma /，并确定每个音节有哪些音素（如 ni 音节有 n 音素与 i 音素）构成。

当然，外语学习者，最初常常是按母语的发音方式来感知外语语音的，因为母语的发音和感知的动型是极为牢固的。像日本学生常用 ji、qi、xi 来感知汉语的 zhi、chi、shi，只有通过自觉比较才有可能形成新的动型。

（3）音位阶段。这个阶段主要根据音位学原理，对语音阶段存在的音素问题和疑点作进一步的修正和确定。"音位规则是因语言而异的。英语的规则只能用来区别英语里各种意义不同的声音。[①]"汉语当然有着自己的音位规则。如 ni(你)和 niang(娘)中的 n 音素，读起来是有区别的，不过在汉语里还是把它归并为同一音位。又如 ti(体)和 di(地)，前者是送气音，后者是不送气音，汉语里有区别词义的作用，因此是两种不同的音位。而在英语里，如 pit，无论发音中有多大的堵塞气压，仍然是 pit，它的词义不变，因此英语里就没有关于送气音的音位规则。

言语知觉经过这么三个阶段，由自然音切分为音节，确定音素，从而明确词义，于是将感觉与思维统一起来。

2. 感知和理解的关系

感知和理解密不可分。言语知觉是理解话语的前提，没有言语知觉就谈不上什么理解；理解是言语知觉的结果，它反过来又为知觉(发声的和看见的)的言语转换为神经过程提供了条件。没有学过的或不熟悉的外语语音流(比如德语、意大利语)，因为无法理解，所以也无法进行言语感知。

言语知觉大多是自下而上的加工，即听到声响信号 → 切分音节 → 分辨音素(包括音位)→ 理解字词。但如果所知觉的是连续的言语，则会采用自上而下的加工，即使用较大的言语单元(比如词组或句子)来帮助理解信息。也就是把听到的音响放在一定的语境中来考察、识别和理解。课堂上和教科书上的填空练习，实际上是在有意识地让学生运用自上而下的加工方式来理解句子意思。例如，听到：

cong xuexiao dao youju de _____ shi duoshao?（从学校到邮局的_____是多少？）

学生根据上下文语境，很快就能填补出 juli(距离)这个词语。人们在识别和知觉言语流时，是从分析音响开始的；而在理解句意时，不仅仅是言语知觉信息的叠加，而且往往是从句子倒推上去的。也就是说，人们在进行自下而上的认知加工的同时，自上而下的加工也开始操作。正是这种综合分析，使学

---

① [美]John B. Best 著，黄希庭主译：《认知心理学》，中国轻工业出版社 2000 年版，第 249 页。

生能在自下而上加工和自上而下加工的相互作用下"推断、填补缺失的或未被识别的言语信息①"。

3. 意识部分与未意识部分的相互作用

人们在日常生活中知觉口语或书面语，大量依靠语感来分析和理解，而并非有意去意识语音、词汇、语法、修辞的语言特点，然后再整合而为可懂的句子。操本国语的人群（例如说汉语的人），并不一定专门学过语言知识，但他们可以知觉口语和书面语，顺利地进行交流和阅读。学习汉语的外国学生中也有许多不熟悉语言知识的，甚至对本国语的语言知识也知之甚少，但并不影响和妨碍他们听说读写。这说明，人们的言语知觉中有许多实际上是在进行潜在的划分（如言语划分为语段，语段划分为句子，句子划分为意群，意群划分为词，词语划为音节，音节划分为音素等等）而自身却并未意识到。

人们传达思想，进行交流，必须依靠语言信号的中介。语言信号是第二信号系统的刺激物，它们不是客观实物的直接反映，而是抽象的语言意义。人们借此形成思想、主张和观点，凭借语言的中介，可以说出自己的想法和听懂别人的话语。语言的诸种要素（语音、词汇、语法、修辞等）是客观存在的，它们在话语交流中时不时地发挥着作用。例如，划分语音流或文字流，辨别音节和读音，自上而下地校正理解的偏差等等。尤其发生歧义或不甚了了时，往往会不由自主地推敲词语音节，分析语法结构，整合句子意义等等。这些都是言语知觉中的意识部分。

人们从言语知觉到理解句子意义，经历着意识部分与未意识部分的相互作用。因为有言语知觉的意识部分，可以进行言语的层层分析，所以理解比较准确；因为有言语知觉的未意识部分，靠语感来接受和消化，所以理解和交流的速度就比较快。这两者相互作用，不可或缺。

第二节　汉语作为外语的理解

汉语的语料或话语，总是由词、句、段架构而成的，因而学习者听人说话或阅读文章就得从词汇、句子、话语三个方面去理解：理解该语料或话语中所选用的词语的词义；理解由一定词语组合起来的众多句子的意义；理解由若干句子

---

① ［美］John B. Best 著，黄希庭主译：《认知心理学》，中国轻工业出版社 2000 年版，第 252 页。

组织起来的段落的意思。这里涉及许多心理活动、心理过程和心理规律。

一、词汇的理解

在言语知觉的基础上，人们可以通过对知觉中形成的语言表象进行不同层级的处理而获得理解。比如词汇理解、句子理解、话语理解。所谓词汇理解，是根据知觉的音素（包括音位）和音节，从记忆中寻找和提取与之相应的词汇，也就是说，恢复词的词汇表征。这种词汇表征，包括词的意义、拼写、发音、词类及其他有关特征。例如，我们听到 shanshuo 这一串音响，知觉到它们是由 sh、an、sh、uo 几个音素组成，并把它们划分为两个音节 shan shuo，然后从记忆中去寻找和提取与之相应的汉字（词）：闪烁。头脑中不仅呈现出这个词汇的词形，而且连它的动词词性、意义（光亮动摇、明暗不定，说话吞吞吐吐），甚至学习时的例句（如灯光闪烁，闪烁其词）也一并被调动出来。如果我们在阅读时，看到"闪烁"一词，也会在头脑中回忆或闪现出读音 shan shuo 及其相关意义和词性等特征。

（一）心理词典内部词汇的检索

认知心理学认为，个体的大脑拥有一部能够识别单词的心理词典。外界的语言和符号，必须触接（access）心理词典的某一位置，才能产生识别作用[1]。心理词典中的每一个单元（即字或词）都可能贮存着一个字的音、形、义等信息。例如，汉字"谋"，在心理词典中就包含有"言、某偏旁合成"、"言旁用来表示言语计划的意思"、"某旁表示其读音 mou"等信息。

对汉语来说，个体的心理词典内必须拥有 4 500 个字和 40 000 个词的词汇容量，才能正常地阅读中文材料[2]。

外界的文字触接心理词典的相应位置，产生词汇或词义识别过程，基本上是由一个主档案及其下属的三个触接档案从中起作用的结果。如图：

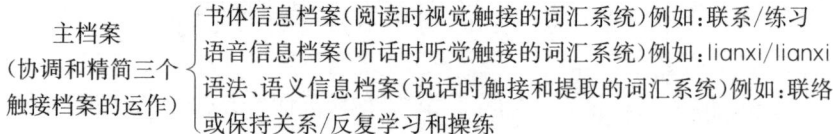

主档案
（协调和精简三个
触接档案的运作）
{
书体信息档案（阅读时视觉触接的词汇系统）例如：联系/练习
语音信息档案（听话时听觉触接的词汇系统）例如：lianxi/lianxi
语法、语义信息档案（说话时触接和提取的词汇系统）例如：联络
或保持关系/反复学习和操练
}

图 3-1　词义识别过程

---

① 李维主编：《认知心理学研究》，浙江人民出版社 1998 年版，第 53 页。

② 同上注，第 54 页。

三个触接档案分别容纳其触接的信息,并与主档案相关位置进行联接。由于主档案的协调,其他信息也一并随之呈现。比如,视觉触接书体"练习",联接主档案后,该词的音 lian xi,其动词词性的语法特点以及"反复学习、操练"的词义也随之而产生,并得以识别。

词汇触接有两种途径。一种是直接触接,即文字刺激直接触接词汇,产生词义,不用语音媒介。例如对汉字有些知识的中国人,看到"沆瀣一气",不一定念得出"沆瀣"的读音,但却知道这个词语的意思是"气味相投";另一种是间接触接,就是文字刺激必须转录成语音信息,借助语音信息来触接词义信息。例如欧美学生,文字的学习和识记常滞后于语音的接收,看到"交通堵塞",不知"堵塞"这个词语的意思,如果在词旁注上拼音或者教师念读一遍,学生凭靠语音信息就能激发起贮存的词义信息。

词汇检索和信息提取,跟词的使用频率、词素结构和语境有很大关系。

1. 词频

词频是影响单词再认阈限的一个重要因素。使用频率高的词,检索比较容易,检索时间也短。比如汉语的"的、了、你、吗"与"谢谢、再见、您好、对不起、请问"等词语,使用最频繁,检索几乎不花什么时间,张口就来。即使像"介绍、解决、紧张、经过、经常、精神"等词语,因为也有一定的使用频率,检索起来也不费力。词语等级大纲中的甲级词比乙级词或乙级词比丙级词容易检索,也因为在一定阶段这些词语出现的频率较高所致。经常使用的词语,它们一直处于激活状态,一触即发,所以容易检索;不常用的词语,活动能量低,它们深置于记忆的某个冷僻的角落而难以检索。

心理学认为学习开始阶段收集到的信息以及最后收集到的信息最容易保留和记忆。前者称之为首位效应,后者称之为新近效应[①]。从新近效应来说,最近听到的词较过去听到的词能较快地恢复,而经常使用的词一般总是比较新近的,所以检索起来快。

2. 词素

词素是具有语法功能的最小单位。一个词常由几个词素组成,而且有的词素还有语法结构线索可资凭借,便于内部词汇的检索。例如英语

---

① [美]罗伯特. L. 索尔索著,黄希庭等译:《认知心理学》,教育科学出版社 1990 年版,第 157—158 页。

enjoyable,就可析成 en＋joy＋able,词缀 en 和 able 可以跟前面的或后面的音串划分开来,像 mostenjoyablejourney(非常有趣的旅行)这一个音串,人们之所以能轻易地将它们划分成 most enjoyable journey 三个词,就因为知道前缀 en 之前是另外的词,后缀 able 之后也是另外的词。汉语有单音节词和多音节词(大多为双音节词),词素体现在音节上。但汉语合成词是一种意合单位,其词素没有明显的语法结构线索可以凭借,因此划分词,主要依据音节。好在汉语的字一般都由一个声母与一个韵母组合而成,没有复辅音,而且音节上有声调,人们可以凭借音节和声调来区别词素(或词),即一个音节(词素)的是单音节词,两个以上音节(词素)的是双音节词或多音节词。例如听到 mingtianniqulüyouma (明天你去旅游吗)这个音串,人们根据声韵调的规律,也能准确地把它划分为 ming/tian/ni/qu/lü/you/ma/,然后借助心理词典和语感,把 ming/tian 两个词素组合为词,把 lü/you 两个词素组合为词;其余的是单音节词。

在汉字的书面语中,也有一些类似词缀的词素,如词头"老(老师)、阿(阿三)"和词尾"子(桌子)、儿(书桌儿)、头(床头)、性(科学性)、化(美化)、者(记者)"等也有一些语法结构意义,凭借它们,有助于在文字串中划分词语。不过经常出现的词,并不一定要经过词素去检索词汇,它们很可能在内部词汇中作为独立的项目储存。所以听话和阅读较为熟练的学生,凭语感就能判断哪些是单音节词,哪些是多音节词。

3. 语境

句子的上下文,即语境,有限定词义的作用,因而通过语境,对所检索的词,在内部词汇中恢复其意义比较有利。因为词与词之间的关系,既有语法结构上的组合,又有词汇意义上的配搭,所以熟练的读者都能从前面的一些词预期后面的词,或者从后面的一些词推想前面的词。比如,阅读"这种货币在市面上已经不流通了",前面的"货币"与"市面上"已构成一种语境,特指商品和货币这个流通市场,因而限定了"流通"这个词的意义是"流转",不会误解为"空气流通"的"通畅"义。

一般来说,阅读时眼睛对限定程度高的词,注视较少,注视时间也短。例如阅读"明天他们还要继续会谈"这样的句子,其中的"会谈"受时间(明天)、施事(他们)、频数(还要)、状态(继续)等语境因素的限定,词义比较明确,用不着多去思索。而对限定程度低的词,注视时间往往比较长。例如阅读"明天有活动"这样的句子,其中的"活动"限定较少,就可能要去考虑"活动"的含义究竟是什么。

语境还有利于对难词意义的猜测。HSK 的阅读试题,会出现一些难词(考题容许有 20％的超纲词),考生大都凭借上下文语境去猜测词义或干脆跳跃过去。

(二)语义结构

单词都表示一定的概念。"单词所表示的概念在头脑中有其固有的、内在的联系,形成一定的结构,人们是按照这种内部认知结构来储存所输入的信息的。[①]"根据心理学家对人类知识及其结构的研究,知识表征的模式主要有层次网络模式、激活扩散模式、特征比较模式等。

1. 层次网络模式

这个模式是柯林斯和奎利恩(Collins 和 Quillian,1969)从计算机储存信息的方式中获得启示而提出来的[②],他们认为,贮存在知识系统里的信息是由单位、特征和指向连结所组成的,并以分层形式构成网络。如图 3-2[③]:

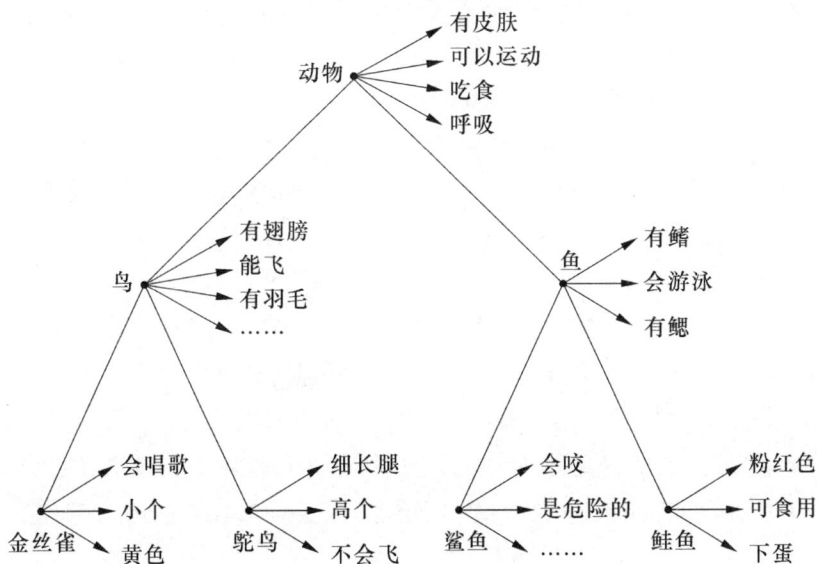

图 3-2　概念层次网络系统示意图

---

① 彭聃龄主编:《语言心理学》,北京师范大学出版社 1991 年版,第 192 页。

② 同上注。

③ 转引自彭聃龄主编:《语言心理学》,北京师范大学出版社 1991 年版,第 194 页。

示意图 3-2 概念层次网络系统有以下一些特点：

（1）网络是由节点和连线组成。如动物、鸟、金丝雀、鸵鸟、鱼、鲨鱼、鲑鱼是节点；节点之间的连接，如"动物"连向"鸟"和"鱼"，"鸟"连向"金丝雀"和"鸵鸟"，"鱼"连向"鲨鱼"和"鲑鱼"等，是连线。

（2）每一个节点表示一个概念及其特征，节点所表示的概念只和与它有关的特征信息直接连接。如鸟的概念，其特征就是"有翅膀、能飞、有羽毛……"。

（3）节点还与它所属的范畴（如"鸟"之于"动物"），以及它所包含的成分（如"鸟"之于"金丝雀"和"鸵鸟"等）直接连接。

（4）在概念网络中，不同层次的概念分别储存不同等级的事物特征，而彼此共有的特征则储存于上一层概念上。如"金丝雀"和"鸵鸟"除了自己固有的特征之外，其共同的特征（如"有翅膀、能飞、有羽毛……"）储存在"鸟"的概念层次上。"鸟"与"鱼"除了自己固有的特征之外，其共同的特征（如"有皮肤、可以运动、吃食、呼吸"等）储存在"动物"概念层次上。这就是特征信息的分层次储存。这样储存概念不会浪费储存空间，也不会加重各层次的信息负荷，因而符合认知经济原则。

（5）节点表示概念，上面储存着该概念的一些特征。节点间的连线表示概念之间的指向连结，即种属关系。由此形成语义知识的网络。层次网络模式对词语和概念的加工，主要通过搜索，即从相应节点（概念）出发，沿连线搜索，从而把心理词典中的某一词汇与概念中的相应单位连结起来。

（6）网络中搜索路线的长短，往往也是获取相应信息所需时间的长短。例如判断"金丝雀是动物"，比判断"金丝雀是鸟"花的时间要长些，因为从"金丝雀"节点到"动物"节点，中间需经过"鸟"这个节点。再如判断"金丝雀能飞"，比判断"金丝雀是鸟"反应时会长些，因为在搜索到上层概念之后要继续搜索它所储存的特征信息，搜索路线较长。这些都表示出了概念之间的心理距离。

用层次网络模式来说明长时记忆中所建立的概念系统的结构，有其一定的道理。但也有其不足之处：

（1）典型性效果问题。一个概念类别下的正例，并不具有同等概念的典型性。例如"麻雀"和"鸡"，虽然都从属于"鸟"类，但由于"鸡"像"鸟"的典型性差，所以判别"鸡是鸟"，比判别"麻雀是鸟"所需反应时长。

对外汉语教学心理学

（2）相关性效果问题。判断句子所需的时间，取决于两个概念之间联想的强度，而不是连结的长短。例如，"动物"是"哺乳类"的高层类别概念，但判断"熊是哺乳类"，比判断"熊是动物"所需反应时要长些。因为平日生活中概念之间的配对频率"动物与熊"远胜于"哺乳类与熊"。

（3）否定效果问题。依照层次网络模式，要判别句子"麻雀是矿物"是否正确，必须从节点"麻雀"与"矿物"开始搜索，经节点"鸟类、动物、生物、非生物"等，才能做出否定判断。按理说搜索时间较长，而事实上，否定的反应时极为快速。

2. 激活扩散模式

这个模式是柯林斯（A. M. Collins）等人对层次网络模式的修正。如图 3-3[①]：

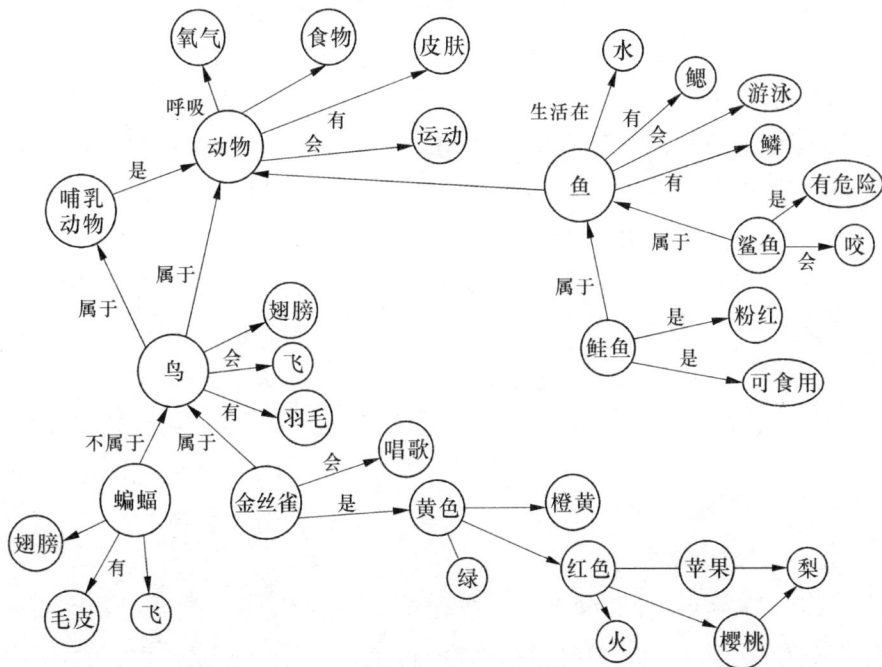

图 3-3 激活扩散模式示意图

激活扩散模式的特点如下：

（1）一个概念所具有的意义或所包含的信息（特征、种属等）存在于和其

---

① 彭聃龄主编：《语言心理学》，北京师范大学出版社 1991 年版，第 200 页。

他概念的种种关系之中：有"从属"关系（如"鸟是动物"），有"具有"关系（如"鸟有翅膀"），有"能够"关系（如"鸟会飞翔"），有"不属于"关系（如"蝙蝠不是鸟"），等等。这许多关系，都通过连线来揭示和判别。有了概念和关系这两个要素，使激活扩散模式具有更简洁、更灵活的形式。特别是"不属于"关系，解释了人们对否定反应比较快速的"否定效果"问题。

（2）一个概念可以在不同的网络平面上跟许多概念发生联系。例如，"金丝雀"可以处于"鸟"这个平面，会"飞翔"；可以处于"宠物"平面，被豢养；也可处于"食品"平面，被品尝，等等。这样，所谓的网络系统，不仅仅是有层次的，而且是立体的。

（3）概念与概念之间的联系，有强弱之分。在结构图上用连线的长短来表示。比如"鸵鸟"同"鸟"的联系比较弱，连线长；"鸽子"同"鸟"的联系比较强，连线短。这就解释了"鸡是不是鸟"的"典型性效果"问题。

（4）激活扩散模式具有利用性。在生活中遇到概念的某个实例或某个单词，先激活与其相应的节点，然后沿着连线向相邻节点扩散，使它们处在一种活动状态。这样，有利于对有关词语的认读。例如，听过单词"鸟"后，再认读"燕子"、"鸽子"、"鹰"、"雁"等单词就容易些。这说明，激活从"鸟"扩散到了"燕子"等鸟类。又如，节点"金丝雀"被激活后，它的特征"黄色"也随之被激活，并由"黄色"扩散到了"红"等颜色，再由"红色"扩散到"火"和"苹果、樱桃"等红色水果，又由水果扩散到"梨"。这些概念的联系正好解释了概念的"相关性效果"。再如，节点"鱼"被激活后，沿连线向四周扩散到"水"、"鳃"、"鲨鱼"、"动物"等节点，而"动物"的"进食"、"运动"等节点也可随之被激活，但因距离远，激活比较弱。所以，要判断"鱼会运动"比判断"鱼需要水"所需的时间会长些[①]。

3. 特征比较模式

这是史密斯（E. E. Smith）等提出来的一种模式。他们把概念用一系列的语义特征来规定。而这些特征的地位和作用不同：有些是关键性的，可称为定义性特征（如"知更鸟"上储存的"有羽毛、有翅膀、长着红胸脯，是动物"等）；有些是次要的，可称为描述性特征（如"知更鸟""吃虫、在树上栖息，未驯化、无害"等）。这对判定命题的真伪和判定时间的长短很有意义。如图

---

① 彭聃龄主编：《语言心理学》，北京师范大学出版社 1991 年版，第 199 页、第 201 页。

3-4[①]:

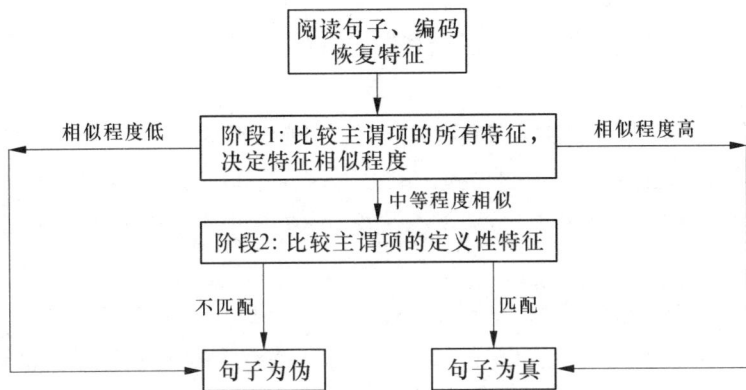

图 3-4　特征比较模式示意图

特征比较模式的流程是：

(1) 首先唤醒的是主项 A 和谓项 B 各自具有的特征,即朗读句子(如"鸽子是鸟"这个命题)、编码和恢复特征。比如"鸽子"(A 项)的"灰白等颜色、吃谷类"是定义性特征,"会传递书信"等是描述性特征。"鸟"(B 项)的"是生物、有羽毛、有翅膀"是定义性特征,"会飞"等是描述性特征。

(2) 进入阶段 1,对主项 A 和谓项 B 的诸多特征(包括定义性的和描述性的),进行粗略的比较和匹配。如果 A 的特征包括了 B 的全部定义性特征和一些描述性特征,A、B 匹配程度高,那么就能断定 A 属于 B。比如"鸽子"(A 项)除了自己的特征外,还具有"鸟"(B 项)的诸多特征,于是人们很快就能断定"鸽子是鸟"为真。反之,A、B 的匹配程度极低,即 A 的特征既不包含B 的定义性特征,也不包含其描述性特征,那么人们也能很快断定像"鸽子是河流"这样的命题为假。

(3) A 与 B 匹配为中等,则要进行精细加工,于是进入阶段 2。这时可能出现两种情况:一是 A 包含 B 的定义性特征,但极少或不包含 B 的描述性特征,如"鸵鸟是鸟"这个命题,"鸵鸟"虽不包含"鸟"的"会飞"这个描述性特征,但其他特征全有,因而仍可判定为真。二是 A 包含 B 的部分描述性特征和部分定义性特征,如"蝴蝶是鸟",尽管"蝴蝶"有"鸟"的"有翅膀"这一定义性特征,以及"会飞"这一描述性特征,但没有"有羽毛"这个定义

---

① 彭聃龄主编:《语言心理学》,北京师范大学出版社 1991 年版,第 198 页。

性特征,因而对这个命题仍判定为假。这就可解释判断真命题"鸵鸟是鸟"比"鸽子是鸟"要慢,判断假命题"蝴蝶是鸟"比假命题"鸽子是河流"要慢的缘由了。因为有的只要进行粗疏的加工就可断定,而有的要进行精细加工才能判别①。

以上三种模式,层次网络模式要求我们按语义网络形式贮存词的知识;激活扩散模式强调网络中语义关系的差异;特征比较模式把词的词汇表征视为一系列的语义特征。

二、句子的理解

词语的理解,是话语理解的基础,但还不是完整的话语意思的理解。只有对句子理解,才算是有了相对完整的意思的理解。因为"句子的特点在于它是人们用来交流思想的语言的基本运用单位","可以表达一个完整的意思"②。比如,我们看到车铺前的牌子上有"机动车"字样,就知道这个铺子跟机动车有关系,但究竟是卖机动车呢还是修机动车,不是很清楚。如果看到的是"专修机动车",就非常清楚地知道:这是家专门修理机动车的铺子。再如,路过服装店,看到窗玻璃上贴着"八折",你可能知道商店的服装可以打折,但哪些可以打折,不甚了了;但如果写着"全场八折",你就会意识到:这家商店的服装全部八折优惠。为什么加了几个字意思就清楚了呢?就因为它们由词变为词组或句子的缘故。所以,在生活中(包括学习汉语的过程中),句子的理解相当重要。

汉语的句式有一般语言所共有的普遍规律,也有汉语本身所具有的一些特征,集中反映在组合、搭配、扩展、语序、变换和特殊句式等方面。

(一)汉语组合的特点
1. 汉语组合手段的一致性

汉语的词语组织到句子中去,因为缺乏性、数、格或时、态的变化,其主要的组合手段是靠语序和虚词。不仅词素组合成词,是采用这种手段,而且由词语组合成词组,由词组组合为句子,也是采用这种手段。就是内部的组合关系也非常一致,有联合、修饰、陈述、支配、补充等。如图3-5③:

对外汉语教学心理学

---

① 彭聃龄主编:《语言心理学》,北京师范大学出版社1991年版,第197—198页。
② 胡裕树主编:《现代汉语》,上海教育出版社1989年版,第353页。
③ 张志公主编:《现代汉语(中册)》,人民教育出版社1982年版,第38—40页。

组合关系	词素组成词	词合成词组	词、词组合成句子
联合	朋友、生产、光明	工人农民、批评和表扬、勤劳勇敢	
修饰	广场、速成、冰凉	游泳池、热情帮助、讨论的问题	多勤劳的人民！一个冬天的夜晚。
陈述	头疼、心虚	经济繁荣、心情激动、菜花黄	太阳升起来了。电话铃响了。
支配	握手、点头	打电话、洗衣服	开门！禁止吸烟！
补充	提高、缩小	洗干净、跑得快	唱得好！跑快点！

图 3 - 5　汉语组合关系表

汉语组合手段的一致性,形成了一套规则几处可用的特点,这给外国学生学习汉语带来不少方便。它不仅减轻了学生的记忆负担,留出工作记忆的余地去接收其他信息,而且客观上也符合记忆的简省原则。

2. 汉语组合的一致性对理解的作用

人们对句子的理解往往是自下而上和自上而下结合起来进行分析的。所谓的自下而上,是对句子中的一个个词语的词义进行确认,并推敲跟旁边词语的组合关系,从而来理解整个句子的意思;所谓的自上而下,是从整个句子的意思出发来分析其中的词或词组的组合关系。因为句子的意义,不一定等于句子中词义的加合,由于人们的经验补充和一定的想象力,句子的意思很可能超出词义的总和。所以,必须采用自下而上和自上而下相结合的分析办法,才能准确和完整地理解句子意思。而汉语组合的一致性,为学生对句子中词语的组合或词组的组合进行统一的分析,创造了相当有利的条件。例如:

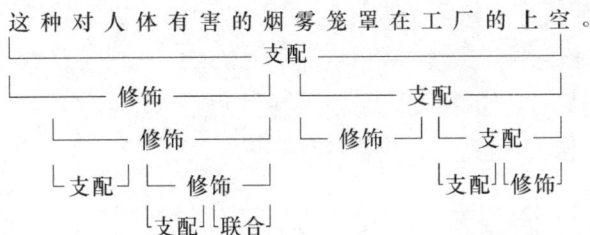

这种对人体有害的烟雾笼罩在工厂的上空。

注:介宾词组(或叫介词结构)中的介词与宾语的关系,其实也是一种支配关系。

图 3 - 6　句子层次分析图

尽管学生在理解句子时,并不一定有意识地进行像上面图示的那样层层分析,多半是靠语感来判断其中的关系,但汉语组合手段的一致性却在有意或无意地从中起着作用。

（二）生活经验与语义搭配

语法结构正确的句子,未必是真实的,也许是不能成立的。例如,"我喝桌子"、"汽车行驶在树梢"等语句,结构上完全合乎语法规则,而情理上却无法使人接受。这里牵涉语义搭配问题。平时,人们说话和写作并不刻意追求搭配的合理和正确,往往从习惯出发就能表述出语义搭配完善和妥帖的句子。比如,"篮子"用"提","足球"用"踢","食物"用"吃","饮料"用"喝";"高山"用"陡峭",而不用"清澈";"波涛"用"汹涌",而不用"险峻",等等。这些搭配都是以生活知识为其基础的。说的人清楚,听的人明白。尽管世界上有各种不同的语言,有各种不同的习俗,而生活常识和生活经验毕竟有许多共通的地方。正是这些相通的知识和经验,引导学生在掌握目的语的某一语法规则之后,就能造出正确的合情合理的句子,用不着专门花时间去学习每个词语可与哪些词语在语义上可以搭配的没法穷尽的问题。

一个词语可以同许多类有关的词语构成语义网络,在这个有限的语义网络范围之内,词语之间互相可以搭配;超出这个有限的语义网络范围,搭配就比较生硬、别扭,甚至于错误。例如,名词"衣服",可受许多词语修饰,它们有表示颜色的,如红、白、绿、黄(衣服)等;有表示质地的,如真丝、羊毛、呢绒、棉布、化纤(衣服)等;有表示式样的,如新式、旧式、中式、西式、(衣服)等;有表示处理的,如晒、洗、挂、收、放、拿、折叠、熨、买、穿(衣服)等;有表示制造的,如缝、制、裁、量、置办(衣服);有表示作用的,有休闲、劳动、会客(衣服)等;有表示状况的,如(衣服)旧、破、坏、乱、大、小、褪色等。它们在语义上都可同衣服配搭,这种配搭完全符合个人的生活经验,因而这样的句子很容易被接受和理解。如果超出这个语义搭配的范围,如"木料衣服"、"炒衣服"、"生长衣服"等,因为它们的组合跟个人的生活经验和生活知识不符,所以人们很难理解这种组合的意思,也就难以接受这种句子。

三、话语的理解

话语是由若干句子组成的,因而话语理解,实际上也是对句群的理解。句子所表述的是一个或几个命题,比如,"太阳升起了"表述的是一个命题("太阳"是命题的主项,"升起"是说明主项的谓项);"红红的太阳从东方升起了"表述的是几个命题（"太阳升起"是个大命题，"太阳红红的"和"东方升起太阳"是附着在大命题上的小命题）。由此可见，由若干个句子组成的句群往往包含许许多多个命题，这些命题不是互不相关的，而是有着这样或那样的联系，它们"具有相继关系（它将引导到新的事件）、并列关系（它使我们将事件与新事件联系起来）和时间关系（它使我们将事件与未来特定的暂时顺序联系起来）。[①]"这些关系的确定，对话语的理解有着十分重要的作用。而要确定句群中句子之间的各种关系，必须依赖两个因素：一个是连贯，以语义的连贯为条件和前提，对后续的语句进行判断和推理；一个是图式，以心理图式为基础，对后续的事件进行预期和补充。

（一）连贯

话语的句子之间必须以某种方式相互联系，没有联系的句子凑合在一起，风马牛不相及，不知所云，那是没法使人理解的。因而句子的连接和贯通，是话语理解的必要条件。这些条件包括语义的连贯、新旧信息的联系、判断和推理的运用。

1. 语义的连贯

话语中命题的展开（即意义的连续和扩展），总是围绕着某一个主题（或主线）进行的。即使是一段话（可能只有一个句群），也有其片段的中心。其中某个大命题是片段的核心，其余的命题都紧扣这个核心加以阐述、解说、发挥、推论和重申。例如《中级汉语听和说》第三十课《与中国人打交道》[②]这则短文中有一片段：

> 外国学生到中国来，常常说："中国人很喜欢管别人的闲事。"如路上见面，要问："你吃了吗？""你去哪儿？""你干什么去？"聊天儿时经常问："你今年多大了？""你家里都有什么人？""你结婚了吗？"其实，问话的人未必想要干涉你的私生活，像路上见面的问题，只是打招呼的意思，就像说："你好！""怎么样？"而聊天时问的问题，只是为了想要和你交谈，找出一些简单的问题使谈话变得轻松、自然。

"中国人喜欢管别人闲事"这个大命题是片段的核心主题，下面有些命题

---

① ［美］罗伯特．L．索尔索著，黄希庭等译：《认知心理学》，教育科学出版社1990年版，第279页。
② 北京语言学院来华留学生二系编：《中级汉语听和说》，北京语言学院出版社1990年版，第408页。

如路上见面时的发问,聊天儿时的询问,都是围绕着"管闲事"这个主题而展开的。而这两方面的问话又成了片段的副主题,接下去的命题分别就两个副主题进行解释。理解了副主题的真实含义,那么核心主题"管闲事"的问题也就迎刃而解了。正由于上述片段的语义是连贯的,主线和副线是分明的,这就为听(读)者理解这个片段的意思打下了基础。

2. 新旧信息的联系

话语或句群蕴涵着、传递着诸多信息。就说话者(或写作者)来说,其所说的(或所写的)话语中有他估计听(读)者已经知道或了解的已知信息,也有听(读)者可能不知道或不了解的新信息。并且有意识地将新的信息通过与已知信息的联系,把话语或句群的意思传达给听者或读者。就听(读)者来说,他们在听话或阅读过程中,也正是充分利用已知信息与新信息的联系,凭借已知信息的资助,推论出新信息与已知信息的意义关系。而所谓新旧信息的概念是相对的,前面句子中的新信息得到理解之后,它们又作为已知信息来推测下面句子中的新信息。理解过程可以说就是像滚雪球似的如此回环地行进:话语或句群中的新信息,在已知信息和已懂信息的凭借和导引下逐步转化为已知信息,直至全部地转化为已知信息,于是,理解就告一段落。例如《中级汉语听和说》第三课《大熊猫》①中有几句话:

> 大熊猫是我喜欢的动物之一。它的体形像熊,四肢、肩膀、耳朵和眼圈儿是黑色的,其余地方都是白色的。

听(读)第一句话,"大熊猫"是主题,是已知信息,"我喜欢的动物"是新信息,听(读)者将其联系起来就能理解说者的意思:他喜欢大熊猫这种动物。后面还有"之一"这个新信息,理解者就能领会说者喜欢的动物不止大熊猫一种。下文的代词"它"又联系和指定了"大熊猫"这个已知信息,跟后面的"体形"、"四肢、肩膀、耳朵和眼圈儿是黑色的"这些新信息挂上了钩,由此可理解熊猫的外形特点。"其余"一词又把上面的新信息转化为已知或已懂信息,从而再跟"都是白的"新信息两相对照,就能理解和想象熊猫身上的颜色了。

3. 判断和推理的运用

话语或句群的诸多命题,它们之间有着种种关系:或者是并列关系,或者是因果关系,或者是假设条件关系,或者是转折关系等等。抓住和掌握这些

---

① 北京语言学院来华留学生二系编:《中级汉语听和说》,北京语言学院出版社 1990 年版,第329页。

关系,就能准确地理解和把握话语和句群的意思。这些关系,有的是外显的,有关联词语标志和连接,有的是内隐的,虽然没有关联词语标志和连接,但句子与句子之间隐含着各种逻辑关系。听(读)者凭借关联词语和句子之间的语义关系,运用判断和推理的逻辑方式来揭示和理解话语或句群的意义。例如下面一段文字,有的句子有关联词语,有的没用关联词语,我们在听(读)时,可以补出其间的逻辑关系,从而得以准确地理解。例如:

如果角膜发炎过久,(而且)不小心有异物、微生物等入侵眼内,(因而)产生感染,(那么)不只是发病的过程长,(而且)恢复也慢,若是严重了,(因而)引起眼内发炎,(那么)还会有导致失明的可能。

这个句群内有好几个关联词"如果、不只、若是、也、还"等,但并不完全配对,如果阅读时候能把括号内的关联词语补出来,那么句子之间的关系就一目了然了。

(二) 图式

话语理解,除了应用心理词典知识外,还需应用贮存于头脑中的百科全书知识。而百科知识一般都经过整理和类化,形成一定的心理组织,我们称之为心理图式。图式有各种各样的具体形态,但基本结构和功能是共同的。

1. 图式种类

图式有事件图式、场景图式、角色图式、故事图式等。

(1) 事件图式。一个事件图式由清单性信息(即某种情境下将发生哪些子事件)与结构性信息(即各子事件间有何关系)构成。例如:

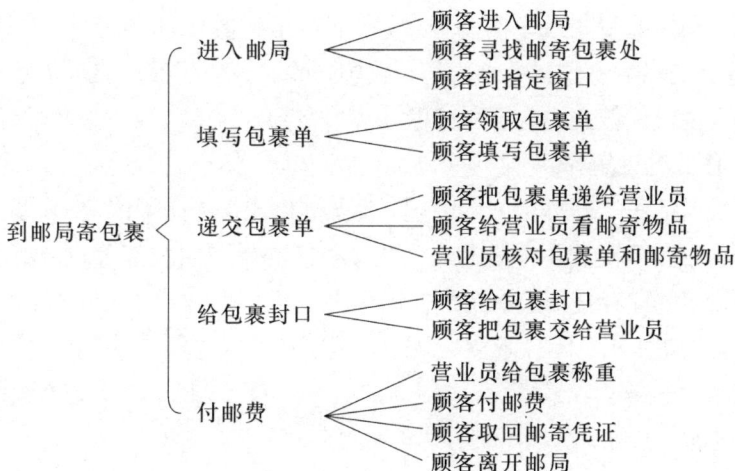

```
                                      ┌── 顾客进入邮局
                          进入邮局 ───┼── 顾客寻找邮寄包裹处
                                      └── 顾客到指定窗口

                          填写包裹单 ──┬── 顾客领取包裹单
                                       └── 顾客填写包裹单

                                      ┌── 顾客把包裹单递给营业员
  到邮局寄包裹      递交包裹单 ───────┼── 顾客给营业员看邮寄物品
                                      └── 营业员核对包裹单和邮寄物品

                          给包裹封口 ──┬── 顾客给包裹封口
                                       └── 顾客把包裹交给营业员

                                      ┌── 营业员给包裹称重
                          付邮费 ──────┼── 顾客付邮费
                                      ├── 顾客取回邮寄凭证
                                      └── 顾客离开邮局
```

图 3 - 7 事件图式示意图

这里,知识的单元是事件,一个事件由若干个下一层次的小事件组成,每个小事件又由若干个更细小的下一层事件构成。可以这么说,事件图式是以事件为单元的等级层次结构。这是无数次的生活实践中提炼和积累起来的经验结构。凭此,人们听到某类事件就会想到它的细节,由细节想到它的更为细小的细节。

(2) 场景图式。指某一类情境发生的地点或场合的知识结构。比如,只要一提起教室这种场景,人们就会很自然地想到:整齐排列的课桌椅,桌子上面放着课本、笔、记录本等,课桌的前面有讲台,讲台后面是黑板,黑板两旁张挂着中国地图和世界地图,黑板上方有一条标语,背面的墙上有墙报或黑板报,教室两侧是玻璃窗,天花板下悬吊着一排排日光灯,等等。可见,场景图式也是一种等级层次结构,某一场合包括若干部分,每一部分又有更详细的内容;同一层次的各部分之间存在着上下、左右、内外、相邻等丰富的空间关系。人们从一个部分,比如桌子,就可以想到不同层次的书本、椅子、地板等等。

(3) 角色图式。把某种身份、职业、阶层、年龄、言行特点等知识聚合在一起,就形成了关于这类人物的角色图式。比如经理、职员、司机、医生、护士、教师、学生等,都具有某些稳定的一般特点,他们在某种情境下的言行也是相对稳定的。人们据此可以判别其人为何种角色,会说出怎样的话,会有怎样的举止。

(4) 故事图式。一个故事包括若干个情节,每个情节又包括具有不同意义的多个事件、活动。常见的故事情节,由情节的开端、情节的发展和情节的结束等成分构成。一个情节之后往往接着另一个情节。若干个情节之后,便是结尾。虽然故事图式丰富多样,故事情节千变万化,但情节有开端、有发展、有起伏、有结局,这样的结构是大致相同的。人们仍然可以凭借故事图式来理解小说或记叙文的内容和意思。

2. 图式的理解作用

图式在话语的理解和记忆中起着重要的作用。"在阅读之前,图式起到预期作用;在理解过程中,图式成为意义表征的重要组成部分;在阅读之后,图式对信息的储存提取起到组织作用。①"

(1) 预期作用。图式既然是某一定型事物的具体构成的知识,那么一旦

---

① 彭聃龄主编:《语言心理学》,北京师范大学出版社1991年版,第211页。

某种图式被激活后,它就会为人们理解语言材料提供一种积极的准备状态,对即将要叙述的话语产生一种预期。这就有助于对话语的迅速理解。例如,有这么个语段:

> 她在服装店挑选了半天,好容易选中了两条式样新颖、颜色鲜艳的裙子,在试衣镜前试了又试,照了又照,觉得很满意。她让营业员开出发票,兴奋地跑到收银台付钱。可是一摸口袋,忍不住叫喊起来:"哎呀!"……

读者在阅读上面一段文字时,头脑里很自然地会闪现出服装店顾客购买服装的图式,由于挑选、试镜、开票、付钱这些个情景或事件完全符合图式的知识,因而图式在这儿充分发挥了它的预期作用,使人对这段语料更觉亲切,也更容易理解。而后文的"哎呀!",即使文章到此结束,人们也能通过上下文语境和图式的预期,可以推测该顾客不是忘了带钱,就是钱被偷了。

(2) 补充作用。人们阅读话语材料,不是只登记材料的表面形式(即语句),而是结合已有的图式知识,将图式的内容充实到话语中去。尽管有些内容在语料中没有提到过而是由读者根据图式自行填补进去的,但读者会觉得这种补充的意思似乎是语料本身所存在或出现过的。例如有这么一段话:

> 今天出门的时候,忽然下起大雨,我好容易到了会合的地点,我的朋友还没有来。根据事先的约定,我想她不会再来了。

这里"根据事先的约定"是什么具体内容,话语中没有说,但读者都能理解。因为根据约会的图式知识,所谓的"事先约定"应该是:老地方、老时间见;如果下雨,就取消约会。由于读者在理解话语时自行填补了约会中常有的内容,而且似乎听见他们说过这样的话,因而理解起来不仅容易,而且内容更为丰富。

本 章 小 结

汉语作为外语的感知,包括感觉和知觉两个部分。感觉是由外界一定的刺激作用于有机体的某种感觉器官所引起的反应。跟言语感觉联系最为直接和紧密的是听觉、视觉和动觉。言语听觉、言语视觉和言语动觉是相互配合、相互补充来知觉语言的。知觉是由不同类感觉相互联系和综合的结果,是以感觉为基础并融入和补充个体所具有的知识和经验而形成的。它是感觉与思维之间的一个重要环节,对感觉材料进行加工,为思维准备条件。

汉语作为外语的理解，包括词汇的理解，句子的理解，话语的理解。词汇的理解涉及心理词典的检索，以及语义结构模式的运用；句子的理解涉及汉语组合特点的应用，以及生活经验对理解的作用；话语的理解涉及判断与推理手段的运用，以及心理图式的作用。

知 识 运 用

1. 感觉与知觉有什么区别和联系？举例说明在学习一个生词的过程中，感觉与知觉是怎样起作用的。

2. 在心理词典中检索一个词语，有哪些线索或因素可资凭借和利用？

3. 举例说明，生活经验与心理图式对言语理解有怎样的作用。

研 究 热 点

知识储存的结构模式（如层次网络模式、激活扩散模式、特征比较模式等等）究竟哪一种更为合理和科学？它对话语理解的作用与影响究竟如何？

对外汉语教学心理学

第四章　汉语作为外语的记忆

人们常说"好记性,不如烂笔头",这就是说人对经历的事情、听过的报告、读过的书籍、学过的知识是可以记忆的,但是记忆的东西不一定都能回忆出来。有的可能遗忘了,有的可能一时想不起来,但经过提醒还可以回想起来。所谓烂笔头,指的是尽管在识记某种事情或某些知识时只草草地记录几笔,但它可以作为线索,让人根据这些线索回忆起这些事情或知识来。汉语作为外语的学习,记忆是必要的条件,而遗忘或半遗忘也是外语学习中常常发生的现象。因而在汉语作为外语的学习过程中,必须讲究学习和记忆的策略。本章所阐述的内容正是心理学所要着重讨论和研究的有关记忆的一系列问题。

第一节　记忆特征和汉语作为外语的识记

人因为有语言作为依托,丰富的世界知识,不管是具体的还是抽象的,都得以在大脑中识别和记忆,其记忆的深广度是一般所谓的高级动物所无法企及的。而语言(包括外语)本身的学习,更是以记忆为前提的。研究和揭示记忆的心理特征和类别,对识记包括语言在内的知识,具有重要的意义。

一、记忆的基本特征

过去的经验在人脑中得以反映,就成为了知识;知识在大脑中的存储、保持和提取是记忆的三个基本环节;知识在头脑中的记忆表象具有直观性和概括性。这三个方面构成了记忆的基本特征。

（一）记忆是过去经验在人脑中的反映

人对经验过的东西，头脑中会留有印象，比如某个事件的始末、某个乐曲的旋律、某座建筑的外观、某个人的脸庞、某种外语的单词、某种学问的知识……只要以前接触过、观察过、聆听过、学习过，它们总会在头脑中不同程度地得以反映，这就是记忆。而凡是没经验过的事物或知识，则不会在头脑中反映。比如，没学过的知识（包括外语），没去过的城市或旅游地，没经历过或听说过的事情，头脑中对此往往是一片空白，不会有什么记忆存在。因此，记忆必须有感觉和知觉作为其基础，同时，大脑也要对感觉和知觉的东西进行必要的加工和储存，才能在头脑中留下印象和记忆。这是个复杂的心理过程，常常不能随心所欲。

人不能没有记忆，否则就不能正常地生活。人们之所以能够形成概念，进行判断和推理等思维活动，所依靠的就是经验和知识的记忆和积累。也正因为有了记忆，人才能超越知觉活动的直接感受而接收广博而丰富的间接知识，从而去认识世界和改造世界。

根据信息加工理论的观点，记忆是对输入信息的编码、贮存和提取的过程。也可以说，记忆是人们对先前经验的有意识的外显反映。有所"记"才能有所"忆"；"记"不住，就"忆"不出；"记"得模糊，"忆"就困难。汉语作为外语的记忆，就是要通过学习的方式，记住和积累汉语的文字（包括音节）、词汇、语法规则，以及渗透其间的中国文化，并在应用过程中能够把需要的字、词、句回忆和提取出来，以表述自己的思想和观点。比如，学习了"问路"的课文，记住了问路的句子和有关词语，才能在需要时回忆并说出"劳驾，往南京路怎么走？"、"请问，到广场乘什么车？"这样的问句。再如，学习了"购物"的课文，记住了选购和议价等有关的词语和句子，就能在实用时回忆并说出"师傅，这……怎么卖？"、"这……多少钱一斤？"、"太贵了，能不能便宜一点？"等这样的问句。

（二）记忆的三个基本环节

记忆加工可分三个阶段（或说三个基本环节）：信息的识记、信息的保持和信息的提取。用信息加工观点来说，记忆就是对输入信息的编码、贮存和提取的过程。

信息的识记是对事物的识别和记住，从而积累知识经验。人们认识世界的万事万物，先决条件就是对需要认识的事物进行识记。比如学习外语,要读出单词的音,就得先识记音标和字母拼写规则;要应用词语,得先识记一个个单词;要说出句子,得先识记语法规则,等等。但是识记了的事物,如果随时遗忘,那就等于没有学习,必须把它们贮存和积累于脑库,这就是信息的保持。可见,保持是巩固已获得的知识经验的过程。人的记忆脑库有感觉记忆、短时记忆、长时记忆等,它们保持信息的时间长短不一。感觉记忆最短,短时记忆次之,长时记忆最长(有的可以永久保持)。保持的目标,就是要通过感觉记忆和短时记忆千方百计地把信息输入长时记忆,永久地贮存起来。比如学习汉字,不仅要识别字形,读出字音,知道字义,还要知道笔顺,操练书写,这样几个反复,就有可能把从感觉记忆进入到短时记忆的汉字,输入到长时记忆。记忆的目的,不止于保持信息,而要在需要时拿出来用,这就是信息的提取。所谓的提取,是在不同情况下恢复过去经验的过程。有两种情况:一种是经验过的事物不在面前,能把它重新回想起来,叫做再现;一种是经验过的事物再度出现时,能把它重新认出来,叫做再认。比如,学习了"宽敞"这个词语,当需要说"客厅宽敞"时,能从记忆库所积累的心理词汇"宽大、宽阔、宽余、宽敞"中,把"宽敞"提取出来;当阅读"坐在宽敞的教室里学习别提多高兴了"这样的句子时,能够认出、读出并理解"宽敞"这个词语。

记忆过程的三个环节是相互联系、相互制约的。没有识记,就谈不上保持;没有识记和保持,当然更谈不上提取。因此,识记和保持是提取的前提,提取是识记和保持的结果,并能进一步巩固和加强识记和保持。汉语作为外语学习的经验也证实,经常使用的词语(出现频率高的词,如学习、工作、旅游、吃饭、乘车等)和句式(如主谓宾句、动词谓语句、形容词谓语句、连动句、比较句等),记忆比较牢固。

(三) 记忆表象的直观性和概括性

人感知过的事物,尽管不在眼前,但仍能在头脑中再现出它的形象,这就叫做记忆表象。记忆表象有直观性和概括性两个特点。

记忆表象的直观性。事物为感觉所登记,且上升为知觉,要进行粗略的编码,这就是图像记忆和声象记忆,它是按感觉信息原有形式来贮存的。而表象正是感知留下的形象,所以具有直观性。这种直观性,是客观事物并不在眼前,而是通过记忆回忆起来的。这种回忆不可能像实际感知事物时所得到的形象那样鲜明、完整和稳定,而是事物的大体轮廓和一些主要特征。比如，上海的南浦大桥和杨浦大桥，凡是路过或参观过的人，头脑里都会留下两座桥的形象，但展现于脑海的可能只是这两座桥的宏伟的桥身和气势，以及一为螺旋式、一为提拉式的特点，不可能像照相那么细致准确。

记忆表象的概括性。表象所反映的是同一（或同类）事物在不同条件下所经常表现出来的一般特点。比如，人们曾多次经过南浦和杨浦这两座大桥，每次由于条件不同（或者是晴天，或者是雨天，或者是大雾天，或者是夜晚等），会产生不完全相同的具体知觉形象。但人们一旦说起南浦大桥或杨浦大桥时回忆出来的不是某一次的具体知觉形象，而是多次知觉基础上产生的概括形象：螺旋式桥或提拉式桥。表象的概括性还表现在对于同类事物的概括上。例如，我们头脑里所贮存的楼房、树木、公交车、饭店等形象，都是从同类事物中概括而得来的。同样是概括，表象概括和思维中的概念的概括是不一样的。表象所概括的有事物的本质属性与非本质属性，而概念只概括事物的本质属性。例如，"金牌"的概念是奖给比赛中的冠军的用黄金做的牌子，而表象除了包含这个概念之外，还蕴有黄灿灿的、圆形的，有丝带可以挂在颈项等属性。

表象的直观性与概括性是密切联系在一起的。它的直观性有点像知觉；它的概括性又有点像思维。它是介乎知觉与思维之间的中间环节，是记忆的主要内容。在记忆过程中，回忆过去的事物，并且再认出曾经接触过的事物，主要也是靠表象来实现的。

二、记忆的分类

记忆可按记忆的内容分类，也可按记忆活动特点分类。

（一）按记忆内容分类

根据记忆内容，可把记忆分为如下四种：

1. 形象记忆

以感知过的事物形象为内容的记忆，叫做形象记忆[1]。例如，外国留学生去杭州旅游，回来后对西湖景象的记忆、对六和塔的记忆、对岳坟的记忆等等，都是形象记忆。

---

[1] 叶奕乾、祝蓓里主编：《心理学》，华东师范大学出版社1996年版，第121页。

2. 逻辑记忆

以概念、公式和规律等的逻辑思维过程为内容的记忆,叫做逻辑记忆[①]。例如,汉语作为外语的学习中,有些词语的定义(如"隆重"的解释是"盛大庄重","蔓延"的解释是"像蔓草一样不断向周围扩展")、语法规则(如"进行、忍受"等动词后面的宾语,可以由非名词性词语充当)等的记忆,就是逻辑记忆。

3. 情绪记忆

以体验过的某种情绪或情感为内容的记忆,叫做情绪记忆[②]。例如,外国学生登上长城时的兴奋劲儿,篮球比赛输掉时的失落劲儿,这些回忆就是情绪记忆。

4. 运动记忆

以做过的运动或动作为内容的记忆,叫做运动记忆[③]。例如,外国学生学习中国太极拳或武术,一个接着一个动作的回忆,就是运动记忆。

(二)按记忆活动特点分类

根据记忆活动特点,可将记忆分为感觉记忆、短时记忆和长时记忆三个储存系统,而每个储存系统都以前一个系统的加工作为自己储存的条件。

1. 感觉记忆

感觉记忆是原始的感觉形式,它具有相当大的容量,能够把外界的信息一下子完整地摄取进来,但保持的时间极短,约 0.25—2 秒,所以又称为瞬时记忆。感觉记忆的特点是:外界的信息按照感觉输入的原样在感觉中记下来,具有鲜明的形象性。比如,主持人在电视节目中的一个个镜头和一句句话语,分别为视觉和听觉逐个(或逐句)所接收和登记,此时留存于感觉中的映象和声象跟刺激基本一致,可以说是外界刺激的复制品。因此,心理学认为,感觉记忆也有粗疏的编码和组织。这种编码和组织,可能是一种图象记忆或声象记忆,它们按感觉信息原有的形式来贮存。感觉记忆虽然贮存时间极短,但它为进一步加工提供了材料和时间,是人们接受和处理外界信息必不可少的一步。感觉中的信息,如果受到注意就能进入短时记忆,没有得到注意的信息就很快消失。

---

① 叶奕乾、祝蓓里主编:《心理学》,华东师范大学出版社 1996 年版,第 121 页。

② 同上注。

③ 同上注。

2. 短时记忆

短时记忆是指信息保持在一分钟以内的记忆。这是信息从感觉通往长时记忆的一个中间环节或过渡阶段。比如，听报告或听课时作记录或笔记，常常记完上句，来不及记下句；或者暂时跳跃一下先记下句再补上句，那个上句却再也回忆不出来了。再如，查询电话号码或车牌号，如不记录下来，使用过后很快就记不清了。这些都说明存于短时记忆的信息超过了一分钟就会丢失或遗忘。

短时记忆的特点是信息容量的有限性和相对固定性。根据心理学实验发现，人的短时记忆容量为 7 ± 2 个单位，即在 5 到 9 个单位之间波动[①]。这里所说的单位，内涵不定，可以小到字母，中到单词，大到词组。为了增加和扩充短时记忆的容量，人们常常利用组块来记忆。所谓的组块，是指将若干小单位联合成大单位的信息加工，也指这样组成的单位。对外汉语教学提倡记住词组，从某种意义上来说，也是在利用组块扩充和提高短时记忆的容量。比如，"这种事一定要强调自觉自愿，万万强迫不得"这个句子，如果从音节和单词来记忆，充其量只能记住"这/种/事/一定/要/强调/自觉/自愿"这句话；如果从组块来记忆，就能记住"这种/事/一定要/强调/自觉自愿/万万/强迫/不得"这样比较完整的语句。

短时记忆又称工作记忆，它一边接受来自感觉记忆中的信息，一边从长时记忆中提取信息，进行有意识的加工。工作记忆由语音环、视觉空间模板和中央执行系统组成。中央执行系统负责协调和支配两个子系统（即语音环和视觉空间模板）与长时记忆的联系。因此，心理学所说的短时记忆编码，实际上就是工作记忆的编码。短时记忆的编码方式有听觉性编码、视觉性编码和语义性编码等，其中以听觉编码为主。对外汉语教学中，外国学生由听觉接收一个句子，如"哥哥比弟弟谦虚得多"，这一串语音流"gege bi didi qianxu de duo"，在短时记忆（即工作记忆）中，由听觉登记进而编成语音代码，传递给长时记忆作深入的加工。即使外国学生没有听到这一串语音流，而只看到用汉字书写的句子，进入短时记忆时也会发生形—音转换，其编码仍带有听觉性质或声音性质。我们常见到外国学生在阅读汉字书写的语料时，有嘴唇开合或喉头蠕动的现象，这就是在进行形—音的转换。当然，由于汉字表形而不表音的特点，短时记忆（即工作记忆）对汉字的编码总体上来说是以形状

---

① 王甦、汪安圣著：《认知心理学》，北京大学出版社 1992 年版，第 138 页。

编码(即表示线条结合与线条间距离的空间码)为主的。短时记忆中也存在着抽象的、不经过感觉通道的语义编码,这是因受长时记忆库中语义信息的影响。比如,"弟弟比哥哥顽皮",其中"弟弟"、"哥哥"在长时记忆中存在,因而容易进行语义编码;而"顽皮"可能以前没接触过,长时记忆中没有贮存过,因而也无法进行语义编码。那么这个句子的意义只能依靠其他因素(如上下文或语境)来猜测了。

短时记忆中的信息超过保持的时间,会丢失或遗忘,而及时的复述可以使信息保持较长的时间,同时也可使信息从短时记忆进入长时记忆。

3. 长时记忆

长时记忆是指一分钟以上直至许多年甚至保持终身的记忆。它是个体经验积累和心理发展的前提。长时记忆的信息来源是对短时记忆重复加工的结果,但也有些长时记忆由于印象深刻而一次形成。例如,来上海学习汉语的外国人,在游览中第一次接触"黄浦江"和"外滩",印象特别深刻,因而很自然地记住了它们的读音。长时记忆的容量是无限的,它储存着关于世界的一切知识,为我们的一切活动提供必要的知识基础。

长时记忆主要以语义编码为主。所谓语义编码是将短时记忆中以声音与视觉形式贮存的信息转化成概念的或有意义的形式。比如,要记住下列词语"螳螂、狗、燕子、蝉、猫、鸽子、蝴蝶、猪、黄雀"等,如果把它们分成昆虫类(螳螂、蝉、蝴蝶)、家畜类(狗、猫、猪)、鸟类(黄雀、燕子、鸽子),就容易记住和回忆;如果把它们组合成"螳螂捕蝉,黄雀在后"、"猪狗打架,猫逐蝴蝶"、"燕子南飞,鸽子捎信"等有意义的话语,也容易记忆和提取。

长时记忆中的语义记忆有多种结构,这就是层次网络模式、激活扩散模式、特征比较模式等等。(详见第三章第二节)

长时记忆除了语义编码外,还有表象编码。语义编码以言语代码来贮存言语信息,具有听觉—运动性质。"语义代码又称命题代码。是一种抽象的意义表征,具有命题的形式。[①]"例如"扩展是向外伸展和扩大"、"誓言是宣誓时说的话",这正是用命题来表述词语"扩展"和"誓言"的抽象意义。表象编码是以表象代码来贮存关于具体的客体和事件的信息,它构成了非言语思维的表征方式。"表象代码是记忆中事物的形象,有着与实际知觉相似的性质,

---

① 杨治良等编著:《记忆心理学》,华东师范大学出版社 1999 年版,第 65 页。

并且与客体相类似。①"例如，观看电视新闻"台风卷起海浪扑打东海大桥以及工人们为保护大桥而努力奋战的场面和情景"以后，头脑里久久不能忘怀。

三、识记

识记即信息的获得，也就是信息的输入和编码过程。它有这么几个条件：一是外界有信息的刺激；二是外界的信息被机体所注意和感觉；三是感觉到的信息经过编码由神经元传递。如果外界不存在什么新的信息，那么自然也就谈不上识记或获得什么信息。虽然人们在生活中，张开眼睛能够看到上下、左右、周围的一切，侧起耳朵能够听见各种各样的天籁声响，但是因为这一切都是熟悉的旧识，是司空见惯的、或天天听惯的，人们往往对此熟视无睹，或者充耳不闻，也就是说不去特别注意。而一旦有了新的刺激信息，比如，布告栏里贴出新的海报，教室里传出来悠扬的琴声，人们就会去注意观看或聆听，此时，新的信息就有可能为机体的感觉器官所接收。也就是说，外界的信息刺激已经被视觉神经或听觉神经所接受（或叫感觉登记）。感觉的东西，其编码形式是比较形象的、原始的，信息在这里以图像记忆或声象记忆的形式保存，例如海报的样子以及海报上的字样，琴声的音质和音阶等，输入的信息在这里还没有完全被认识。它们保存的时间极为短暂，但对进一步的信息加工提供了更多的时间和可能性，对知觉活动和其他高级认知活动都有重要意义。

感觉的东西经过抽象和分类就成为知觉，只有知觉了的信息才有资格进入短时记忆。海报上的诸多文字，琴声的乐句旋律，这些信息由感觉登记后逐一上升为知觉，并输入短时记忆。短时记忆把这些信息进行编码，即把一长串的文字和一长串的旋律转换为符号或代码，经神经元传递给大脑的有关皮质，在大脑加工器（即工作记忆）进行解码和整合。这时候，外界海报上的内容，或琴音的旋律，才得以理解和贮存。这就是新信息的识记或获得的过程。

识记是记忆过程的第一阶段，是信息保持的前提。有良好的识记，才有较佳的记忆效果。因而可以这么说，识记是影响记忆的重要因素。

四、识记的分类

识记按其有无预定目的和是否经过主观努力，可分为有意识记和无意识

---

① 杨治良等编著：《记忆心理学》，华东师范大学出版社 1999 年版，第 65 页。

记。根据识记材料之有无意义或学习者是否了解其意义，识记还可分为意义识记和机械识记。

（一）有意识记和无意识记

1. 有意识记的特点

有意识记是非常重要的一种识记，它要求有三个条件：一是识记目的性比较明确；二是运用一定的方法进行识记；三是需要一定的意志努力。人们在日常生活（比如尝试做菜）、工作（比如了解业务）、学习（比如学习外语）中，经常使用的是有意识记。有意识记是一种比较复杂的智力活动，它的首要条件是具有明确的目的任务。在对外汉语教学中，我们常发现来华的海外商务人员以及为了求职就业的外国学生，他们学习汉语的成绩良好，效果显著；而那些听命于家长而到中国来学习汉语的中学生，他们的学习成绩和效果一般不太理想。其原因就在于学习目的性是否明确以及明确的程度：目的性越明确，他们识记汉语的效果也好，因为他们能集中注意力，有意志和毅力专心学习，能选择有效的方法认识和记住语言材料；而目的性不明确的学生，则主动性较差，注意力不易集中，也很少动脑筋选用有效的方法去识记语言材料，即使多次感知的事物也难以记住。

在有意识记中，记忆保持的时间与识记任务有关：识记任务要求长期保持的，记忆保持的时间就比较长；识记任务不要求长期保持的，记忆保持的时间就较短。比如，汉语词语的识记，有些词语是要求掌握的（如"良好、优秀、优异"等高频词），外国学生在学习和记忆中可以长时间地贮存和保持；有些词语只要求领会（如"卓越、决绝、超然"等低频词），外国学生在学习和记忆中常常只是短时间地贮存和保持。

在课堂上，教师如能明确地对学生说明一堂课的识记目的和任务，就能调动学生的积极性，充分发挥有意识记的效用。

2. 无意识记的特点

无意识记指没有预定目的、不经任何努力、也不用什么方法的识记，具有很大的选择性和偶然性。所谓的选择性，是指世界上的事物都有可能成为无意识记的对象，只要它们是具有重大意义的事物（如高考升学）、能引起兴趣和注意的事物（如旅游和参观）、能激起情绪波动的事物（如竞赛和获奖），就很容易被人们在无意中所识记。所谓的偶然性，是指生活中遭遇的偶然事件或突发事件（如因水管爆裂而新楼房进水），或者是某人讲过的一句话（如"千里之行,始于足下")、报刊上的某个醒目的标题(如"带着爷爷上学的女大学生")等,可能令人终身难忘。人们所积累的许多知识中间,有相当部分是通过无意识记获得的,而人的生活经验则更是无意识记的结果。因此,如果在对外汉语教学中,为外国学生创设良好的学习汉语的环境,如开展一些访问或实际体验活动,经常举办演讲会、讨论会,倡导跟中国学生交朋友,鼓励接触社会人群等等,就能使他们无意识记许多形象生动的话语和丰富的文化知识,扩展和深化课堂教学的内容。

无意识记既能积累知识,又可减轻学习的负担,是人们获得知识信息不可或缺的途径。但由于缺少目的性,识记的内容带有偶然性和片断性,因而仅靠无意识记则难以获得系统的科学知识。

(二) 意义识记和机械识记

1. 意义识记的特点

意义识记是通过对材料的理解而进行的识记。其条件:一是运用已有的知识经验来理解材料;二是积极地进行思维,弄清材料的意义及内部联系。例如,外国学生要记住"再过若干年,上海将步入老龄化社会"这句话,首先必须理解其含义。根据以往积累的有关词缀"化"的知识(如名词、形容词带上"化",就带有"向……变化"的性质),以及"现代化、绿化、知识化、年轻化"等词语中"化"字所带有的"普遍性变化"的含义,从而推论并理解"老龄化"是"整个社会以老年人居多"的意思。理解了这个关键性词语,也弄清了整个句子的内在联系,那么,外国学生也因此而容易记住这个句子了。

意义识记的新材料为学习者的知识结构所接纳和同化,记忆的效果自然比较好,且易于回忆。美国心理学家布鲁纳(J. S. Bruner)指出:在信息的任何组织中,如果信息嵌进了一个人业已组成的认知结构之中,而减少了材料的极度复杂性,那就会使这类材料易于恢复[①]。

2. 机械识记的特点

机械识记是依靠机械重复进行的识记。其特点是主要根据材料的外部表现形式去识记,而不了解材料的意义及其关系。况且,有些材料本身就是无意义的或缺乏意义的,只能用重复的方式进行机械识记。在学习外语过程中,许多材料往往是要进行机械识记的。比如,中国人拼读英语生词:B-O-O-

---

① 叶奕乾、祝蓓里主编:《心理学》,华东师范大学出版社 1996 年版,第 131 页。

K,book,书;S-T-A-R,star,星,采取反复的拼读,从而记住它们。外国人认读汉字,也得反复地认,反复地写,才能识记。尽管有些汉字的字形结构,有象形(如"鸟"、"山"等象实物)和意合(如"人靠在树木下"是"休"、"手在目上望远"为"看"等)的内涵,可能有助于认读和识记,但基本上还是以机械识记为主。汉语中的一些成语(如画蛇添足、自相矛盾等)、惯用语(如大手大脚、戴高帽子等),尽管具有一定的意义,但不能按已经掌握的词法或语法规则产生,因而也得依靠机械识记。有时,材料本身是有意义的,但学习者受水平的限制一时难以理解,也不妨先作机械识记,以后再逐步理解。例如中国儿童背诵唐诗,幼时不求甚解,大了慢慢领悟。

意义识记和机械识记这两种识记方法是互相联系的,有时也可以互相转换。意义识记要有机械识记作基础,例如对句子的意义识记,就建立在靠机械识记积累起来的词语基础之上;机械识记的材料也可赋予一定的意义来进行识记,例如把词语"决定"和"绝对"组成"你的决定太绝对了"这样的句子来识记,因为增加了两个词语之间的意义联系,就容易记住。历史事件,例如"八国联军",将这八个国家连成一句话(沪语发音):伊(意)答(德)应(英)我(俄)十(日)号(奥)发(法)霉(美),记忆起来就毫不费力。强生出租汽车公司电话号码为62580000,方言谐音为:老让我拨 4 个零,就再也不会忘记了。

第二节 汉语作为外语的保持和遗忘

识记了的知识,在头脑中的储存可能有两种情况:或者保持,或者遗忘。知识信息的保持是有效学习的基本要求,因而有必要研究知识信息保持的心理过程和知识信息保持的方式;遗忘是学习过程中常见的现象,探究遗忘的特点及其原因,避免知识的丢失,也是心理学特别是语言心理学一直关注和重视的课题。

一、保持

识记的信息在头脑中的贮存,就是传统心理学上的保持。保持的心理过程就是记忆。按记忆的状态和久暂,记忆可划分为感觉记忆(即感觉登记或瞬时记忆)、短时记忆(亦称工作记忆)和长时记忆。有的信息比较重要(如高频词和语法规则等),应予以长久保持;有的信息只暂时地起作用(如查阅词典上的有关解释），不必作长时间的保持。

（一）保持是记忆的重要环节

保持是记忆的一个重要的方面，它不仅能巩固识记的信息内容，也是实现再认和回忆的重要保证。

识记的信息内容，如果没有保持这个环节，学习和认识活动就会沦为无效劳动，呈现于头脑的是一片空白。没有知识积累，没有知识结构，人类也就不可能去认识世界和改造世界。同样，在对外汉语教学中，如果没有保持这个环节，新的词语和新的语法得不到旧知的同化和顺应，也就无法开展即时学习和继续学习的认知活动。因而我们要充分掌握感觉记忆瞬时保持的特点，迅速将感知的信息送入短时记忆作进一步的加工；同时，也要充分掌握短时记忆保持时间不长的特点，在信息消失和遗忘之前，采取编码和复述的手段，将信息送达长时记忆，以便长久保持。只有长时记忆中长久保持的信息，才能经过匹配和提取，对外界刺激做出反应或者为人们所应用。比如新词语"妥帖"之所以能保持下来，就因为有保持在大脑记忆中的"妥当、妥善"和"贴切"等旧词的同化作用。而要把"妥帖"输入长时记忆，也需要充分利用感觉记忆中的图像记忆（"妥帖"的字样）和声象记忆（"妥帖"的读音 tuotie），并在短时记忆中进行词形和词音的编码，以及多次的复述，才能久久地保持在长时记忆中，一旦需要应用，就可从"妥当、妥善、妥帖、贴切"等同类词中进行匹配、选择和提取。

（二）保持的心理基础

知识信息的保持，是知识经验在识记之后和恢复之前，以暂时神经联系痕迹的形式留存于脑中。而大脑皮质的暂时神经联系痕迹，来源于对知识信息的编码。人们除了感觉记忆是以实体的、与外界刺激基本相象的图像记忆和声象记忆极为短暂地留存于感觉器官外，进入短时记忆的知识信息都要经过加工处理，即把信息转化为空间线索代码或声音代码，这就是编码。例如英语的 play，就要把 p-l-a-y 等字母编为空间码和声音码，汉语的"玩耍"也要把字形编为由线条和线条间的距离构成的空间码，以及把由拼音字母组合起来的"wanshua"编为声音码。它们就像通讯中的电码或电脑对信息以二进位"0"和"1"的排列组合式的编码。只有这样的代码，才能由神经元进行层层传递，最后到达大脑皮质的有关区域，形成暂时神经联系痕迹。知识信息就是这样得以留存与保持的。

大脑皮质上的暂时神经联系痕迹,如果长久得不到刺激,就会衰退;暂时联系被抑制时,又会产生遗忘现象。也就是说,识记了的知识信息在头脑中会淡化甚至遗忘。因此,要巩固和保持知识经验,必须同遗忘作斗争。最为有效的办法是,让暂时联系处在一定的刺激影响下,使之再活跃,这样,知识经验就以再认或再现的形式恢复起来。如此多次地反复,知识经验就能保持于头脑中而长久不忘。

可以这么说,长时记忆的形成是由于短时记忆活动痕迹的积累。结构痕迹一经形成就不易消退。长时记忆的容量极大,记忆广度没有限制,短时记忆输送的知识信息,只要有充分的复习,就能落户长时记忆。长时记忆有三种记忆编码:语言编码、表象编码和运动编码,用以储存信息。语言编码主要是语义编码(如"宏伟"的语义编码是"规模或计划等雄壮伟大");表象编码(也叫情节编码)是语言材料的视觉或听觉表象(如"宏伟"的书写形式与"hongwei"的语音形式);运动编码是对技能的记忆(如对"宏伟"的书写或发音)。语言编码的记忆称为语义记忆,储存概念和规则;表象编码的记忆称为情节记忆,记录个人的某些经验和情节;运动编码的记忆称为感知—运动记忆,保留着熟练的技能动作。

知识经验在头脑中的保持并不是静止的,它会发生质和量的变化。所谓数量上的变化,即知识经验保存量的减少,出现遗忘。所谓质量上的变化,即记忆内容的简化、概括,或者详细、合理,也可以表现为歪曲、替代等[1]。这些,都与个人的知识经验的多寡、应用知识经验的熟练程度、保持知识经验的方法和手段有密切的关系。

(三) 汉语作为外语保持的方式

汉语作为外语的学习,知识的保持至关重要。下面几种保持的方式要特别引起重视。

1. 提高加工水平的深度

实践告诉我们,加工水平越深,保持就越好。在识记和认知过程中,人们对有的学习材料只作表面加工,例如查阅词典、浏览报纸等,随看随忘,保持时间极短;对重要的学习材料则作深入的加工,力求长时间的保持。例如同

---

[1] 叶奕乾、祝蓓里主编:《心理学》,华东师范大学出版社1996年版,第132页。

学们看到一位女同学手上的手表，习以为常，并未加以注意，这是低水平的加工，也许过后就忘；如果知道这是块 ROLEX 牌子的名表，则加工水平提高了，有可能去留意而记住它；要是了解这块手表是她父母给她的生日礼物，这块表就有了意义（如示意她珍惜时间，天天向上），因而大家对这块手表的加工也上升到了更高、更深的水平，于是久久不能忘怀。这说明，我们越是注意一种刺激物的细节，对它作深入的心理加工，就越能在头脑中保持。

2. 双重编码

信息在记忆里的编码方式有两种：非言语的表象编码和言语的语义编码。一般来说，语义编码的材料比形象编码的材料更能保持持久。人们长时记忆中的知识一般都是依语义编码的形式来表征的。在对外汉语教学中，抽象词常常采用语义编码贮存，而具体词既可以用表象编码，又可以用语义编码，这就是双重编码。心理学认为，单一编码的材料保持较为难些，双重编码的材料保持时间长久。因而，在实际的词语教学中，应该充分调动学生的想象力，尽可能让学生进行双重编码。例如，"污染"一词，除了采用语义编码："使沾染上有害物质"之外，还要启发学生去联想和想象：烟囱冒黑烟、河水发绿变臭、汽车后尾排气等，进行表象编码。那么，这个词语就能久久地印记在头脑之中。

3. 超额学习

超额学习又叫过度学习，指在学习达到刚好成诵以后的附加学习。识记的知识信息经过复述（再认或再现），就能较为长久地保持。但有些数量较大的知识信息，例如数理化中的公式、定理、规则，语文中的诗歌、名人格言和精彩段落等等，仅有一、两次的复述，还不能完整地记住它们，可能要经过多次的反复才能背诵出来。即使到了能够成诵的程度，亦需再接再厉，趁热打铁，进行超额学习。超额学习在成诵的基础上以增加 50％的比率为宜。时间过多，学习者会厌烦；时间少了，达不到长久保持的要求。对外汉语教学，对于典型的语句（如教材中的范句）和精彩的课文段落，要求学习者记忆和背诵，则可采取超额学习的措施。

4. 运用记忆术

适当运用一些记忆术，也能提高保持的效果。记忆术运用得比较多的是赋予意义法、象形法和谐音法。

（1）赋予意义法。外语单词、历史年代、人名、地名等机械性程度高的材料，人为地赋予一些意义，有助于记忆。比如，将几个生词组合成句子，如把

"模范"和"模仿"放在句子"这些模范动作可以给大家模仿"里,有了一定的意义,外国学生就容易记忆。再如辛亥革命的年代是 1911 年,如果正好跟自己某个亲属的出生年月相同,两相联系,这个历史年代就不易忘记。

(2)象形法。把某些汉字的形状想象为某种图画或事物,有利于外国学生对汉字的识记和保持。比如把汉字"兴"想象为"＊"号,把汉字"长"想象为"K 字母加一横"就易认易记。把"风"联想为"挂上帘子禁止(×)风吹入",把"商"联想为"柜台上下陈列着各种商品"等,也容易辨识、记忆和保持。

(3)谐音法。把某些外语单词的读音跟母语中相近的音挂起钩来,进行意义联想,印象就比较深刻。比如,中国人学习英语单词"gas",谐音为"该死",联想到"煤气中毒该死",这个单词的音和义就能牢牢地记住。外国人学习汉语词语"购买",谐音为"market"的两个音节的倒置:ket、ma,联想到"在超市里购买东西",这个单词也就不会忘记了。

二、遗忘

遗忘作为一种心理现象是经常发生的。人们识记的知识信息,由于停留在不同等级的记忆加工器(如感觉记忆、短时记忆、长时记忆等),其保持和遗忘的程度也会有所不同;而时间的长短和识记材料的有无意义、难易、篇幅、系列位置等,都会对遗忘产生一定的影响。

(一)遗忘及其特点

遗忘是对识记过的内容不能再认和回忆,或者表现为错误的再认和回忆[①]。

识记的信息内容,由于加工程度的不同,会出现不同程度的遗忘。进入感觉记忆的信息,遗忘最快,因为它们在那里只能保持 2 秒钟;进入短时记忆的信息,保持的时间略微长些,但也只能保持在 1 分钟以内,过此就会消失;只有进入长时记忆的信息,才能保持长久,但有时回忆也很艰难,甚至"卡壳"或出错。

心理学家经过实验和研究,认为造成遗忘有种种因素:

1. 时间因素

艾宾浩斯(Ebbinghaus)以自己为被试对遗忘现象进行了系统的研究,发

[①] 叶奕乾、祝蓓里主编:《心理学》,华东师范大学出版社 1996 年版,第 133 页。

现了一条规律:遗忘进程不是均衡的,在识记的最初时间遗忘很快,后来逐渐缓慢,到一定时间后几乎不再遗忘。也就是说,遗忘的发展是"先快后慢"。这就是有名的艾宾浩斯遗忘曲线。如图4－1①:

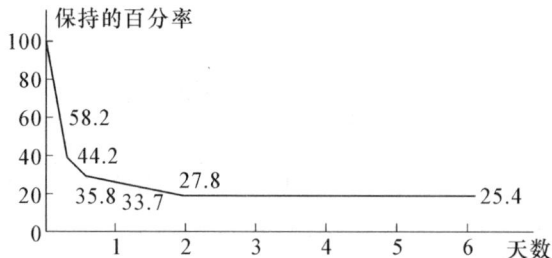

图4－1 艾宾浩斯遗忘曲线

2. 材料的意义和作用因素

有意义的、作用大的材料容易识记和保持,记忆中的信息最容易遗忘的是对识记者来说没有什么重要意义的、不需要的、对工作学习帮助不大的那些材料。例如,在对外汉语教学中,课文中的低频生词、课文中的与情节或意义关系不大的句子,课后不久就遗忘殆尽。

3. 材料的性质因素

不同性质的材料对记忆也有影响。一般来说,有情节的比较形象的材料容易记住和恢复,遗忘速度较慢。而说明性和理论性的材料比较容易遗忘。例如看电视剧,由于有情节、有形象,印象深刻,遗忘较慢;而收视新闻广播,大多为报告性的,过后就会遗忘。学习汉语课文也是如此,小说和记叙文比说明文和论说文记忆深,遗忘速度慢。

4. 材料的长短因素

虽然识记材料的困难程度并不一定随着长度的增加而成比例地增加,但是识记材料的长度影响着识记的效果。材料越多、越长,用来诵读和练习的时数就得增加。如果得不到那么多的时间来反复,势必不能充分地识记和记忆,结果就会造成遗忘。对外汉语教学的课文篇幅一般都有所控制,就是考虑到了这个因素。

5. 材料的系列位置因素

识记材料的系列位置不同,遗忘情况也不一样。学习系列性材料,一般

① 转引自叶奕乾、祝蓓里主编:《心理学》,华东师范大学出版社1996年版,第134页。

是开始部分最容易记住，末尾部分次之，中间偏后的项目则容易遗忘。学习汉语课文，尤其是缺乏情节和形象的内容，外国学生一般只记住课文开头所提出的论点，以及课文末后所做的结论。至于中间部分是如何展开说理和论证的，则印象早已淡忘。

（二）遗忘的原因

短时记忆和长时记忆都会发生遗忘，但遗忘的原因不同。

1. 短时记忆遗忘的原因

短时记忆是以迅速的遗忘为特征的。因为短时记忆的容量很小，一般人只有 7 ± 2 个项目。但是所接收的外界信息不止这些项目，而且后续的信息源源不断由感觉登记输入，那么饱和了的短时记忆要接纳新的信息，势必发生两种情况：一是排斥，即把超载部分的项目拒之于门外，不再予以接收，例如外国学生学习时间过长，头脑里再也装不进新的东西，就是这种情况的反映；二是替换，即新的信息把短时记忆中的旧信息挤走，取而代之。可能挤走一部分旧的，替换一部分新的；也可能全部进行更新，旧的信息全部让位于新的信息。比如，学习课文的一个段落或一个句群，里面包含好几个句子，在吸收、接纳后面的句子时，必然要把前面的句子从短时记忆中清除部分或全部，才能让后续的信息替换进来。因为同一个段落（或句群）的句子意思是有关联的（或者几个句子的主体是同一个，或者动作是连续下去的，或者是同样的对象等等），一般不会把所有的旧信息全部撤换掉；但是当另外换一个段落或句群时，则短时记忆可能清空所有的旧信息，全部接收新信息。

信息的重复可以阻止短时记忆的遗忘，从而将信息输入长时记忆。从这个意义上来说，重复可以看作是巩固原有的记忆痕迹的过程。如果识记的信息得不到重复，记忆痕迹可能随着时间的推移而衰退。可见，记忆痕迹衰退也是导致短时记忆遗忘的重要原因。

2. 长时记忆遗忘的原因

长时记忆中的知识信息是一种复杂的网络结构储存，因而能够保持长久。但是某些信息如果放置在某个角落而长时间不去刺激和动用它们的话，也会遗忘，或者回忆不起来。其原因有三种说法：

（1）痕迹衰退说。这是一种传统的解释。按照这种理论，学习时，知识信息经过编码，由神经元传递至大脑皮质，就会在皮质上留下痕迹。编码次数越多，所留的痕迹也越深。如果记忆痕迹得不到强化，就会逐渐减弱，以致最后消退。那么，有关的知识信息也因此而被遗忘。

（2）干扰说。现代心理学认为，遗忘更多地与干扰力量有关。一般来说，外界的刺激能与长时记忆中的知识结构之间形成联想结，只要没有干扰，长时记忆必然能做出反应。换句话说，这些联想性联系能够长久地保持在长时记忆中。但是，长时记忆在由大量新信息构成复杂联想结的过程中，"可以使很微妙地编织在那些结构中的信息趋于迷乱"[①]，也就是说，某些新信息的输入干扰了原有的知识结构，相互产生抑制，以致使所需要的材料不能提取。例如，头脑里记忆的电话号码较多，又有几个新的电话号码输入，新旧号码混杂一起，相互抑制，相互干扰，有些旧有的电话号码很可能就回忆不起来了。

（3）依存线索说。这种观点认为，回忆不出某种东西，不是因为它衰退了或受到了阻碍，而是因为线索条件离人们试图回忆的事情太遥远。也就是说，长时记忆中的有关信息并未真正被遗忘，还存在于联系网络之中，等待着恰当的刺激条件将它们释放出来。人们识记信息是根据知觉对象与当时环境的种种线索来进行编码的，如果提取的时候刺激信息所依存的背景和线索不足，则不能匹配记忆中项目编码的性质，也就不能从记忆中回忆出来。例如，外国学生学习成语故事"画蛇添足"，留存于头脑中的信息有情节线索、语词线索、语音线索等，形成一个复杂的联想结。现在听到有人说："他这样做，完全是蛇足行为。"其中的"蛇足"跟头脑中所储存的"画蛇添足"在线索上不完全匹配，因而他们不理解"蛇足"这个词语的意思。也就是说，听到"蛇足"，却由于线索不足而无法提取业已储存的"画蛇添足"这个知识信息。

（4）同化说。这种观点认为，在真正的有意学习中，前后相继的学习不是相互干扰而是相互促进的，因为有意义学习总是以原有的学习为基础，后面的学习是前面的学习的加深和扩充。但是如何解释实际存在的遗忘现象呢？比如，人们常会忘记曾经理解的概念、原理或运算法则，这该如何来理解呢？奥苏贝尔的同化论认为，遗忘是知识的组织与认知结构简化的过程。当人们学到了更高级的概念与规律以后，高级的观念可以代替低级的观念，使低级观念遗忘，从而简化了认识并减轻了记忆[②]。这是一种积极的遗忘。例如，外国学生学习汉语，开始接触和记忆的是单个趋向动词"上、下、进、出、回、过、起"等词，以后学习了复合趋向动词"上来、下去、进来、出去、回来、过

① ［美］罗伯特. L. 索尔索著，黄希庭等译：《认知心理学》，教育科学出版社 1990 年版，第 230 页。
② 邵瑞珍主编：《学与教的心理学》，华东师范大学出版社 1990 年版，第 56 页。

对外汉语教学心理学

去"等词,里面已经包含了单个趋向动词,就没有必要再去加强和巩固单个趋向动词,即使遗忘也没关系。

不过也存在一种消极的遗忘。那就是原有的知识不巩固,或者新旧知识辨析不清,以原有观念代替表面相同而实质不同的新观念,或者对新知作曲解,从而导致提取错误。例如,由于"询问"和"发问"两个词语的意义差不多,外国学生分辨不清,常把"发问"混同于双宾语动词"询问",依照"他经常询问老师一些问题"的句式,说成"我发问老师一个问题",应该用"询问"的地方,却误用了"发问"这个词语。这是外国学生说话时,犯了提取的错误。

(三) 前摄抑制和倒摄抑制

干扰导致遗忘,这是心理学界较为普遍的一种理论和学说,称为干扰效应。干扰效应表现为前摄抑制和倒摄抑制。

1. 前摄抑制

先前学习的材料对后继学习的材料的干扰,叫前摄抑制。

前摄抑制一般表现在无意义材料的记忆中,它是造成大量遗忘的重要原因。人对事物的印象常有先入为主的现象。先前的学习如果在头脑中留有较为深刻的印象,那么后继的学习受先前学习的干扰(尤其是类似的材料)就很难扎根。例如,随课文中的生词表的次序学习生词,学习和记忆前几个生词后,后面所学习的生词就较难记住;或者在学习本课生词表时,有些词(如快活、快意、欢快等)跟以前学习过的词(如快乐、愉快)在意义和组合上比较类似,那么也会产生前摄抑制,学习过后,头脑里仍然只有"快乐、愉快"等旧词,新词的巩固较为费力。

实验表明,前摄抑制跟学习的次数和保持的时间有关:如果先前的学习次数较多,前摄抑制的情况也会增加,冲击和干扰后继学习也比较明显;如果先前学习的材料保持时间增长,前摄抑制的比率也会提高。例如,先前学习生词"接头",对其中的几个意义:"连接两个物体或两个物体的连接口(如电话线接头)"、"联系或接洽(如公司派我来接头)",通过多次的反复,在头脑中保持下来了。现在再要学习"接头"的另一个意义:"熟悉某事的情况(如这件事我不接头)",外国学生就会受前摄抑制而老是忘记。

2. 倒摄抑制

后面学习的材料对先前学习的材料的干扰叫倒摄抑制。

后面学习的材料,因为记忆犹新,也会冲击和干扰先前学习过的东西。

生活中这样的情况屡见不鲜,记住了新的电话号码,忘记了过去曾记忆的号码;翻译文章(如英译中)时查阅词典,查了后面的词语,把先前查过的另一个词语的意思给忘了。记忆历史年代,记住了某个历史事件的年代,把先前曾记过的一个历史年代冲淡了,等等。但是,如果没有后继的学习,那么先前学习的材料在一段时间内只有很少的遗忘。

倒摄抑制与前后两种学习材料的相似度和难度有关:如果学习材料的差异逐步缩小,倒摄抑制的作用逐渐加大,如学习"临时、即时、及时、暂时"等生词,由于"即时、及时"跟"临时"的差异大些,干扰还不怎么大,而"暂时"跟"临时"比较接近,干扰就要大些;如果先后学习的材料完全相同,等于是同一材料的复习,不产生倒摄抑制,如先后几次学习同一个词"临时",由于重复学习而记忆得到了加强;如果先后识记的材料完全不同,则倒摄抑制的作用最小,如学习生词"临时"和"长远",除了都表示一定的时间意义外,两个词之间很少有相同之处("临时"除了与"长远"一样可作形容词外,还能作副词用),因此可能不产生倒摄抑制。

人们学习两种不同的学习材料,如果后面学习的材料难度高,精力都放在难学的材料上,对先前学习过的材料抑制作用就大,如外国学生学习上海话的发音,强化几个特殊的声母或韵母,可能会影响他原先已经熟练的普通话发音;如果后面的学习材料比较容易,干扰作用就小,如收看娱乐性的节目,对先前学过的语音和词语,可能很少发生或不发生抑制作用。成年人学习语言,由于接触的事物多、令之分心的信息也多,因而产生倒摄抑制的现象较为普遍。

在学习同一种材料的过程中也会出现前摄抑制或倒摄抑制。比如学习一篇长的课文或课文中的生词表,一般开头部分容易记住,叫做首位效应;结尾部分也容易记住,叫做新近效应;中间部分较难记住。这就是因为开始部分只受倒摄抑制的影响,末尾部分只受前摄抑制的影响,而中间部分要受前摄和倒摄两种抑制的影响所致。教学过程中,如果有意识安排几个活动段落,则可以有多个首位效应和新近效应,这对减少干扰、识记知识颇为有益。

(三) 复习与记忆

复习是加深记忆的有效方式,明确复习的作用,采取恰当的复习方法,有助于记忆。

1. 复习的作用

孔子说:"学而时习之",强调了复习的重要。光学而不进行复习,犹如熊瞎子掰玉米,掰一个,丢一个,无所成就。只有经过复习,有关的神经元与大脑皮质之间的联系得以反复接触,识记的信息才可从短时记忆输入长时记忆进行贮存,新的知识也因此而有条件充实或改变大脑中的知识结构,这样,就能够避免或减少遗忘。

2. 复习的方法

复习也有个效率问题,根据心理活动规律来进行复习,可以提高复习的效果。

(1)及时复习。根据先快后慢的遗忘规律,复习必须及时。短时记忆中的信息储存时间极其短,应该抢在其信息丢失之前进行复习,使之进入长时记忆。即使进入长时记忆的知识信息,也有可能遗忘,还需在应用中再认或再现,使新接纳的知识信息经常处于活动状态。研究表明:识记后的两三天遗忘最多。外国人学习汉语,最好在 24 小时内进行复习。

(2)合理分配时间。合理分配复习时间是保证记忆的良好因素和重要条件。复习有集中复习、分散复习和超额复习多种。集中复习是在识记某类知识内容时相对集中一段时间所进行的复习。例如对外汉语教学初始阶段,总是集中两到三周识记和复习汉语普通话语音,作为后继学习的基础。汉语水平考试(HSK)前,集中一段时间对考生进行考前的复习和辅导,能让考生在考试中有较好的发挥。

分散复习是将有关的识记内容分散穿插在平时的学习中的一种复习。例如对外汉语教学中的语音发音训练,除了相对集中一段时间进行系统识记和复习外,在后继的学习中应结合课文进行分散的复习和训练。

超额学习是在学习成诵的基础上进一步拨出时间加大学习量的一种复习。例如对某类词语(如有关颜色、人体部位、气候、交通等词语),尽管已初步能认读和背诵,但如果再努一把力,加大复习的量,就能牢牢地记忆在大脑之中。

这几种复习,要合理地分配和组织:复习的时间过分集中,容易发生干扰;过于分散,容易产生遗忘。超额学习过多,学生容易厌烦;而复习时间不足,则保持不能持久。因而应当根据识记的阶段和材料的内容来分配复习的形式和时间。比如最初的识记,保持时间较短,须及时地进行复习,安排复习的次数应该密一些,以后各次的复习可间隔长一点。对机械识记的内容,分散复习的效果较好。对复杂的内容,以集中学习和集中复习为宜。

(3)反复和回忆结合。反复学习的目的是为了更好地记忆。究竟反复几次,需用多长时间才能保证记忆,这是个变数,常因人、因记忆对象而异。所以在复习过程中,采用试图回忆是个较为有效的办法。一则试图回忆可以说是一种及时性的提取,能促进大脑的积极活动;二则它又是一种自我检查的过程,可以让学习者集中精力去攻克不能回忆的部分和改正回忆中的错误。比如,背诵一首唐诗或一首宋词,单纯地一遍又一遍地诵读效果不大,如果念读若干遍后,试着进行背诵,并针对生涩的诗句或背不出的部分重点复读,记忆效果就会大增。

(4) 多样化复习和多感官复习。采用多样化的复习是提高记忆的有效措施。单一的复习方式,例如学习生词,机械的认读,无数次的抄写,容易产生疲劳,记忆效果一般。如果复习和练习的方式多样化一点,丰富一点,比如采用填词、选词、联词造句、写同义词或反义词等方式进行复习,就能提高记忆效果。

调动视觉、听觉、触觉等多种感官参加复习活动,也是提高识记效果的一个重要条件。学习语言,有形象地听(如面对面地交谈、看电视等)与单纯地听(如听录音或广播),效果是不一样的,前者容易理解和记住,因为言语材料和视觉形象结合是储存大量信息的基础。为此,一些院校的对外汉语教学,专门设立了《视听说》课程,目的就是充分调动多种感官来参与识记。

第三节 汉语作为外语的再认和回忆

再认和回忆是人们从大脑中提取有关知识的两种心理活动。他们都是在知识信息的识记和保持的基础上得以进行的,属于知识的输出和应用。再认心理活动较多地应用于读和听的过程之中;回忆心理活动较多地应用于说和写的过程之中。

一、再认

经验过的事物再度出现时,能够把它辨认出来,叫做再认。识记了的信息贮存进长时记忆的知识结构,它们对外界同样的刺激信息可以做出反应。也就是说,经验过的事物再度作为刺激信息出现在学习者面前,这类刺激通过短时记忆的编码传递到长时记忆,长时记忆根据信息的编码线索(即事物的各个部分及其特点等),在知识网络结构中搜寻到与之相近或相同的模式,这就是匹配；将匹配了的模式移入工作记忆进行辨别和认识，这就是提取和再认。

（一）再认的速度和确定性

再认的速度是指当经验过的事物出现时个体再认反应的快慢。这取决于储存的信息和线索之间的连接机会的多寡。如果一个线索引发了许多联想反应，搜索的时间就会加长；如果一个线索只引出一个或几个联想反应，搜索时间就会缩短。例如，词素"合"这个线索能在长时记忆中引发出"合并、合法、合格、合适、合作、合算"等词语，那么再认"合适"这个词语时，要排除许多个有关的联想词语后才能把它寻找出来，当然比较费时；但汉语学习的初始阶段，学习者头脑里可能只有"合作"和"合适"等少数几个词语，那么再认"合适"这个词语时，干扰就较少，耗时也较短。当然，再认的先决条件是对旧事物的识记比较清晰，如果记忆模糊不清，那么，再认是很难或根本无法实现的。

再认的确定性是指再认事物时能够认准而不发生错认。这里有两个条件：一是由识记编码而进入长时记忆的信息模式本身是正确无误的，如果识记片面或有错误，再认就很难进行；二是当前出现的事物与以前识记过的有关事物的相似度较高。由于事物总在不断变化，如果变化不大，容易再认；如果变化太大，就难以再认。例如，外国学生书写的汉字，如果笔画和结构正确，没有缺横少点或部件错置的情况，另外的同学看到后，由于跟原来所识记的汉字基本相似，再认自无困难；如果是字体有了变化，或者是行书，或者是草书，跟原来记忆的字形相差太大，那就很难再认了。

（二）再认的转化

再认在发生困难的情况下，就会转化为回忆。这是同一个心理活动的两个相连相关的阶段。再认只是反应的前一阶段，它的表现是反应迅速，花时较短；回忆是再认的后继阶段，它的表现是反应较慢，耗时较多。因而再认能够解决当前的问题时，回忆就不再进行。

再认发生困难的具体表现是：似曾相识，却很难确认当前的事物同以往经验过的事物是否一样。这时，需要进一步的回忆，从各种线索和多种相关事物方面去思索和追忆，直到发现当前事物同先前的印象有共同特征，才能得以再认。比如外国学生看到"威风"、"威严"中的"威"字，颇有熟悉感，但一时无法再认,因为头脑里还有两个与之相似的字"成"与"戒"在干扰。于是开始回忆:"成"字的字形是包容在"戌"中的笔画比较简单的;"戒"看到的是与"烟"相连在一起的"戒烟"这个词。记忆中老师说过这个字形是双手(廾)与武器(戈)的组合,跟当前看到的字形差得很远。经过比较和排除,确认当前看到的"威"字的特征与记忆中"威"字的印象完全吻合,于是"威"字就得到了再认。

二、回忆

经验过的事物不在面前时,能把它重新回想起来,叫做回忆。这与再认有所区别。拿识别单词来说,只需要单词和它在记忆中相应的单词之间相匹配,就可再认出来;而回忆单词(如需要回忆一个表示"选拔"的词语),却要在同类结构的单词(如挑选、提拔、提升、选择、选拔等)中间搜索,直到"正确的"项目被找到为止。可见,回忆的心理活动较之于再认要复杂一些。当然,再认和回忆是不能截然分开的。能回忆的,一般都能再认;能再认的,不一定能回忆,尤其是无意义识记的信息。

(一)有意回忆和无意回忆

根据回忆是否有预定的目的任务,可分为有意回忆(随意回忆)和无意回忆(不随意回忆)。

1. 有意回忆

有意回忆是带着目的任务,自觉地去追忆以往的某些经验。《木兰辞》中有这样的句子:"问女何所思?问女何所忆?"就是说,"思"和"忆"是有点区别的。思带有联想成分,忆则是往事的追溯。在日常的生活、工作和学习中,回忆是经常展开的、最为常见的心理活动。例如写日记或书信时,要回忆最近所做过的事;汇报工作时,要回忆过去一段时间完成任务的情况;学生考试时,为解答问题而要回忆以往学过的材料,等等。

2. 无意回忆

无意回忆是不带目的任务,只是在某种情景中自然而然地想起某些旧经验。我们常说的"触景生情"、"触动了某根弦"就是无意回忆的写照。参加朋友的婚礼会自然回想起自己或同学的结婚场面;外国学生学习课文《中国的春节》,会回忆起在中国过年的经历和情景,等等,这些都属于无意回忆。

（二）直接回忆和间接回忆

根据回忆是否需要中介，可以分为直接回忆和间接回忆。

1. 直接回忆

直接回忆不需要其他事物为中介即可提取有关信息。例如生活中对常见蔬菜的形状、对马路上交通标志的含义，学习中对背熟的乘法口诀、对十分熟悉的外语单词等等，一般都可直接地回忆起来。

2. 间接回忆

间接回忆需要以其他事物为中介，并经过一系列推理过程，提取有关信息。有一首唐诗说："十年离别后，长大一相逢，问姓惊初见，称名忆旧客"，具体而形象地描述了依靠名字为中介而回忆出旧友的过程。又如，外国学生一时想不起"突然"这个词语的词性时，就可把熟知的副词"忽然"拿来对照，它们同样都表示时间的短促，也都可做状语修饰动词（如可说：忽然下起雨来了，也可说：突然下起雨来了），因此，可初步确定"突然"也属于副词。但再仔细深入地考察："突然"可被另外的副词修饰（如可说：很突然），"忽然"则不能（如不说：很忽然），由此推论："突然"是形容词。通过这样的对比，就能回忆起需要回忆的信息和内容。可见，间接回忆包含积极的思维成分。

回忆发生困难是因为有干扰。干扰的因素常见的有两种：一种是受优势活动的抑制，例如写作文时，某一个常用字怎么也想不起来，就是因为写作构思这种优势活动抑制了对那个字的回忆；另一种是受紧张情绪的抑制，例如参加考试时，原来很熟悉的知识，却似乎忘记了，就是因为考试的紧张情绪抑制了对该种知识的回忆。此时，如果转移注意，暂时不去管它，先做别的事，过后抑制解除，需要的经验往往会重新回忆起来。

不能回忆以往的经验内容，除了干扰因素或记忆的内容本身有错外，还可能选择了错误的中介性联想。人们的回忆常常以联想的形式出现。客观事物总有千丝万缕的联系，具有各种不同联系的事物反映在头脑中就形成各种不同的联想。有些事物在空间或时间上相接近，就形成接近联想，例如由种植花草树木，想起环境的净化；学生看见教师上课看手表，会想到要下课了。有些事物有相似的特点，就形成类似联想，例如由鲁迅想起高尔基，由鞭炮想到焰火。有些事物有对立的关系，就形成对比联想，例如由光明想起黑暗，由甜蜜想起苦楚。有些事物有因果关系，就形成因果联想，例如由冰想起冷，由火想起热。如果回忆过程中运用的中介联想有误，那么可能出现回忆有错或回忆不出的现象。例如,外国学生做关联词的填空练习:_____他年纪不大,_____已有很丰富的工作经验了。应该是个转折复句,填写"虽然……但是";但由于外国学生错误地运用了因果联想:因为年纪轻,头脑灵活,所以有可能积累丰富的工作经验,于是错误地填上了"因为……所以"。

本 章 小 结

记忆有信息的识记、信息的保持和信息的提取三个基本环节。

信息的识记,有无意识记、有意识记、机械识记和意义识记,不同的识记对记忆有一定的影响。

信息的保持和遗忘,对汉语作为外语的学习有着重要的意义。信息保持是记忆的重要环节,采用恰当的方式有助于信息保持的长久。遗忘是人在认知过程中,受时间因素和具体材料的影响而经常发生的现象。产生遗忘的心理机制有痕迹衰退说、干扰说、同化说等等。其中干扰说表现为前摄抑制和倒摄抑制两种情况。采用各种复习方式是防止遗忘、有效保持知识信息的有力措施。

信息的提取,具体表现为再认和回忆。再认是经验过的事物再度出现时能把它认出来;回忆是经验过的事物不在眼前时能把它重新回想起来。汉语作为外语的学习,经常使用再认和回忆这两种提取手段来应用和巩固已学的知识。

知 识 运 用

1. 比较无意识记、有意识记、机械识记和意义识记的不同作用,你认为汉语作为外语的学习,应怎样利用这四种识记?

2. 在汉语作为外语的学习中,怎样才能长久保持信息,避免遗忘?

3. 经验过的事物,如果提取不出,会有哪些原因?

研 究 热 点

一般来说,遗忘总是消极的,但是遗忘这种心理活动,也可能是积极的。它和信息的保持有着怎样的辩证关系?

第五章 对外汉语听力教学的心理分析

听话和阅读一样,都是知识信息的输入,不过听话主要用耳朵的听觉来感受和接收,阅读主要用眼睛的视觉来感受和接收。它们在汉语作为外语教学中有着重要的地位和作用。

跟阅读时摄入眼睛的是语词的形体不同,听话时摄入耳朵的是语言的声音。这一串串语音代表的是什么意义,必须经过大脑加工器一系列的加工、转换和整合,才能真正得以理解。明确从语音转换成意义的这一"接收—理解"的心理活动和心理过程,针对听力难点,采取有效措施,有利于提高汉语作为外语的听力理解水平。

第一节 听力的心理机制

听力从接收语音到建构意义,从而进行理解,其间要通过听觉、译码和思维等心理加工过程;而正确地切分音节、切分词语、切分句子是听力理解的必要条件和前提。

一、听的心理过程

"听"是接收言语信息,是言语信息输入和理解的过程。听话者听到说话者的声音后,从声音转换成言语信息,建构意义进行理解,有一个心理的过程。这个心理加工过程可分为听觉加工、译码加工、思维加工三个连贯的阶段①。

---

① 徐子亮著:《汉语作为外语教学的认知理论研究》,华语教学出版社 2000 年版,第 227 页。

（一）听觉加工

听觉加工包括一系列的加工过程。首先由听觉器官将感觉到的自然音，经过筛选，从自然音中过滤出有关的语音，然后在语音中再进行甄别，确定汉语音节；该音节在短时记忆中作暂时的停留，并作为线索激发长时记忆中的语音知识结构，调动其中的汉语语音系统；在汉语语音系统的控制下经过核实和辨析，分析出汉语音节的声韵调①。这里有感觉器官的接收和离析，有短时记忆的编码和输送，有长时记忆语音知识的监测和控制。这个过程中的一系列步骤基本上是同步完成的。只有生疏的、陌生的语音，其每个步骤才在加工过程中可能有较为明显的停顿和思索。在实际生活中，听到的语音常常不止一个音节，而是由多个音节组成的一句话或一段话，因而听觉登记要加工的是一长串语音流。也就是说，它要接连不断地筛选、过滤、甄别、辨析，确定语音串中每个音节的声韵调。例如，听觉器官在自然音中先后过滤出汉语音节 ta－nian－ji－sui－xiao－que－hen－hui－ban－shi 这样一串语音流，并受长时记忆中汉语语音系统的监控，分辨和确定了语音串中每个音节的声韵调：tā－nián－jì－suī－xiǎo－què－hěn－huì－bàn－shì。

（二）译码加工

译码加工也有一系列的加工过程。首先是根据短时记忆中业已编了码的汉语语音音节的声韵调线索，在长时记忆中搜索已经贮存的、与语音代码相匹配（即声韵调相近或相象）的词语模式（如 nianji）；这样的模式可能有好几个（如跟 nianji 相匹配的有"年纪"、"年级"、"年集"等），选出记忆中与外界语音刺激完全一致的词语（这里选择"年纪"）；再把匹配了的词语提取到工作记忆等待与别的词语组合。如此反复，把语音串中的汉语音节都匹配上词语模式（如上述语音串的词语模式分别是：他，年纪，虽，小，却，很，会，办事），分别提取到工作记忆中准备组装。而一时匹配不上的新的语音信息（如 que 是"缺、确"、还是"却"，banshi 是"办事、半世"还是"版式"，一下子定不了）则暂时寄存记忆库，以备下一阶段思维加工时运用②。

（三）思维加工

思维加工主要进行语言信息的组合与理解。组合是按贮存于长时记忆

---

① 徐子亮、吴仁甫著：《实用对外汉语教学法》，北京大学出版社 2005 年版，第 143 页。
② 同上注。

的语法规则,把上一阶段先后提取并暂放在工作记忆中的词语模式组合成语言形式,同时修正提取有误的词语;再把言语形式转换成命题,或直接用目的语显示语义,或转译成母语显示其语义进行理解[1]。例如,上述的语音串通过译码加工,匹配和提取了"他,年纪,虽,小,que,很,会,banshi"等词语模式到工作记忆,在那里进行整合。按照语法规则,如果前一句子有连词"虽",那么可以决定后面的 que 应该是"却";如果确定了这里的"会"是动词,那么后面宾语应该是动词性词组"办事"。整个句子整合起来是:他年纪虽小,却很会办事。转换成命题(即句子的意思)是"年纪小"、"他会办事"。至此,这个语音串的意思就很明晰了,听话者真正听懂了句子的意义。因此,听力理解,实际上就是"根据声音建立话语的意义,即了解说话人所传递的消息的内容和意图"[2]。

二、切分

语流中的音是绵延连续的,除了两个句子间的停顿和句子中的逻辑停顿空隙较大外,其余音之间的空隙都很小,没有一定的言语经验,难以切分。而语音的切分是否正确,关系到对语音串中的词语的匹配和选择,以及对语音串中句子结构的分析和确定,直接影响到听力理解。

(一)语音串中音节的切分

外界的语音信息表现为一串绵延连续的语音流,由听觉器官接收并输入短时记忆。短时记忆(即工作记忆)面对这一长串语音流,首要的加工任务是将其切分为符合汉语语音系统和拼音规则的小单位,即音节。也就是说,工作记忆中的语音流必须得到长时记忆中的汉语语音知识的指导和控制,以实施音节的切分。这是识别和理解语音串所蕴涵的意义的基础。但是,由于听话者本人的条件(包括审辨语音的能力、语言感觉、语音知识等)的限制,或者说话者发音模糊,切分可能会有错误。例如,fa－chu－huo－hua(发出火花),误切为 fa－chu－hua(发出话);fu－wu－bu(服务部),误切为 fu－bu(腹部)。

(二)语流中词语的切分

将语音串切分为音节,不过是切分的第一阶段,目的是要根据音节线索

① 徐子亮、吴仁甫著:《实用对外汉语教学法》,北京大学出版社 2005 年版,第 143 页。
② 桂诗春编著:《实验心理语言学纲要》,湖南教育出版社 1991 年版,第 332 页。

在长时记忆的词语网络(即心理词典)中搜检能与所切分的音节相匹配的词语,这是能否正确理解句子语义的关键。由于汉语音节的同音词较多,例如同一个 piao,就有"票、飘、漂、瓢、剽"等字词,需要根据上下音节和前后词语的因素去选择和确定;又由于汉语的词语,有单音节词、双音节词和多音节词,切分时有可能把双音节词切成单音节词,或把单音节词跟别的词切合在一起,影响词语的组合和语义的理解。例如,语音串 la - ji - za - wu - deng - bu - de - fang - zai - ci - chu,正确的切分应该是:垃圾—杂物—等—不得—放在一此处。如果切得不准,可能切为:"拉集杂务等,不得放,在此处。"或者"垃圾杂物,等不得,放在此处。"前一句因为选择词语出错较多,有点不知所云;后一句因为把"等"与"不得"切连在一起成为"等不得",跟原来的句意正好相反。

(三) 切词成句

上面对词语的切分,实际上已经涉及切词成句的问题。尽管切分是根据音节的先后次序来断定和实施的。但这样的切分,有可能匹配和选词不当,或者不合汉语语法规则,或者语义上不合情理。因而必须把切分出的词语以及几个词语之间的联系,放在句法规则和语义范畴之中来考察和推敲。也就是将初步选出的放入工作记忆中的词语,在长时记忆的语法知识和思维规则的指导下,进行修正、搭配和整合,从而显示句子的意义。例如,上述切分出的词语,在工作记忆中经过意义和语法的修正,就能正确地切分为:垃圾杂物等,不得放在此处。

由此可见,汉语语音、词语、语法知识是听力过程中正确切分的基础。

第二节 听力教学难点的心理分析

听力是第二语言学习的一大难关。外国学生的汉语学习,深感头疼的莫过于听力理解。日、韩学生尽管有汉字的背景和基础,在阅读方面占据一定的优势,但一离开汉字的形,光凭汉字的音来听懂对方的话语,也感到十分的艰难。归纳起来,听力教学难点反映在下列四个方面。

一、听音能力跟储存的语音有差距

外国学生的听音、辨音能力的强弱,跟他们学习和储存的汉语语音是否标准有关。头脑里储存的汉语语音比较标准和正确，听辨语音的能力就强，反之则弱。而后者往往成为听力教学的难点。

（一）听力难点的表现

外国学生初学汉语，听音和辨音的能力普遍不强，听错字音与听对字音的比例，前者要高得多；在课堂上能听懂的词语和句子，一离开课堂就反应不过来；做《HSK 汉语水平考试听力自测题》，较多的学生 10 个听力题常只听对 4—5 个；有时候，听到的词语并不是生词，可就是听不出来。这些都说明了：储存在学生头脑里的汉语语音跟听觉神经所感受到的外界实际语音存在着一定的差距。因而即使是已经学过的熟词语，学生听着也会觉得耳生而难以辨认。

（二）形成难点的心理分析

造成学习者语音上的乖误，有教学上的客观原因，也有学习者的主观因素。客观原因是，有的教师采用教师领读、学生跟读的模仿方式来教学汉语拼音，课堂效果追求的是一种近似音；学生没有从发音部位、发音方法、口形圆展、舌头升降来真正掌握汉语的声母和韵母，因而容易跟母语的语音混淆在一起。认知心理学告诉我们，信息在贮存过程中，由于"跟过去经验有关"而"发生变化"，这种变化实际上是一种抽象，它在"某种程度上被歪曲"[1]。语音作为一种外来的信息，与其他的感觉信息一样是作为一种抽象的表征而贮存起来的。语音的抽象化贮存也因过去经验的渗入而发生"走样的"、"被歪曲"的现象。学习者的主观因素是：原有的母语语音系统深深地植根于头脑的语言中枢神经区，对于新引入的另一种语音系统中的音，很容易用母语中的相似音去比附或同化，于是有意无意地把母语的语音渗入汉语语音，而且印象极深，极易形成新的、又很难纠正的固定音。如果学习者所掌握的汉语语音是一种带有母语语音色彩的近似音，那么储存于他们头脑中的汉语语音往往是一种走了样的、多少被歪曲了的声音。他们发出的汉语语音带着浓重的母语声腔，并以此为准来审辨和接收外界的实际语音，于是常常把汉语的标准音拒之于门外，而那种走样的、歪曲的语音倒反而能在学生中间相互传播和交际。再则，正由于学习者习得的汉语语音基本上是模仿得来的，他们

---

[1] ［美］罗伯特. L. 索尔索著，黄希庭等译：《认知心理学》，教育科学出版社 1990 年版，第 15 页。

往往只熟悉和习惯一个或几个教师的说话和发音，久而久之，他们就不适应、甚至排斥交际社会中的汉语语音。这就是学习者走向社会一时无法用汉语交际的原因。

二、语音与词义的系连脱节

话语中的语音代表着一定的概念和意思。如果听者接收到一定的语音，头脑里却反映不出它们所代表的意义，就说明学习者对所学的某些词语的音与义的系连还不牢固，这在一定程度上影响他们的听力理解。

（一）听力难点的表现

听力理解并非要求词词听懂，只要一个句子或一段话中有70％—80％的词语能够听清并理解其中的意义，就算具有了一定的听力水平。问题是由于学习者接受语言能力的差异，有一部分学生对于汉语常用词语的音与义掌握较差，不是知道词义却想不起词音，就是听到词音却追忆不起词义。正因为他们在汉语常用词语的音与义上严重脱节，一个句子或一段话中只能听懂其中的30％—40％，所以经常是不知话语之所云或者牵强附会，造成听力水平低下的状态。这部分学生在课堂练习中对于听力题的判断出错率较高，在日常生活中也因听力差而导致交际失败。一个班级如果有几个学生属于这种情况，往往影响听力课的进程，结果是听力水平高的学生无奈地等待，而这几位学生却还苦于跟不上去，教师常常处于欲进不能、欲退不得的尴尬境地。

（二）形成难点的心理分析

学习者在学习另一门语言的过程中，语音与词义的系连有所脱节是常有的事，只不过脱节的程度有所不同而已。有的学习者对学过的单词掌握较为牢固，音义脱节的情况比较少；有的学习者记不住学过的单词，音义脱节的情况就比较严重。认知心理学把记忆分为短时记忆和长时记忆。短时记忆所接收的信息容易遗忘，必须通过多次的复现或复述才能让知识信息贮存进保留时间长久、且较稳固的长时记忆。有的学者还认为在短时记忆与长时记忆中间还有一个工作记忆，专司知识的输入与输出。它们之间的关系是"长时工作记忆中的信息可以稳定地、较长时间地保留，同时又可通过短时工作记忆中的提取线索,建立一个短暂的提取通路"①。在听力课中,学习者所接收到的语音信息成为一种提取线索,这对全班每一个学生来说是共享的、平等的。有的学生能把这种线索输入头脑,与长时工作记忆建立一个短暂的提取通路,把词语的音与贮存在长时记忆语义网络中的词语的义联系和匹配起来;有的学生则很少能够或者只是比较有限地做到这一点。问题就出在他们的长时记忆中词语的音和义的系连本来就不牢固、不稳定,因而语音线索无法激活词义。当然,这部分学生在使用母语过程中词音与词义的系连非常直接和自然,只有在学习外语过程中才出现这样的缺憾。

学习外语过程中,语音与词义的脱节牵涉两个不同的第二信号系统之间的关系。习得母语对于学习者来说是建立第一个第二信号系统,它是在自然环境中学会的,而且天天在进行反复的接触和使用,其心理词汇中的音与义二者(学文字前是音与义二者,学文字后是形、音、义三者)非常稳固地贮存于长时记忆。因而短时工作记忆接收到的词音,马上就能作为一种提取线索,与长时记忆中的词音相匹配,并进而激活与该词音相系连的词义。这个过程已熟练到了自动化的程度。但是学习一门外语是要求在第一个第二信号系统之外再建立另一个第二信号系统,而且也不可能像习得母语那样旷日持久、按部就班地学习和吸取,它一般都带有速成、短时强化的性质。学习者在这个期间(特别是在初级阶段)所学习的汉语词语,不可能自成系统,它们还没有在头脑中建立或形成完整的汉语词语网络。一个汉语词语的音,它所代表的义,一般都附着在母语的对应词上。因而,当学习者接收到汉语的词音,必须把这个词音跟附着在母语词义上的对应概念联系起来,才能得以理解。这种强制性的系连比较脆弱,如果所学的汉语词语得不到复现和再认,它们的音与义很难在长时记忆中同步地、牢固地贮存,就势必会发生"有了词音反应不出词义,或者有了词义反应不出该词的音"这种现象。这就是同一个班级的学生听力水平参差不齐、甚至非常悬殊的一大原因。

三、词语跳跃影响词义整合

学习者在听话过程中,遇到词语障碍常会一跃而过,把上文的意思与下文的意思遥相连接起来理解;但也有的学生跳跃难词以后,无法把上下文意

---

① 杨治良等编著:《记忆心理学》,华东师范大学出版社1999年版,第138页。

贯通起来,在词义的整合方面卡了壳。

(一)听力难点的表现

听力练习或听力测试一段话语,需要跳跃一些生疏的或者没有学过的词语,那是很正常的事。汉语水平考试(HSK)的听力题,大多要求跳跃一些语言障碍来听懂话语的意思。问题是词语虽然有跳跃,但上下语意仍须贯通,否则就不可能理解整段话的大致意思。这里涉及学习者对词义的整合能力的高低。整合词义能力高的学习者,即使跳过多个词语,也能大致不离谱地把词义串联起来,理解基本的意思。整合词义能力低的学习者,或者纠缠在个别生疏词语上"搁浅",或者胡乱猜测、牵强附会。班级学生在听力理解方面两极分化的现象以此居多。

(二)形成难点的心理分析

一个学习者听懂和理解一段话语,其中积极参与的因素很多,诸如语音解码、词义解码、语法解码、图式预期、话语经验等等,都在不同程度上发挥着作用。

1. 语音解码

所谓的语音解码,"是将口语信号切分开,具体来说要切分成单词"[1]。也就是说,"听者由感知系统接受语音刺激后,先要进行初步的分析,找出语音音位特性,进行编码"[2],然后在长时记忆中检索到与该语音编码相系连的单词或短语,这就是切分。话语的外壳是一束语音串,没有正确的切分,只是一堆声音而已。因而对于学习者来说,熟练而又正确的切分,对于理解一段话语有着重大的作用。对语音码的切分有误,必然影响到词义的整合。

2. 词义解码

所谓词义解码,是"一串特定的连续话语同时激活了与之匹配的许多单词"[3],学习者必须从这些候选项中再认有关的单词。例如:Shanli de xishui qingjing jian di(山里的溪水清净见底),这里,qingjing 这个词音激活的可能是"清净、清静、清境"等一组单词候选项,认知心理学称为一个"子群"。很显

---

① Kurt Pawlik Mark R. Rosenzweig 主编,张厚粲主译:《国际心理学手册》,华东师范大学出版社 2002 年版,第 214 页。

② 彭聃龄主编:《语言心理学》,北京师范大学出版社 1991 年版,第 88—89 页。

③ 同注①,第 216 页。

然要从这样一个语音串中选择、再认一个单词，光靠语音解码是不够的，必须从词义角度去推敲、斟酌（亦即是词义解码）。如果词义解码有误，自然也就影响到词义的整合。

3. 语法解码

有时单纯从词义解码还不足以选定单词，必须有语法解码的参酌才能真正确定。上述例子中"清净"的选择，除了词义角度的斟酌以外，跟主语"溪水"搭配的相符也是主要考虑因素。总之，"听者接收了说话者发出的语音，然后使用已有的知识，包括词汇、句法和语义的知识，对输入的信息做出解释，进而揭示语言的意义。因此，从语音建构意义的过程，也就是语言理解的过程。[①]"

4. 情景图式和话语经验

在听话过程中，能把跳跃生疏的词语意义连贯起来，学习者头脑里的情景图式和话语经验也起着很重要的作用。所谓情景图式，是指人们经过整理、类化所形成的一定的心理组织。有事件图式（如上饭馆吃饭或到图书馆借书的步骤和细节），场景图式（如教室、剧场的布置和陈设），角色图式（如对象的身份、职业、阶层、年龄等）。这些图式"集合了关于事件的具体构成的知识"，"它们在语言材料的理解和记忆中具有多方面的重要作用。在阅读前，图式起到预期作用；在理解过程中，图式对信息的储存提取起到组织的作用。[②]"善于运用图式来增强听力理解的学生，他们常常在听到某些信息内容时，激活相关的图式，为听懂这一段话提供一种积极的准备状态，对即将要听到的内容会产生一种预期，因而即使中间有些生疏的词语跳跃过去，也能在图式的作用和辅助下，将上下文的意思连贯起来，从而达到理解的目的。例如，听到有人说："对不起，我迟到了。"敏感的学习者马上会激活、唤起这样一些图式：或许是"睡觉晚了，早上起不来"；或许是"交通拥挤，堵车严重"；或许是"发生意外事情"，加上自己的话语经验，可以猜测和预期当事人底下可能会说的话。接着听当事人申述或解释理由："我乘坐的出租汽车行驶在高速公路上，被超越过来的一辆货车给擦坏了，耽搁了半个多小时，因而来晚了。"由于听话时已有图式预期，尽管对话语中的"行驶"、"超越"、"耽搁"等词不一定理解，但还是能边听边整合这一段话的意思而达到大致的理解。而不善于

---

① 彭聃龄主编：《语言心理学》，北京师范大学出版社 1991 年版，第 141 页。

② 同上注，第 211 页。

借助图式的学习者,往往要等听完这段话后,才回过来体会。由于声音一瞬即逝,那些当时没听懂的词语早已不知去向,只能断断续续地整合片言只语,其理解力自然大打折扣。

四、语料的深广度超出听力水平

外国学生听不懂一段汉语语料,不仅是语句艰深的问题,还可能是内容不太熟悉,超出了学习者的接受能力。

(一)听力难点的表现

听力教材,特别有些临时选编的听力语料,有的缺少严格的限定和科学的规范,语言的表达和内容的陈述往往超出学生的听力水平。学生听不懂语料内容,尽管教师一遍、两遍、三遍地重复放送音带,学生仍然懵懵懂懂,反应不过来。久而久之,学生觉得乏味、疲劳,对听力课产生厌倦情绪,甚至提出反对使用这样的教材,常使一些教师为难。

对外汉语教学心理学

(二)形成难点的心理分析

话语的语音串具有"线性化"的特点,它能否为听者所接受,具有一定的条件。汉语语言教学大纲(包括 HSK 大纲)中对听力的语料提要求时,常用"含生词数量较少"和"没有或含少量新语法点"这样的修饰语来限定和规范一段语料。只有这样的语料才能充分发挥语言的"指代性"、"叙述性"和"修饰性"的作用,而语言的三性功能是"与他人共享各种各样的信息"的基础[1],正是这个基础方便学习者及时将所接收的信息一一解码,从而听懂和理解他人的话语。例如听"旅客们请注意,列车马上到达苏州站,有在苏州下车的旅客,请带好自己的行李,准备下车"这几句话,其中很少有生词和新语法点,听者完全理解这里说的"旅客",指的是"买票乘火车的人";但不是所有的旅客,而是"到苏州下车"的"旅客",有所修饰和限定;叙述中要求他们"带好自己"的"行李",不是别人的行李;是"准备下车",而不是"立即下去"。话语中的指代、叙述和修饰都很明确和清楚,听者在解码过程中不会发生误解。如果超越了"少量生词和新语法点"这个度,或者内容过于专业化,那么学习者能收

---

① Kurt Pawlik Mark R. Rosenzweig 主编,张厚粲主译:《国际心理学手册》,华东师范大学出版社 2002 年版,第 206 页。

听的话语将是零散的、不成"线性"的语音断链,对话语所"指代"的事物,所"叙述"的论题,所"修饰"的对象,似解非解,不甚了了。例如听"同志们请注意,有火车开过来,不要抢行,不要钻栏杆,以免发生危险"这么几句话,由于其中的"抢行"、"钻栏杆"、"以免……"、"危险"等词语或句子是听者比较生疏的,超越了他们的接受水平,对其中的指代、叙述和修饰等含义比较含混,解码发生困难,当然就难以理解这些语句的意义了。

五、听书面语的能力薄弱

口语和书面语由于语体不同,对学习者的听力有所影响。一般来说,口语比较浅显、通俗,容易听懂;书面语用词丰富、周密,不易听懂。但生活中听书面语的机会颇多,因此听力教学得注意和重视外国学生听书面语能力薄弱的问题。

(一)听力难点的表现

外国学生参与会话,听对方的话语,即口语,一般容易听清、听懂,应对比较自如;而听书面语如新闻广播、朗读录音带时,反应比较迟钝。听力强一些的,也要听上几遍,方能听出点眉目,或理出些头绪;听力中等的,常因听不明白一些词语而侧耳皱眉竭力回忆和追溯那已经消逝的语音,希冀有个大致的理解;听力中下的,常常发生听觉感受赶不上诵读的速度,头脑的整合比听觉接收慢上一二拍,甚至三四拍,听的是当前的语音,思维却还停留在前面的语句上面,时间一长,就会因待加工的语音过多而拒载(拒绝接受)后续的语音;听力低下的,大部分语句听不懂,脸上呈现出一片茫然的样子,丧失听下去的信心和耐心。凡此种种,都显示出外国学生听书面语的能力较之听口语薄弱得多。

(二)形成难点的心理分析

口语与书面语的特点,影响到听力的认知和理解。这主要反映在下列一些方面。

1. 语体特点及感觉接收的不同

口语与书面语的产生,基本机制相仿,都要通过话语计划、话语构建、话语执行三个阶段。它们都是说话者或作者在大脑中形成有关的思想、意识,作为一种内隐刺激(即话语计划),通过传递、扩散到达长时记忆的语义网络,从该结构中选取、调用相关的词语到工作记忆,在那儿进行组合装配(即话语构建),然后输出语言(即话语执行)①。这个过程,无论是书面表达还是口语表达,基本上是相同的。不过一则在执行话语时,要求手的肌肉进行动作,发而为字形;一则要求口腔肌肉的运动,发而为语音。尽管它们的产生机制相仿,但毕竟是两种不同的语体,有着各自的特点,具体表现在:

(1)表达的环境与速度。口语有直接的听话对象,有互相交际的环境,其会话的速度要求较高,组织语句的反应要快,不可能字斟句酌,也不可能长时间地思索和停顿,因此,口语的用词比较通俗、朴实,多短句,不太讲究修辞和句子的上下关联;书面写作只有假想的读者,是一种间接的交流,允许有较多的时间对表达的内容和词句进行斟酌和推敲,因此,书面语词藻一般比较华丽、浓重,语句修饰和雕琢的痕迹较多。而正是这些华丽的辞藻和雕饰的语句,往往超越听者的接收和解码水平,使其把握不了其中蕴涵的丰富信息。

(2)用词的通俗与雅致。口语会话一般来说比较粗糙,不计较重复、啰嗦、语句残缺,只要求达意而已,因此,口语中常会出现"这个,这个"、"呃……呃……"等无用的词语和音节,说话者有时还会插入与话题关系不大的叙述,甚至在说话过程中提出一个话题或说了上句之后,突然卡住,于是"哈哈"一笑而不了了之。这在书面语中是不可想象的。书面写作则比较精致,讲求信(材料充实)、雅(文字漂亮)、达(行文通畅),因此,书面语一般来说,文气贯通,文字畅达,修辞恰到好处,很少拖泥带水,其叙述、抒情、议论等手法有机配合,相得益彰。但是人们的听力理解一般都是建筑在口语语感之上的,即使是啰嗦的口语,人们也能迅速地把握其中的主要信息;而对于简练、畅达的书面语往往感到耳生,需要一定的时间去思索,因而解码和理解的速度跟不上语音的接收和传递。相比之下,听书面语的能力较之于听口语要逊色得多。

(3)结构的松散与严谨。口语会话的构思比较简单,不必追求语句的起承转合,即使关联失当,前后颠倒,也无伤大雅。口语当然也有大致的话语计划,说话围绕一定的话题而展开,但大多是边说边想,谈不上精细的构思,除非是有书面稿子的发言或报告,才会讲求整个话语的条理和结构,但那是书面化了的口语。书面写作则要有一定的构思和布局,讲究承上启下、过渡呼

对外汉语教学心理学

---

① 桂诗春编著:《实验心理语言学纲要》,湖南教育出版社1991年版,第414—415页。

应。因而书面语的结构都比较紧凑严谨①。

由于书面语经过反复斟酌和推敲,词语选用广泛,修辞色彩浓厚,结构紧凑严谨,它主要提供给读者凭视觉感知去阅读、理解和消化,时间上也较充裕;而听力没有视觉方面的优势,且时间局促,因而听书面语材料,要辨别那么丰富的词语,要揣摩那么多的修辞色彩,还要将传递进大脑的过于文气的语句进行整合和剖析,以捕捉其中的信息,达到听懂和理解的目的,这对于外国学生来说,就显得特别吃力和困难。

2. 耳感的生与熟

耳熟能详,这是外国学生比较容易听懂口语的基本原理。因为人们在口语会话中所使用的词语是有限的,这些词语不仅通俗、常用,且出现频率相当高。它们在人们头脑记忆中,一直处于活动状态,听到音节就能匹配和提取出相关的词语,已到了呼之欲出的地步。例如对话中的应对词语,对问话的回应有"行,可不是,真的"等;对赞扬的谦逊有"哪里,哪儿的话,不敢当"等;对感谢的客套有"不谢,不客气,没事儿,没关系"等;对对方话语的赞同有"对,好啊,没错儿"等;对对方建议的同意有"行,可以,没问题,一言为定"等;对对方的态度不以为然的有"你瞧你,我说你呀,叫我怎么说呢"等;对对方说的事情表示理解的有"原来如此,怪不得,可以理解"等等。在口语中经常出现和使用的常常是这么些词语,听得多了,自然不加思索就能直接反应过来。即使是口语中的叙述性话语,尽管比应对性话语要复杂一些,但也是以常用词语构建起来的,从语音流的感知、音节的划分、词语的匹配、词义的确定到语义的整合,都比较顺溜,听起来并不觉得费力。曾有一位日本学生,学完初级汉语后,经常去咖啡馆用学过的有限词语跟营业员小姐聊天,话题很广泛,交际却没有多大困难。再则,口语会话中的句子以单句居多,复句也只有一、二重的关系,不像书面语中的句群,常以多重复句的形式出现。短句和单句的信息容易捕捉,这就为听觉感知和接收口语会话内容创造了条件。语音的特性是稍纵即逝,如果句子过于复杂,过于冗长,前听后忘,首先是影响正确切分,其次是妨碍词语与相关音节的匹配。匹配和提取发生了问题,或打了折扣,摄取的词语没有连续性,那就无法按照语法规则整合所接收到的断断续续的语句,也就很难正确地理解其意义。可见,外国学生之所以能较快地听懂口语会话,就因为身处于日常的会话语境中,耳朵听到的全是日常用语

① 徐子亮、吴仁甫著:《实用对外汉语教学法》,北京大学出版社2005年版,第156—157页。

和简单句式,久而久之,产生了较强的语感,这种语感可以起到"耳熟能详"的作用。外国学生之所以较难听懂书面语,就因为听到的词语比较生疏,难以从语音音节激活、匹配和提取相关词语;听到的句子又比较复杂,头脑难以对之进行分析和监控,一时形成不了语感,就难免陷于"耳生则惑"的境地了。

3. 跳跃的大与小

听力再强的人,也必然在听的过程中有所跳跃,但这并不影响理解。这是因为人们的大脑记忆中存有许许多多的生活经验,其中包含各种各样的故事情节,各色各等的人物形象,丰富多彩的日常事件等等,这些经验性的东西经过头脑的加工,已抽绎成为各类心理图式。人们凭借这些图式,可以越过跳跃的地方而把前后意思衔接和连贯起来,进行判断和理解。这是听力理解之所以允许跳跃的心理原因。跳跃有两种情况,一种是主动跳跃,即舍弃无关紧要的词语,把有限的听觉感受的时间集中在有效的关键词语上,节省时间和精力,获取最有用的信息;一种是被动跳跃,即遇到生词和难句,被迫地跳跃过去,将前面已经听懂的语句跟后面即将要听到的信息遥相连接,从而达到大致的理解。后一种情况是比较常见的,而且会不会跳跃、善不善于跳跃,还能衡量学生听力和水平。所以汉语水平考试(HSK)的听力材料中总有少量的新词和少量的新语法点掺于其间,要求考生经过跳跃来理解材料的意思,在大致理解的基础上,选取跟试题有关的信息而进行答案选择。但是词语和句子的跳跃必须有个度,超过了这个度,跳跃太大,信息脱节,即使头脑中贮存的图式再丰富,也无法衔接前后的意思,最后导致不知材料之所云的结果。书面语的词语丰富而多彩,句子冗长而复杂,即使用视觉去阅读,中间还可能唤醒其语音形式,尚且有一些难词、难句要猜测或跳跃,更何况是单一地用听觉去感受和接收,其词语和句子的跳跃,跨度自然就更大了。这就是外国学生听书面语朗读或新闻广播比较难以接受的原因。因而,让外国学生听新闻广播,对其材料的难度要进行筛选和控制。

第三节 听力能力的培养

从听力的心理基础和听力难点的心理分析中,可知听力理解的提高涉及语音听辨能力、音义结合能力、注意细节能力、跳跃与整合能力、预测与联想能力、书面语的听觉语感能力。听力教学必须着重于这六个方面的训练。

一、语音听辨能力

听力主要是要听清和审辨外界送进耳膜的串串语音流,排除混杂其中的杂音,保留符合汉语语音的音声;并在汉语语音知识的指导下,将它们切分为符合汉语词语组合规律的音节,从而转换成相应的汉语词语;再在汉语语法知识的指导下,将词语的词义整合为语义,从而得以理解语音流所包含的意义。在这个过程里,语音的听辨能力是基础,是前提,舍此就谈不上什么理解。因而培养与提高学生的语音听辨能力,是听力教学的首要任务。

对外汉语教学十分重视汉语拼音阶段的学习,虽然多数情况是采取跟读和模仿,但一般都要求学习者理解和掌握每一个音的发音部位和发音方法以及唇、舌的形状和位置,力求从生理方面和物理方面给每个音定位和定性,以便牢固地把汉语语音系统储存进学习者大脑的语言神经中枢区。这样,学习者能从发音的部位、方法和唇舌形状去构建或鉴别一个个汉语语音,防止因单纯地去追忆模仿而导致语音走样或歪曲,影响收听效果。

听力的语音训练,着重于声韵调的听辨(这是审辨字音的基础)、音节听辨(这关系到语音流的切分)、音节重音听辨(这关系到音节向词语的转换)、连读变调听辨(这关系到音节转换成词语的正确性)。凡此种种,都是有意识地训练耳朵听觉对汉语语音的敏感度[①]。

除此之外,要多让学习者收听广播,视听电视新闻和电视节目,打破只习惯几个授课教师发音的囿限,以扩大听觉的适应面。

二、音义结合能力

外国学生学习汉语,要把汉语的词音与母语的某种概念联系起来,这本身就带有某种强制性。强记(机械识记)的知识不易牢固,更何况要记住数千个汉语词语的词音与词义的联系。但这一步是非走不可的,否则耳朵所收听到的语音只是一堆自然音,难以知道其中的含义。

词音跟词义挂钩的训练,可以采取双向方式:一是由词组而词(如 chifan 吃饭"eat"切分为 chi 吃和 fan 饭),由句子而词组(如 da duo shu ren mei tian chi san can 大多数人每天吃三餐"most people have three meal a day"切分为 daduoshu ren 大多数人,meitian 每天,chisancan 吃三餐),由句群

---

① 徐子亮、吴仁甫著:《实用对外汉语教学法》,北京大学出版社 2005 年版,第 146 页。

而句子(da duo shu ren mei tian chi san can, ta mei tian zhi chi liang can, er ta er zi mei tian yao chi wu liu can。可切分为:大多数人每天吃三餐,她每天只吃两餐,而她儿子每天要吃五六餐。)这是从大到小地进行切分训练;另一是把单词逐步向词组、句子、语段扩展,如 hui yi 会议(meeting)扩展为 ju xing hui yi 举行会议(hold meeting),再扩展为 zai xue xiao ju xing hui yi 在学校举行会议(hold meeting in the school),再扩展为 hui yi jiang zai xue xiao da ting li ju xing 会议将在学校大厅里举行(meeting will be held in the school hall)……这是从小到大地进行组合训练。这两种训练方式的目的,就是要提高语音联系意义的速度和准确度。它不是一个个单词的硬记,而是在词组中、句子中、句群中,有上下文的语境陪衬而得到重现或复述,因而词音与词义的联系和记忆比较牢固。

有许多学习者在音与义的系连问题上,有他们自己的经验和方法。他们不断整理所学的单词,从词性(如动词、形容词等)、同义词(如雄伟、宏伟、伟大等)、反义词(如热、冷,热情、冷淡等)、类义词(如颜色、季节、天气等有关的词)等逐一归类,力求从速建立汉语的形音义相结合的词语网络。也有的学习者反复听课文的录音,收看有中文字幕的电视节目,注意聆听社会人群的对话等,力求把词音跟词义挂起钩来。有的教师在课堂中有意识让学生做汉语词音与其母语词义相配对的练习,加深词语的音与义的系连。这些措施对于解决词语的音、义脱节问题有一定的效果。

三、注意细节能力

在会话中听对方说话,在上课时听教师讲话,在考试时听录音,不可能把每一个词都听得那么真切和清晰,也不可能把听到的每个句子都加以咀嚼回味,但必须抓住和摄取所收听到的语音流中的重要信息和关键信息。所谓重要信息和关键信息,是指话语中所说的时间、地点、人物的地位与职务、人物之间的关系、情节与事由、原因与结果、企图与意向、要求与指令、主要观点与结论、中心意思、原理与定义、规则与例句,等等。听话时,能够注意这么些细节,听的能力和水平,就能相应得到提高。

通过听力练习题和模拟试题的针对性练习,可以提高学习者注意细节的能力。如果说,会话中听对方说话或上课时听教师讲解,应该注意什么细节要学习者自己去判断和揣摩,那么听力练习题和模拟试题一般都有明确的要求和重心,每一道题目的细节,都体现在四个答案项之中。学习者凭借答案项的内容，可将自己的听觉调整、转移、集中在关键的信息和细节上，从而正确地判定和选择答案。多做这方面的练习，能够提高注意细节的听辨能力。这样就能为自如地听懂报告、广播等有一定难度的内容打下比较扎实的基础。

四、跳跃与整合能力

听话过程中总会碰到一些生词或难词，即使是听力特好的人也难免有所跳跃。问题是在跳跃了一些词语以后，还能将上下意思连贯起来加以理解，这也可以说是听力强的一种反映。但这种能力不是每个学习者都能具有的，必须有意识地加以培养。

（一）加强切分和整合训练

如同词音跟词义挂钩的训练，加强切分和整合训练也可采用双向方式，一方面由词组而词，或由句子到词组，或由句群到句子，从大到小地进行切分训练；一方面把单词逐步向词组、句子、句群、语段扩展。例如，听"市场经济"，要求切分出"市场"和"经济"两个单词；听"经济繁荣"，要求切分出"经济"和"繁荣"两个单词；然后听"市场经济繁荣"，要求整合三个单词的意义。循此方法，要求切分出"人民生活安定"中的单词，并整合其意义；再要求切分出"这是改革开放的最大成果"句中的单词，并整合这些单词的意义。最后完整地听这段话语："市场经济繁荣，人民生活安定，这是改革开放的最大成果"，要求复述句子或大意。这种训练，运用切分，将话语中的单词提取出来；运用整合，将单词意义连贯起来，藉此提高学习者切分和整合的能力。

（二）加强组块记忆的训练

记忆生词，尽可能避免孤零零地背记单词，而是组合为几个词组（即组块）储存于脑库。例如"经济"一词，可以组合为"市场经济"、"计划经济"、"经济繁荣"、"经济发展"等词组来进行记忆，这样，学习者容易切分单词，也容易整合词义。例如，听这样一段话："过去我们采用的是计划经济，经济发展比较缓慢；现在我们采取了市场经济，因而经济发展较快，市场经济繁荣，人民生活安定。"由于其中有许多词组是储存在记忆之中的，所以容易切分，容易整合，容易理解。

（三）多听多练，增强语感

组织学生多听多练，增强说话和听话的语感。听力理解的正确率和效率通常还有赖于语感。语感是人们主观意识中对一种语言的整体感知。语感能左右语言表达时对词语或句式的选择，语感也有助于语言接收时对意义的理解①。可见，语感的培养是听力技能训练的高层次目标，它能够有效地提高听辨的能力，提升听辨的水平。有了扎实的语感基础，听话时不用将语音信号逐一捕捉、仔细分辨，就能自然地将语音与语义挂钩，不用听完整个句子，就能领会其意②。

此外，还要培养学习者善于抓住标记词如"的、地、得"、"着、了、过"、"呢、吗、吧"等在句中的作用，以提高整合语意的能力。

五、预测与联想能力

有准备的听与突然的听，有很大区别。有准备的听，学习者对即将要听的材料，诸如背景、生词、有关知识、问题与答案选择项等等已经有所知晓，可以对它的内容进行预测和联想，这样比较能把握所听语料传递的信息，也容易理解语料的意思。所以听力教学必须让学生在听前有所准备，充分调动和发挥他们的预测与联想能力。

（一）利用情景和背景来听

尽可能利用视听和有情节或有背景铺垫的听，如展示图示、投影、照片、图片等，也可以用语言叙述，或者以音乐、现场录音等声音配合，以唤醒、激活学习者头脑中的图式（有事件图式，如上饭馆、图书馆借书、旅游等；场景图式，如教室、机场、车站等；角色图式，如营业员、经理、教师、医生等；故事图式，如开端、发展、高潮、结尾等）来进行话语的预期，因为各种图式都有独特的顺序和话语，学习者凭借它们可以知道后面会有些什么话语与内容，即使由于出现新词或难词而必须跳跃，也能进行预期、猜测与联想，从而贯通文意。

（二）利用板书来听

教师备课时先细致分析语料中的语言成分和内容性质，针对学生具体的

---

① 朱纯编著：《外语教学心理学》，上海外语教育出版社1994年版，第88页。
② 徐子亮、吴仁甫著：《实用对外汉语教学法》，北京大学出版社2005年版，第146页。

听力水平梳理和排队其难点所在,对一些生词和估计学生难以反应的词语,以及不太熟悉的语法现象,利用板书,进行说明和解释。这不仅为学生收听录音排除一些语言上的障碍,而且板书的词语与句式本身就是一种暗示的信息,学生可以借助它们来对即将要听的语料进行预测与联想。

(三) 讲述背景或有关知识后听

有的听力语料,其难度主要反映在背景的复杂或知识的生疏上面,因而教师有必要指点或讲述一些有关的文化背景或知识内容,为学生收听语料作些铺垫。例如语料是《参加中国人的婚礼》,教师对其中祝福的话语,结合生词和语法点在黑板上展示,并适当讲说中国的婚礼习俗。这就为学生边听、边预测、边理解创造了条件。

(四) 看文本和答案来听

对收听特别困难的学习者,则可引导他们看文本和答案,回过头来再听音带。反复几次,学习者终于会弄懂语料的话语和内容,而且由于有成就感,他们兴趣浓厚,不因为多次反复而生厌。

实践证明,运用这种以视觉呈现弥补听觉呈现不足的方法,是行之有效的,能够提高学生的听力水平。因为视觉呈现在短时记忆中保存时间相对较长,而且空间线索容易激发长时记忆中的单词和知识,不像听觉呈现在短时记忆中稍纵即逝,很难捕捉其中的信息线索。

六、书面语的听觉语感

外国学生的听力理解不能只停留在听会话中的口头语言或口语化了的语料这一个层面,还必须进一步提高到能够听懂和理解书面语言这个比较高的层次。因为外国学生在工作和生活中,不乏听书面语的机会,诸如听新闻广播,听朗读材料的录音,听报告等等,所以在外国学生进入中级汉语的学习阶段就要注重这方面的训练,增强他们书面语的听觉语感,培养和提高他们听懂和理解书面语的能力。

(一) 多朗读书面语的语料

书面语比口语结构严谨,词藻华丽,修辞色彩浓重,语多长句和复句。如果多朗读或诵读,就能吸收更丰富的词语,扩大心理词典中的词汇量;就能习惯于长句的表述并抓住关联词语的连接而把握其中的关系和意义；就能透过形容、比喻、排比、借代等修辞色彩而深入领会其深层的含义。多朗读或诵读，还可以训练语音跟词义的紧密联系，提高反应的速度，增强书面语的听觉语感，强化从听到语音、划分音节、匹配词语、联系词义，到整合语义的心理过程。这都有助于培养和提高外国学生听书面语言的能力。

（二）多视听电视新闻节目

书面语单靠听觉来感受，有一定难度。因此，开始训练时，可以多视听电视新闻节目。电视有镜头和画面，听者可以利用形象来猜测和预期所播新闻的内容，提高唤醒词汇和语句的速率，提高整合语义的准确率，加速对书面语的理解。同时，电视的新闻主播，常出现在屏幕上，听者看得到他（她）的口形和表情。从口形上可以确定他（她）所发的音，容易判定与该音节相关的词语；从表情上可以了解所播内容的色彩，有助于理解和推测内容。

（三）多收听新闻广播

收听新闻广播是一种只凭听觉、不依赖其他手段的纯听，比视听的难度要高一层。视听有形象可资猜测和预期，纯听则完全要凭听觉语感来断定所听语音流的意义。不过熟练的纯听者，可以根据播音员的声响、音强、语气、语调、停顿等因素来接收和理解所听内容。外国学生只要坚持多读书面文章，多视听电视新闻节目，打好听书面语的基础，要达到纯听的较高境界是完全可能的。

本 章 小 结

听话是把听觉接收到的语音转换成言语信息，从而进行理解的过程，它必须经过听觉加工、译码加工和思维加工。

把语音串切分为音节，把语流切分为词语和句子，是听力理解的基础。

汉语作为外语的听力学习，其难点是听音能力跟储存的语音有差距、语音与词义的系连脱节、词语跳跃影响词义整合、语料的深广度超出听力水平和听书面语能力薄弱。这些难点的出现有其一定的心理成因。

汉语作为外语的听力教学，必须注重语音听辨、音义结合、注意细节、跳跃与整合、预测与联想、书面语的语感等能力的培养和提高。

1. 具体说说听"筷子除了作为餐具,还能制成工艺品,供人玩赏,或作为礼物送给亲友"这句话时,学习者是如何进行听觉加工、译码加工和思维加工的。

2. 为什么说"听音能力跟储存的语音有差距"是听力难点之一?

3. 举例说明预测与联想能力在听力理解中的作用。

研 究 热 点

外国学生学习汉语,听口语的能力明显高于听书面语,思考一下,这是由哪些因素造成的。

第六章　对外汉语口语教学的心理分析

　　人们说话,带有一定的目的性和计划性,讨论某个问题,抒发某种感情,总是围绕着某个中心或某个话题而展开。即使是聊天,天南地北,信口开河,似乎散漫无序,但这样的说话不过是话题的频繁转移或改变,形成多个话题而已,从每一个局部的话题来看,仍然是有计划和有目的的。这说明说话的过程,有其内在的心理活动和心理规律。

　　口语有演讲式的独白和交流式的会话。独白多半是叙述性的(如阐述问题、介绍情况等),其演讲的内容和选用的话语要适合听众的接受水平和能力。会话除了叙述性的因素,还有询问性(如向对方发问或咨询等)和应对性(如回应对方的发问或要求等)因素,学习口语要考虑和遵循这些特点和规律。

　　外国学生学习汉语口语,还有一个转换问题。外国学生在初中级阶段,他们说话时,大部分(或者少部分)用自己的母语来思维,然后再翻译转换成汉语的词语和句子来表达,因而在一定程度上影响其说话的速度和准确性。

　　汉语作为外语的口语教学,把握口语的心理活动和心理过程,有助于提高学习者的口语能力和水平。

第一节　口语的心理机制

　　人们说话,是以语言输入为其基础的,有了语言的输入才会有语言的输出。口语的形成和输出,一般要经过话语计划、话语构建和话语执行三个阶段。即使是即兴式的讲话,一边儿想一边儿说,这"想"就是在进行话语计划和话语构建,这"说"就是在进行话语执行。

一、语言的输入和输出

语言的输入和贮存,是听读理解和话语输出的前提和条件,语言的输入和输出关系极为密切。

(一) 语言的输入

阅读语料和听人说话,是语言的输入;说话和写作是语言的输出。输出话语的先决条件是语言的输入。外界的言语(文字的或语音的)刺激信息通过视觉、听觉进行感觉登记,再由神经元传导给短时记忆,在这儿经过复现和再现,有关的语言信息和语言结构就进入长时记忆,长时间地保持和贮存,这就是输入。例如外国学生学习汉语的生词和语法规则——"汽车向前飞驰",经过反复操练,在头脑中作为知识而存储,词语"汽车"、"向前"、"飞驰"进入心理词典;句式"主语+介词词组状语+动词"进入语法规则系统。

(二) 语言的理解

当外界又有言语信息刺激感官(视觉或听觉)时,如看到或听到"汽车继续向前飞驰",被神经元传导到大脑语言中枢的长时记忆库,大脑机制就会寻找与外界刺激信息相似或相近的言语(词语和句子)模式,进行匹配。匹配不上的(如"继续"),就作为新知而输入;匹配上的,如"汽车、向前、飞驰"这些个词语以及"主+介词状语+动"这样的句式,大脑就将它们提取到类似于短时记忆的加工器(称为工作记忆)中,根据接收者的经验和语感去切分音节和意群(如汽车/继续/向前/飞驰),领会话语的意义。这就是语言的理解。

(三) 语言的输出

话语的输出有两种,就是独白和会话。独白有交流作用而无交际性质,会话则既有交流作用又有交际性质。这就规定了会话必须遵循说话的情景原则和说话双方彼此合作的原则,否则交际可能失败。独白固然也要看对象的知识水平和接受能力,但总的说来没有会话那么严格。无论是会话还是独白,他们都是说话者把自己头脑中萌生的意念,形成命题(即具有主项和谓项的意义单位),从长时记忆的心理词典中选择合适的词语,将它们提取到工作记忆,按照语法规则进行装配和组合,再转换成语音流(或文字串),发而为声(或形之于书面)。例如,说话者头脑里有"开车向前"的意念,形成两个命题:

"我开汽车"、"汽车向前"。然后选择更为合适的词语"驾驶"、"飞驰"等，放到工作记忆中，按照汉语语法规则装配成一个句子"我驾驶着汽车向前飞驰"。再转换成语音串：wo jiashi zhe qiche xiangqian feichi，通过口腔输出这一句话语。这就是语言的输出。

二、话语产生的三个阶段

口语表达是语言的外在表现，其内部机制是话语的产生。因此口语表达实质上也是一种语言产生的心理过程，它必须经过话语计划（即意念和思想）、话语结构的建立（即词语的选择、提取，并组合成句子）、语言计划的执行（即指令口腔把内隐的语音码发出声来）等三个阶段。

（一）话语计划

话语计划即说话人根据自己的意图或者交际双方的需求计划自己说话的内容（思想）。一般需要考虑说话类型、说话内容和说话次序。

1. 说话类型

说话有独白和会话两大类型。独白是一个人对着众多的人群说话，很少进行相互的交流，话语计划比较单纯，只需考虑自己讲话的提纲和实例；会话则是两人或多人相互交流的活动，话语计划不仅要酝酿说话的内容，还要考虑相互问答、相互反应的问题。

2. 说话内容

独白（包括发言、讲故事、演讲等），如果是叙述性的，则要计划事件内容、事件次序以及事件关系，例如讲述一次旅游经历，先讲什么，后讲什么，遇到什么样的人和事情，自己的感想，等等，都要考虑和计划；如果是讲演性的，则必须计划话语的观点、论证的材料以及结论等，例如讲演净化地球，就得提出自己对净化地球和环境的看法，罗列地球和环境被污染的日益严重的情况和数据，论证污染的危害性，最后得出净化地球刻不容缓的结论。有了这样的话语计划，叙述和讲演才能有条不紊地进行。

会话既然是两人或多人的谈话活动，就有与交谈的对方进行各种协调的问题。根据交谈话题的展开或变换，做出各种反应。如一方提问，一方做出应答；一方提议，一方做出反应；一方赞扬，一方表示接受或拒绝；一方要求，一方表示同意或回绝，等等。复杂的话题还需插入叙述性话语和描写性话语。概括起来说，会话的话语内容可分为承接性话语、功能性话语和叙述性话语。

（1）承接性话语。这是说话人依据对方的话题做出原则性反应的话语，意在初步表个态，把对方的话题接过来，然后述说自己的想法。例如，对问话的回应有"行，可不是，真是的"；对赞扬的谦逊有"哪里哪里，不敢当"；对感谢的客气有"不谢，不用谢"；对提议的赞同有"对呀，是的"；对建议的附和有"好的，就这么办"；对对方的态度不以为然有"你瞧你，有这样的吗？"；对对方说的事情表示理解有"可以理解，原来如此"等等。

（2）功能性话语。这是说话人传递自己话语行为的期望和意图的话语。同样一句话，不同的期望和意图，表达的方法就不一样。例如，"修车"这个命题，加上不同的功能性话语，就能表达不同的期望和意图：车修好了。（断言）；车修好了吗？（提问）；你怎么可以不修车呢！（警告）；你要把车修好！（命令）；请帮我修一下车吧！（请求）；对不起，你的车还没修好呢。（道歉）。

（3）叙述性话语。叙述性话语是说话人述说事件、见闻、体会等内容的话语。可以列举，介绍，解释，说明，溯原因，谈效果，下结论等。这是说话和交谈的重要部分。

会话实际上是以上三种话语的组合。功能性话语与承接性话语配搭起来可以组成一问一答，一呼一应的相邻对子。简单的对话，就是由这两种话语组织起来的。而复杂的话语，则必须插入叙述性话语，以表达自己的思想和观点。

3. 说话次序

独白只要考虑说话的条理，而会话还得顾及对方的反应，协调说话的顺序。根据会话的自然进程，先要考虑如何开始会话，即话题的提出：有用疑问形式提出话题（如，你去过北京的长城吗？），有用叙述的话语提出话题（如，我有幸到北京登上了长城），有承接对方话语而提出话题（如，你说的都很有道理，不过我还有一些别的想法），有插入对话提出话题（如，说到今天场上白蓝两支球队，我突然想到蓝队在上届世界杯赛上的表现），等等。

中间要考虑话题的展示、扩展与转换，即把提出的话题加以述说、阐释和扩充。这里有列举性扩展（如，罗列各种电脑及其性能来说明电脑的更新换代之快），有介绍性扩展（如，旅游景点以及名胜古迹的介绍），有解释性扩展（如，解释端午节划龙船、吃粽子的成因），有说明性扩展（如，说明中医辨证施治的原理）等等。

话题结束，说话人需向听话人宣告谈话到此为止。一般采用"今天就谈到这里",表示结束。也可用下结论结束(如,多读多练是学好外语的基本途径),用溯原因结束(如,留学生的汉语水平迅速得以提高,得益于多读多练),用谈效果结束(如,留学生的汉语水平都得到了不同程度的提高),用转换话题结束(如,刚才大家交流了学习经验,下面我们谈谈有关求职的问题)。

独白性的话语计划,可能考虑得比较完整;会话性的话语计划,只能是局部的,必须随着对方的思路做出相应的调整。因此,人们常常是边进行会话,边拟制话语计划。

(二)话语构建

话语计划只确定了话语的思想和内容,必须运用词语和句子将它们言语化,即建立话语结构,表达才有可能。从思想到话语,要从长时记忆的心理词典中选择合适的词语,并把它们提取到工作记忆,在那里做句子计划和成分计划,即按照语法规则将选出的词语加以排列,成为有意义的句子形式或词组形式。

1. 句子计划

句子计划包括三个方面的内容,即命题内容、言外内容和主题结构。

(1)命题内容。命题反映说话者欲表达的思想的意义单位。说话者在表达之前,必须先有个朦胧的意念或想法。由于人的思维依赖于第二信号系统——语词,因而命题内容在头脑中的反映,也是由几个语词初步架构起来的。例如,"你每天早上都去操场活动"这样一句话,在头脑里酝酿的时候,可能是这么三个命题:"你活动"、"你去操场"、"你每天早上去",由此构思、发展而为一个句子。如果说话者的命题是用母语来构思的,那么在把命题进行言语化的过程中,还有一个从母语句子翻译成外语句子的问题。

(2)言外内容。言外内容反映说话者要进行的言语行为。说话者有了说话的命题,对这些命题是做出断言、要求、允诺还是命令,要进行一番处理,这便是言外内容。例如上述的命题,根据说话的环境和要求,可以处理为要求:"你去操场活动行吗";或处理为允诺:"以后你每天早上可去操场活动";或处理为命令:"你每天早上都得去操场活动"。这些言外内容,常常决定于对方的言语行为。比如,对方在教室里活动,说话者觉得厌烦,就用要求的口吻:请他们去操场活动;对方有所请求,说话者如果同意,就可用允诺的口吻应答,等等。

(3)主题结构。说话者有了命题内容和言外内容,还得考虑主题结构,才能构建话语。主题结构有三对相关的项目必须选择。一是框架与嵌入，它规定话语的结构及其内容。一般来说，句子的第一个主要词组是它的框架，亦称主位；而嵌入，亦称为述位，是放到结构里的新信息。例如，"我们（决定去北京）"，"昨天（我们决定去北京）"，括号以外是主位，括号以内是述位。主位与语法主语有时一致，如前一句；有时不一致，如后一句。二是已知和新信息，它规定哪些东西是听话人已经知道，哪些尚未知道。这是说话人在说话前必须认真估计的。如果新信息太多，会影响听话人的接受和理解。例如，"这种话毫无根据，不要扩散出去。"其中的"毫无根据"和"扩散"是新信息的话，听话人就很难听懂了。三是主语与谓语，它规定了谈论的对象，以及对这个对象说了些什么。主语指出所传递的命题存放在记忆中的位置，例如"小王有一架钢琴"，是放在记忆中的一件关于小王的事实；"那架钢琴是小王的"，是放在记忆中关于钢琴的事实。在一般情况下，人们总是把已知信息和框架作为主语，如果不合适，就会把动作的施事者或经验者当作主语。例如，"那架钢琴是小王参加钢琴大赛获得的奖品。"其中"那架钢琴"是已知信息和框架，作为句子的主语。如果句子行文要突出"小王"，例如"小王喜欢那架他参加钢琴大赛而获得的钢琴"，则要把施事者"小王"当作主语。

　　说话人决定了他所谈的东西的命题内容、言语行为、主题结构，然后找出一个合适的句子。比如，说话人已经做出下面的决定：

　　命题内容：弹（小王，钢琴）＝句子

　　言语行为：请告诉我句子是否属实。

　　主题结构：小王是主语和框架；"弹钢琴"是已知。

　　综合为句子："小王在弹钢琴吗？"或"是小王在弹钢琴吗？"

2. 句子成分计划

　　句子是由多个句子成分组合而成的。句子成分在句子中较多表现为词组。词组的内容是句子命题的一部分，而词组是由各种命题构成的。人们说话，先计划整个句子的骨架命题（也可称大命题），然后才是放进骨架的句子成分的命题（也可称小命题）。例如，已经计划好：（1）某人在什么地方购买什么；（2）"某人"作为主语和框架，"在什么地方"和"购买什么"作为已知信息；（3）就此内容提出一个肯定句。这是一个骨架命题。然后再计划句子成分命题；第一个"某人"计划为："我的邻居"；第二个"在什么地方"计划为"在百货公司"；第三个"什么"计划为：一架数码相机。于是这些个命题和计划就组合成为这样一个句子："我的邻居在百货公司购买了一架数码相机。"

在口语会话中,说话者并非一次就能把整个句子都计划和决定下来,但也不会是说出了一个词,然后再想另一个词。大多数的情况是有了骨架命题以后,再考虑和计划句子成分命题,把反映小命题的词组逐个填入骨架。

(三)话语执行

这个阶段的任务是把语言信息(即计划好的句子或句子成分)变为不断变化的肌肉活动型式,并调动发音器官,产生表达该信息的声音。有两个步骤:

1. 编制发音程序

在这个步骤中首先要规定语音的切分成分和它们的次序。计划好的句子和句子成分是个线性组合,在把它们用语音形式表达出来之前,先要对它们进行语音上的切分和处理,其次要规定其时间和节奏。即哪些音节在前,哪些音节在后,哪些音节可单念,哪些音节要连起来念,哪些地方要有间歇,哪些地方要有较长的停顿,哪些音节要重读和强调,发音的快慢速度怎样,等等。

2. 发音程序的执行

发音程序编制好以后,大脑会根据程序对语言产生机制发出指令,要求发音器官予以执行。这实际上就是把语言信息转化为不断变化的肌肉活动型式,从而调动发音器官,产生表达该信息的声音。语言产生机制包括三个机制:

(1)呼吸机制。负责提供言语产生的气流。

(2)喉部机制。负责将气流转化为声音。

(3)发音机制。包括口腔和鼻子,负责声音的塑造和形成。

第二节 口语教学难点的心理分析

汉语作为外语的口语学习,由于学习者受母语的影响和干扰,在用母语思维转换成汉语词语、汉语句子,以及汉语语音的心理过程中,存在着一定的困难和问题,主要表现在以下几个方面。

一、找不到表达意念的词语

外国学生开口说话,最无奈和懊恼的是:头脑里存有想法和意念,却找不到恰当与确切的汉语词语来表述。这是即使运用表情与体态这两种非语词的手段以济词语之穷,也无法弥补的。

(一)难点的具体表现

外国学生在回答教师提问或与同学交谈时,常常会发生中间卡壳的现象。他们或者对他人的说话和问话,表现茫然、毫无反应;或者皱眉、挠头、冥思苦索;或者增多无意义的音节,如嗯……,欧……;或者蹦出几个母语词汇来替代;或者只说了半句话,就再也说不下去了。凡此种种,会导致会话中断、交流失败。

(二)难点形成的心理分析

造成会话中断或说话卡壳的原因有三个方面:一是头脑的心理词典中没有可以应用的词语。外国学生学习和吸收汉语词汇是逐步的、累加的、渐进的。学习的初期,他们接触的汉语词语较少,长时记忆中积累的汉语词汇很有限,要把头脑中酝酿的意念用汉语词语表达出来比较困难,因为可供使用和选择的词语太少,说话难免结结巴巴。二是存有词语而搜检不出。说话时的一个话题,涉及的词语往往比较广泛,外国学生到了中级班,许多词语通过各门课程的教学,一个个贮存在学生的头脑记忆之中,经过学生自觉的加工,按词音、词形,特别是词义,排列成一张词语网络。在会话中,学生根据表达的需要,依照词音、词形或词义线索去寻找并提取有关的词语来组织话语。但这些词语不一定都同样活跃,有些词语虽然贮存进头脑,但因为长时间被搁置,冷落在某个角落,处于完全静止的状态,检索起来需花一定的时间;有些词语因检索的线索不太明确(如词音不清、词形不明、词义模糊),也难以激活和提取。这样,学生虽然有某些想法和意念,却苦于一时找不到合适的词语来表述而无暇顾及说话。例如,"谈城市交通",这是学生大多比较熟悉的话题,应该有许多话可说。但由于一时找不到如"拥挤"、"塞车"、"秩序"、"指挥"等词语,头脑中诸如"乘客拥挤"、"塞车严重"、"秩序井然"、"指挥繁忙"等意念,缺失重要的关键词语而无法表达。三是由母语词语转化为汉语词语不熟练。外国学生早期说汉语,常常是先用母语的词汇来进行话语计划,然后再转译成汉语词汇。由于转译不太熟练,或者转译过程中一时找不到对应的汉语词语,就会僵持在那个词语上,造成说话中断、卡壳或结巴的现象。

二、只有断续的单词,组不成句子

零散的单词必须按照一定的语法规则组织起来,才能表情达意。如果学过的词语不会应用在句子中间,或者语法和句式没掌握好,开口说话就比较困难了。

(一)难点的具体表现

外国学生在会话或回答教师提问时,常常用一两个词或几个词断断续续地表达自己的意思,比如头脑里有"积压物品需要廉价出售"这样的想法,表达时只断断续续地说出几个单词:"东西……很多……便宜……卖出";或者句子和单词夹杂在一起,勉强说出自己的想法,比如,"开个晚会……大家……感情……一起",别人也大致可猜出:"开个晚会吧,大家聚在一起可以联络感情。"虽然用这种方法也能进行一些交流,但只能表示简单的意思,而且还需要听话人去猜测和补充。至于稍微复杂一些的思想,用这样的话语,说话者无法达意,则听话者也无法理解。

(二)难点形成的心理分析

外国学生口语会话中的普遍问题是:有了词语但组织不成句子。句子是口语表达的基本单位,头脑里的命题(即意念和想法),必须组织成句子才能准确地传达出来。零散的单个词语,只能提供一个简单的信息,往往留下许多空白要听话人自行补充后才能得以理解。这样的交际犹如打哑谜,过于累人。因而口语的基本要求就是要把零散的、分离的单个词语按照语法规则串联和聚合起来,加上语气、语调、停顿等功能性的要素,通过口腔发而为声,让他人听后理解并撷取诸多信息。外国学生之所以提取出了词语却组不成句子,原因有二:

1. 掌握词语的熟悉程度尚不足以用来组合句子

汉语中级程度的外国学生,在说汉语时,按照自己头脑里所酝酿的思想和意念,进行话语计划,他们基本上能从心理词汇中搜索并提取出相关的词语,在工作记忆中加工组合成句子。但由于对这些词语的掌握程度不一:有的词掌握比较牢固,对它的词性、词义,以及跟其他词的搭配,都比较熟悉,能够应用自如;而有的词还比较生疏,对它的词性、词义,以及搭配关系,不是那么清楚,还不足以用来组合成句子。因此,在话语计划时,就比较犹豫,要反复斟酌。表现在说话中,词语从口中说出,却不知该如何接下去。例如"莫"这个词,学生只能应用在"莫名其妙"、"莫不"等词语之中,而不会应用在其他方面如"莫大的光荣"、"莫不如此"等场合,那么要表达"这对我来说是莫大的幸福"这个意思,即使从头脑中提取出"莫"这个词语,也难以为句。

2. 对汉语的语法规则和某些句式不熟练,未形成自动化

外国学生用汉语说话组织不成句子的另一个原因是,学生对于句式的掌握不熟练,不足以用来生成无限的句子。课本中的语法知识、教师的语法讲解为学生所接受,储存在头脑里的只是陈述性知识,即知识本身。而要用这些语法规则来生成句子,则要把陈述性知识转化为程序性知识,即把知识作为行动的向导,经过反复练习,掌握和运用这些知识。从习得过程来看,外语学习开始时可能比较缓慢,但等到概念和规则牢固获得,并能在新情境中熟练地执行,也就实现了自动化。

举例而言,假如外国学生只对某一个句式,如"我比他好"比较熟悉,而对"他不如我好"、"他不比我好"、"我没有他那么好"、"我跟他一样好"等句式只停留在能够理解,而不能自由运用的层面,那么在需要用比较句来谈论话题时,如"谈天气"、"谈服装"等,常常由于组织不起多样的句式而会影响说话。

三、话语中偏误较多

外国人说汉语难免会在用词上或句法上有些错误,但是如果偏误较多的话,就不能准确地表达自己的意思。这是口语教学中应该引起重视的。

(一)难点的具体表现

外国学生用汉语说话,有两种倾向:一种是大量使用简单句,回避稍微复杂的语句,常常把意思复杂一些的语句,分拆成若干简单句来表述。例如,"一位身穿花裙子的姑娘从马路对面横穿过来"这样的句子,外国学生会分拆成这么几个短句:"一位姑娘身穿花裙子"、"姑娘在马路对面"、"姑娘横穿马路"、"姑娘过来了"等,这样的表述,也能进行一些交流,就是过于啰嗦、拖沓,说者固然费劲,听者也并不省力。另一种是尽可能使用学过的词语和句式来说话,但是偏误较多:有的表现为句子不通(如,我从咖啡馆里会面她),有的表现为句子半通半不通（如，他说汉语比我说得很好），有的表现为句子合法不合理（如，我请朋友们到大剧场观察歌舞），有的表现为句子通而不得体（如，大家祝福老人们在节日里更加美丽活泼）等，听者对这些话，必须细加体察才能意会。

（二）难点形成的心理分析

在外语学习过程中，说话和写作出现一些偏误是很正常的事，语言心理学称之为中介语。中介语是一种自成体系的过渡性语言，是一种不断发展变化，逐步向目的语靠近的语言。尽管它已不同于母语的语法规则，跟标准的目的语语法规则也有一定的距离，但它是一种正在发展变化的心理语法规则，有交际功能。外国学生之间常可凭借这种中介语进行沟通和交流。从这个意义上说，外国学生在表达中的语言错误，反映了学习者在某个学习阶段的语言体系，是一种必然会出现的语言现象，无所谓"错"，也无所谓"对"。因为随着学习的深入，新知识和新规则不断注入中介语，学习者能够自觉地、主动地摆脱母语的干扰（即改正语际错误），并修正和改变原先未学好的目的语规则和结构（即改正语内错误），最后靠近目的语。外国学生，尤其是欧美学生，学习汉语的初级阶段，较多的是采取语际转移策略，即把母语语法规则迁移到汉语中来。因此，他们尽管其时所学到的汉语词语和语法规则还不多，但能借用母语的某些语法规则进行简单的表达。到中高级阶段，他们较多地采取语内转移策略，即"对外语的某些规律错误地推广使用"[1]。这是发生在目的语内部的负向转移现象。例如，动词"问"可带双宾语："问你一个问题"；而动词"打听"在某个意义上与"问"重合，因而外国学生把双宾语规律移用到"打听"中来："打听你一个人"。这看来是个错误，但是却向靠近目的语的目标跨出了一步。如果外国学生不去使用这样的"具有过渡性而又自成体系[2]"的中介语，那么新的词语和新的语法规则，始终只是一种陈述性知识，很难转化为程序性技能，学习的最高目标——逐步靠近目的语，也较难实现。

四、说话洋腔洋调

洋腔洋调是外国人学说汉语时的普遍现象，但是严重的洋腔洋调，会妨

---

① 王初明编著：《应用心理语言学》，湖南教育出版社1990年版，第79页。
② 同上注，第75页。

碍听话者的接收和理解。因此，口语教学必须重视学习者的语音和语气语调。

（一）难点的具体表现

外国学生说汉语，总是带着他母语的声腔，重音、语调和语气，跟汉语普通话有点格格不入，我们称之为洋腔洋调。特别是欧美学生，句子开头的音节和句子末尾的音节，不管是疑问句、感叹句，还是陈述句，大都念重音；对熟悉的词语，每每快速地连读，而对生疏的语词，连读起来速度放慢，节奏显得很不均匀。声调的把握，则更成问题，由于定的基调较低，高平调高不上去，降调声音下不来，升调上扬不明显，降升调声音拐不过弯来。这些都严重影响话语的表述。

（二）难点形成的心理分析

语音是语言的物质外壳。每种语言都有自己的语音系统，这是为语音的社会性质所决定的。比如汉语里送气、不送气能区别词义，英语不能；英语里清音、浊音能区别词义，汉语普通话不能。在语音组合上，汉语的 L 只在音节的开头出现（如 la 拉），英语的 L 既可以出现在音节开头（如 lamp 灯），也可以出现在音节末尾（如 tool 工具）；英语有几个辅音连用的结构，现代汉语没有。这些语音因素，儿童习得母语时都已深深地刻印在头脑之中，成为建立第二信号系统的重要成分。他们在计划话语、构建语句和执行话语时很自然地、习惯地把母语的语音因素编制成发音程序而指令口腔肌肉发出语言声音。外国学生学习汉语，是在原有的第二信号系统基础上构建另一个第二信号系统，当然必须掌握第二个信号系统的物质外壳——语音。原有的语音系统是熟知的、自动化了的，新的语音系统是刚学的、不熟练的。因而，在编制发音程序时，原有的语音系统必然会干扰、渗入新的语音系统，比如欧美学生原有语言中的重音，不时地影响着他们说汉语的声调和与语调，于是就出现了洋腔洋调的现象。

第三节　口语能力的培养

从以上口语表达的难点分析，外国学生口语能力的强弱和高低，跟口语特点的遵循、目的语语言的掌握、母语与目的语的转换等因素有直接的关系，因此口语能力的培养，必须致力于以下这几个方面。

一、口语特点的遵循

口语的特点，一个是它由三种话语，即承接性话语、功能性话语和叙述性话语构成，要注意它们之间的配搭和协调；另一个是会话为双方（或多方）相互进行，要重视和贯彻合作原则。

（一）三种话语的配搭和协调

口语有其不同于阅读和听力的特点，这是由口语产生的心理机制和心理过程所决定的。口语会话包含了承接性话语、功能性话语和叙述性话语，训练的重点则应当放在这几种话语的配搭和协调上。因为这三种话语，无论哪种，都是人脑根据说话的环境和条件，由命题经过词语、句式的选择组合起来，再转化成语音串传递给口腔肌肉，发而为口语的。所以口语能力的培养和提高，训练重点可以放在以下几方面：

1. 同一命题的不同功能

同一个命题由于说话者的期望和意图不一样，就要选择不同的功能性言语行为。例如，有这样一个命题——飞机，坐，去。根据不同的意愿，可以说成：

——坐飞机去吧。　　　　（提议）

——可以坐飞机去。　　　　（同意）

——必须坐飞机去！　　　　（命令）

——能坐飞机去吗？　　　　（申请）

2. 同一命题的不同表达

同一个命题由于说话者所处的环境和条件不一样，其表达方式也会有所差异。例如，有这样一个命题——飞机，北京，坐，去。根据不同的情况，可以说成：

——坐飞机去北京吧！　　　　（直接）

——要不要坐飞机去北京？　　　　（间接）

——坐火车去北京可能赶不上开会！　　（暗示）

——咱们怎么去北京呢？　　　　（启发）

3. 相邻对子的配搭

一个人对另一个人说话,而另一个人回话,就组成了对话。这样的对话,常由承接性话语和功能性话语搭配而成,心理学称之为相邻对子。这些对子类型很多,有着不同的功能,如问答、打招呼、建议和反应、断言和认可、表扬和反应、请求和承诺等。这些对子不但有协调作用,而且还有各自的目的,问句是为了提取信息,打招呼是为了保持接触,等等①。这些对子还可以组合到更大的单位里,或者由几个相邻对子配搭、组合成一段对话,完成更全面的目标。例如:

> 待会儿上车,请帮我提一下这辆婴儿车好吗?(请求)
> 行,没问题。 (承诺)

> 您真周到! (表扬)
> 哪里,举手之劳嘛。 (反应)

> 太谢谢您啦! (感谢)
> 没什么,不用客气。 (答谢)

4. 叙述性话语的插入

叙述性话语的内容大多比较复杂。口语训练,不仅仅在于叙述性话语的具体内容,还在于叙述性话语的形式。除了将整句分拆为几个小句、几个散句合并为一个整句,以及各种句式的转换训练,还要抓住话题(即主语、框架)与展开(即谓语、嵌入)。例如,有关"饮茶"的对话,就可能有"茶的种类、茶的包装、茶的品尝、茶的作用"等话题作为会话的框架,与这些话题相应,说话者就要列举茶的产地和品种,介绍茶的各种包装和保藏的方法,述说不同种类茶的滋味,说明饮茶的种种好处等等作为会话的具体内容而嵌入。可见,叙述性话语常常随着话题的深入而展开,随着话题的变换而转移。它的话语计划只能是部分的,必须随着对方的思路做出相应的调整。所以灵活性、多变性、协调性始终是叙述性话语的训练重心②。

(二)重视和贯彻合作原则

口语训练及能力的培养,要重视和贯彻合作原则。这里说的合作是指会话要考虑对方的知识水平、接受信息的能力和所处的社会语境。谈话内容超

---

① 桂诗春编著:《实验心理语言学纲要》,湖南教育出版社1991年版,第423页。
② 徐子亮:《汉语作为外语的口语教学新议》,《世界汉语教学》2002年第4期。

越对方的知识范围,就难以交流;单位时间传递的信息过多,接收就容易打折扣;涉及的话语不符合对方的社会语境,则也难以互相沟通。这里说的协调是要呼应对方的话头和话题。回话要顺应和切合对方的话头,或表态,或认可,或承诺,或道歉等等;交谈必须随着对方话题的变化而展开,而深化,而转移,不能各谈各的,互不相关。口语课常常会遇到这样的情况,教师想组织学生就某一话题进行讨论,但就是开展不起来,其中就隐含着这样几种原因:或是学生的汉语水平有限、语言能力的不够,或是学生对这方面的内容根本不了解(如京剧、中国电影等),或是文化背景的差异;即便学生具备了前面几个基本条件,但对讨论这个话题毫无兴趣,等等。这些原因都会妨碍会话的合作原则的实现和贯彻,从而导致讨论或会话的失败①。这是进行口语训练所应当注意避免的。

二、目的语语言的掌握

要说好汉语口语,必须在汉语发音、词语提取和句子生成三个方面下大功夫。

(一)熟练拼读和发准汉语语音

口语要把头脑中构建的话语发而为声,音准是基本而又必要的条件。外国学生的洋腔洋调妨碍和影响着与他人的交流和会话的成功。因而,对于外国人学汉语,一开始就要注意和重视他们的汉语语音训练:不断指导与提高他们审音、辨音的能力;不断纠正与强化他们的发音和声调,避免他们把母语中的发音习惯和重音等因素带进汉语语音。平时要多朗读汉语、多收听标准普通话的广播,在实践中培养与提高外国学生熟练发出汉语标准音的能力与技巧。

(二)构建汉语词语网络

外国学生的汉语口语表达,很大程度上决定于汉语词语的选择。头脑里形成的意念和命题(很可能是用母语思维的),要选择并提取心理词典中的汉语词语来加以组织和表述,这就需要构建选择和提取都比较容易和方便的汉语词语网络。外国学生心理词汇的积累是各门课程的共同之力,口语课与其

① 徐子亮:《汉语作为外语的口语教学新议》,《世界汉语教学》2002年第4期。

他课程一样有责任帮助和指导学生构建词语的词义网络。例如把有关"集中"一词的同义词(如汇集、汇合、聚集、集合等)、反义词(如分散、分离、离析、离散等)、同类词(如综合、归纳、总结、归拢等)、相关词(如聚会、集会、收集、凝合、凝聚、中心等)归拢和串联在一起,再跟别的词语群(如"集"词群、"汇"词群、"合"词群、"聚"词群等)连接起来形成纵横交错的一张网。这样,学生就能较快地把有关词语从网络中提取出来,进行会话的准备。比如谈老同学聚会,学生构成了词义网络,就有条件从"聚会"一词激活词语"集中",并扩散到其他有关词语,如"聚集、会合、分散、凝聚"等,他们的头脑里就可以组织成"分散多年的老同学"、"从各地集中到市中心"、"大家在广场会合"、"大家的心都凝聚在一起"等话语。词语的顺利提取,为组合句子提供了有利条件,会话就能正常进行。

有时候,教师在开展某个话题的讨论之前,可以提出一些跟话题有关的词语供学生选择和组织话语,避免学生因匆忙间搜检、提取不出词语而影响话语的组织和形成。较多地使用这种训练方式,所提供的词语在学生的头脑中处于活跃状态,遇到相同的话题和情景,就能脱口而出。即使是遇到不同的话题和情景,也能迁移过来加以应用。

(三)有效地把陈述性知识转化为程序性知识

话语产生的几个阶段中最为重要的是话语的建构。它需要学习者把陈述性知识转化为程序性知识。也就是说,要依据陈述性知识的提示,将其化为一系列的产生句子的程序,认知心理学叫做产生式,学习者凭此生成有关的句子。对外汉语教学的课程,如阅读课、听力课、报刊课等,其间所涉及的词语和语法等等,在相当程度上都属于陈述性知识的学习,在阅读和翻译时可以发挥其作用,但它不能直接产生句子或话语,只有通过课堂训练和课外实践,促使这些知识转变成为产生式(即程序性知识),它才能生成句子和话语。例如,西方人学习汉语的程度补语,知道它的定义是:程度补语是在动词或形容词后面补充说明所达到的程度的成分,一般由形容词或形容词词组充当。这时候,这条语法规则对学习者来说,还属于陈述性知识,不能直接产生句子。那就需要把它变成一系列的产生程序:

带程度补语的句子一般是:主语+谓语+得+补语

而且,其中的谓语是动词或形容词

所以,句子应是:主语+动词(或形容词)+得+补语

而且，其中的补语是形容词(形容词词组)

　　所以，句子应是：主语＋动词(或形容词)＋得＋形容词(形容词词组)

　　学习者如果把有关程度补语的陈述性知识化为上述的系列性的产生程序，他就只要选定词语、确定其词性，填进相关的位置，就能根据需要生成带程度补语的句子。如选定"他家"作为主语，选定动词"布置"作为动词谓语，选定"很漂亮"作为形容词词组，最后就推导出了："他家布置得很漂亮"这样一个带程度补语的句子。按照这个道理，人们说出的每一句话，都得从有关句型的系列性产生式，经过一步一步的推导，才得以产生合适的语句。这样，说话的速度会相当迟缓。但事实上我们平时说话，一口气可能要说好几句话，而且常常是脱口而出，似乎不费什么力气。这完全是平时大量的语言训练和语言实践的结果，经过多次的反复学说、模仿并应用该类词语和句式，学到的语言知识，已从定义或概念自动地化为程序性的系列产生式，学习者可以依此生出无数同类型的句子。也就是说，训练和实践具体化、程序化了课堂教学所接收的语言知识。最后，留在学习者头脑里的已不是抽象的一些句子成分的先后排列顺序的公式，而是由许多例句诸如"生活过得很好"、"汗出得多极了"、"昨天我们玩儿得很开心"、"孩子们的脸冻得通红通红的"……聚合、归结而成的模式。换言之，头脑中的每一个句式里面都包含着许多个相当熟悉的例句，句子公式和例句紧密相连为一体。一旦学习者因说话需要，激活了某个句式，同时也就激活扩散到这些个例句，它们一个个跃跃而出，学习者只要稍加替换和改造就能造出符合当时语境的句子[1]。

三、母语与目的语的转换

　　口语能力的培养必须注重两种语言的转换。口语的产生和目的语口语的培养有一定的差异。在一个比较长的学习时期内，目的语口语的产生需要两次转换：(1)说话者的说话意图(即心理语码)──选择母语词语和句式来思维表达；(2)母语语句──选择与母语语句相对应的目的语词语和句式来表达。因此，加速两种语言的转换过程是培养口语能力的任务之一。要实现两种语言的转换，必须重视训练的内容。口语训练的内容或选题除了考虑到实用性、交际性以外，还必须重视内容本身对两种语言转换的影响。例如在

---

[1] 徐子亮：《语言实践在口语自动化中的作用》，《对外汉语论丛(第二集)》上海外语教育出版社2002年版，第133页。

学习的初级阶段，"购物"是最常见的话题，因为在日常生活中购物是发生率很高的行为。安排这一话题既符合实用性原则，也符合交际性原则，因为到商店购物必定要与对方交谈。一般购物不外乎两类话语：一类是提问，"你要什么？"、"哪一种好？"、"有……吗？"等等；另一类是数字和钱币的说法。初级阶段控制在这两类表达方式之内是符合学生的两种语言的转换水平和能力的。至于介绍商品或询问商品的质量、商品使用等话语，不宜过早出现，因为这类内容已超越了学习者的语言转换能力。由此可见，口语内容或话题的安排要以学生的语言转换能力为前提。在此基础上，通过循序渐进的训练，逐步提高两种语言转换的难度和速度①。

本 章 小 结

语言的输入和输出关系极为密切，语言输入是生成话语和输出话语的先决条件。

口语产生的过程一般要经历三个阶段：话语计划、话语构建和话语执行。话语计划要考虑说话类别（独白还是会话），说话内容（承接性话语、功能性话语和叙述性话语的配合），说话次序（话题的提出、扩展或转换、结束的组织）；话语构建要考虑句子计划（即命题内容、言外内容和主题结构的安排），句子成分计划（即词组和句式的选择）；话语执行要考虑发音程序的编制和发音程序的执行。把握口语生成的心理机制，能有效地把思想和命题构建成汉语语句并通过口腔用汉语拼音表述出来。

汉语作为外语的口语教学，由于受母语的影响和干扰，存在着词不达意、语句有偏误、洋腔洋调等难点，这些难点的出现有其一定的心理成因。教学中必须遵循口语的特点，掌握好汉语的发音和语句的生成，注重母语与汉语的熟练转换等，藉此培养和提高口语的能力。

知 识 运 用

1. 交际会话获得成功，可能是哪些语言或心理因素起的作用？交际会话失败，可能是哪些语言或心理因素造成的？

2. 分析一篇口语材料的话语，看看哪些是承接性话语，哪些是功能性话语，哪些是叙述性话语。

---

① 徐子亮：《汉语作为外语的口语教学新议》，《世界汉语教学》2002年第4期。

3. 分析一篇口语材料的结构,指出哪里是提出话题,哪里是转换话题,哪里是展开话题,哪是结束话题。

研 究 热 点

外国学生说汉语,较多的是用母语思维,然后转换成汉语语句。试记录一段外国学生的汉语对话,分析其中母语的影响和痕迹。并探讨一下如何帮助他们克服语言转换的困难。

对外汉语教学心理学

第七章　对外汉语阅读教学的心理分析

听和读都是语言信息的接收和理解。听是通过听觉将语音符号编码、加工、转换成有意义的信息；读是通过视觉将文字符号编码、加工、转换成有意义的信息。由于接收的符号信息不同，其认知的心理活动和心理过程也有一定的差异。

阅读理解不是简单的加法，即不是将句子中的词语意义一一相加而获取整个句子的意义。人们对阅读的句子和句群的理解，往往超过所有词语意义的总和。这是因为作者通过简练的文字所传达的想法和意图，到了读者那里，常常会将个人的感受渗入和补充进去，由于个人的经验、知识和环境的不同，理解也就有了深浅。

外国学生，特别是欧美学生，他们阅读汉语材料的最大难点是方块汉字的识记。对于熟悉线性拼音文字的西方人来说，认读立体形的方块汉字确有一定的难度。这在相当程度上，影响和妨碍了阅读的速度和质量。

研究和揭示阅读的心理过程和规律，掌握对外汉语阅读教学的特点和难点，是迅速提高学习者阅读理解水平的重要途径。

第一节　阅读的心理机制

阅读是一种高级的认知技能，阅读理解的过程涉及符号系统、译码和语言结构三个因素和环节。

一、阅读的概念

阅读是指从文字符号中提取信息的过程。具体说来，是人们通过视觉器官接收文字符号的信息，经过大脑的编码加工，从而理解课文或语料的意义。因此，可以说，阅读是一个读者和作者的认知和言语交际的过程，是极为复杂的生理、心理过程，也是一种高级复杂的认知技能。

阅读的过程，简而言之是对语言信息的理解过程。在这个过程中，语言符号、译码和语言结构是主要的因素和环节[①]。

（一）符号系统

语言符号（即文字）在阅读中起着作者和读者相互交际的重要作用。作者通过语言符号来表述自己的观念，以刺激读者进行感知和理解，读者通过视觉系统对文字符号进行辨认和反应，不断对其中所蕴含的信息进行揭示和理解。

不同的文字系统对视觉感知有着一定的影响。由于文字有表意文字和表音文字两种，人们对这两种文字的感知也自然会有所不同。比如汉字属于表意文字，尽管形声字也有表音的成分，但表音的声旁本身仍然有着表意的属性，声旁本身并无音标可资念读。因而，感觉汉字的字形虽然可以产生意义的联想，但由于它只表意而不表音，不易读出字音；而且字形结构复杂，笔画繁复，不易识记。这些因素给对外汉语阅读教学出了难题。表音文字的特点是运用少量的字母来拼写语言中所有的词，而且是表音的。只要掌握了字母的拼写和发音规则，就能把语言记下来。也就是说，表音文字的词形与词音基本上是一体化的。这就为阅读理解打开了大门。正因为拼音文字具有易学和易读的许多优点，所以习惯于拼音文字的欧美人感知汉字会觉得特别困难。

（二）译码

译码是一个理解过程，也就是将文字符号意义化。而这意义化的过程，实际上是读者将语言符号跟自己的知识、经验联系起来加以思考、判断、证明、修正或猜测的过程[②]。例如，唐代诗人李白的《静夜思》：

床前明月光，疑是地上霜。举头望明月，低头思故乡。

李白给予读者的只是一个个方块汉字，它们不过是语言符号，但诗人正是通

---

① 朱纯编著：《外语教学心理学》，上海外语教育出版社1994年版，第283页。

② 同上注，第284页。

过这些语言符号向读者传递了某些信息。它刺激读者凭借自己的知识和经验来联想和挖掘其中的意义、情景和情感，从而得以理解和体会。离开了读者的知识和想象，那么语言符号所代表的意义就变得有限得很，比如开头两句的语言符号，"床"只代表"睡觉用的榻"，"明月"只代表"天上的月亮"，"光"只代表"亮光"，"疑"只代表"觉得有问题"，"地上"只代表"站立的地方"，"霜"只代表"白色的结晶体"等等，而读者之所以能够体会到诗人夜不成寐，望着月亮感叹自己漂泊在外乡又过了一个秋天的心情，完全是读者根据自己的知识和经验对看得见的语言符号进行感知、思考、联想、想象、补充的结果。可见读者所具备的同材料相关的知识和经验是译码的基础。这种相关的知识和经验越丰富，理解也越深刻和完善。一个有着外出经验的人跟一个从未到过外地的人，他们阅读体会这首诗，对家乡的思念之情，其深度完全不同。

人们通过阅读能获得更多的知识和经验，而丰富的知识和经验又有利于更有效地阅读。由此循环往复，阅读水平将随之提高，知识、经验也将日益丰富。

（三）语言结构

作者应用语言符号并非杂乱地任意堆砌，而是按照语言结构有序地组织起来的。读者对由语言符号组成的句子和语句的理解，多数情况并非是逐字逐词地去咀嚼，而是把它们视为一个整体，根据句法特点，透过字面的表层去挖掘、揭示和理解其深层意义。

读者在处理语料信息过程中，同时使用文字、语义和句法三种信息来源。比如阅读"新鲜空气对健康是必要的"这个句子。首先感觉的是这些文字信息，辨认和识记它们的形体；其次，注意并知觉其语义信息，即每个词语的意义，以及由此联想到的知识和经验信息，例如由上述的句子词语联想到"在野外或花园里锻炼身体，呼吸新鲜空气"；再次，注意句子的句法信息，即结构、次序和句型所提供的语法意义，例如上述句子中的"是……的"句型和介词"对"所指示的某个方面，凭借这些语法线索就能准确地理解这个句子所蕴含的意义：新鲜空气肯定是要的；尤其是对人的健康。

语言结构是语言因素的排列规则。掌握这些规则，对阅读有着重要的意义。一则因为句法结构可为语义联想提供线索和方法指导，诸如语法、词序、句型、语调等等都能影响对某种语言信息的理解[①]。比如"新鲜空气对健康是

---

① 朱纯编著：《外语教学心理学》，上海外语教育出版社 1994 年版，第 285 页。

必要的"和"要健康有必要呼吸新鲜空气",两个句子中所提供的文字、单词、语义信息相差无几,但因为语言结构的变化,读者对这两句话的联想和理解,其重心和意义也会有所差异:前者侧重于客观条件;后者偏重于主观行动。二则语言结构的熟练掌握,能减少对文字、单词那种表层的区别性特征的依赖,而直接深入到语句的深层结构,进行边读边预测①。比如"早晨的空气最新鲜"这种形容词谓语句,它能提供有关某事某物的性状线索;"黑烟把新鲜空气污染了"这种"把"字句,它能提供对某事某物进行处置的线索;"新鲜空气被污染了"这种"被"字句,它能提供某事某物遭受不测的线索,等等。这些语言结构都能作为理解的指针,预测句子的意义,把阅读引向深层。

二、阅读过程的模型

阅读过程中存在两类信息,一类为直接从字(或字母)或单词的视觉完形中得到的知识信息,称为视觉信息;另一类是由读者对单词或词组在头脑中已有的知识经验所提供的高级信息,称为非视觉信息。非视觉信息包括人们关于语言的知识、关于研究对象的知识和怎样进行阅读的知识等②。人们在阅读过程中对视觉信息和非视觉信息的不同配合和应用,就产生了三种阅读模型。

(一)"自下而上"阅读模型

如果阅读只限于从字(或字母)或单词中获取信息,逐步转换并发展到高一级和更高一级的加工,如词组加工、句子加工,直至语义的加工,从而得以理解材料的意义,每一级的加工不受上一级加工的影响(即词组加工不受句子加工的影响,句子加工不受语篇加工的影响),这就是认知心理学所说的"自下而上"阅读模型③。学习汉语的外国学生,当其在初级阶段,由于对用汉语阅读的语言知识和阅读经验的缺乏,他们一般只能采用"自下而上"的模型来阅读较为简单而短小的文字材料,其阅读过程往往是由单词信息相加为词组意义,由词组信息相加为句子意义,由句子信息相加为句群意义。例如,阅读"春节放爆竹的意思是赶走旧年,迎接新年"。读者把"春节"、"放"、"爆竹"

对外汉语教学心理学

---

① 朱纯编著:《外语教学心理学》,上海外语教育出版社1994年版,第285页。

② 彭聃龄主编:《语言心理学》,北京师范大学出版社1991年版,第304页。

③ 同上注。

等词语信息相加为词组意义，又进而把"春节放爆竹"这个词组与"意思"相加为更大的词组意义，再跟后面的词组"赶走—旧年"、"迎接—新年"相加为句子意义。就这样自下而上地由信息叠加而理解语料的意义。

(二)"自上而下"阅读模型

如果阅读主要利用语言知识和有关经验对课文进行加工，即凭借非视觉信息，并从知觉中选择最少的(即重要的、关键的)语言线索，对阅读材料做出预期，并在继续进行的阅读中证实这种预期和猜测，从而得以理解文字材料的意义。也就是说，阅读过程并非是一个精确知觉的过程和自下而上的系列加工过程，而是一个选择的过程和预期的过程。这就是认知心理学所说的"自上而下"阅读模型[1]。学习汉语的外国学生，当其在高级阶段，积累了相当的、甚至丰富的汉语知识和阅读经验，他们的阅读往往运用这种模型。例如，外国学生快速阅读一段汉语文字材料，不可能逐字、逐词、逐句地细致而精确地去推敲，常常是选择其中的重要而关键的语句，做出预期和判断，在后续材料中得到证实，并继续往下阅读。人们所说的浏览和扫读，比如看报、翻检词典等，运用的就是这种"自上而下"的阅读模型。

(三)"相互作用"模型

实际上，人们在阅读过程中运用得较多的是上述两种模型的结合，即"自下而上"和"自上而下"相互结合和相互作用，认知心理学称为"相互作用"的模型。无论是"自下而上"还是"自上而下"加工，都只是把加工结果传递给下一个阶段，其信息传递只有一个方向。而相互作用模型，信息的传递是双向的。也就是说，这种阅读信息的汇总，有视觉的加工和认知的加工。视觉加工需要文字的视觉信息，认知加工需要非视觉信息。两者相互传递和相互作用，对阅读语料做出正确的解释。如图 7 - 1[2]：

头脑的认知加工(即图形综合器)，有四个储存库：表音法知识(即字母组合的读音知识)、构词法知识(即词语的内部组合知识)、句法知识(即语法知识)、语义学知识(即指语境意义对阅读理解的作用)。这些知识库能对输入的信息不断地扫描，进行着两方面的加工：一方面对视觉扫到的信息(如文

---

① 彭聃龄主编：《语言心理学》，北京师范大学出版社 1991 年版，第 306 页。

② 同上注，第 310 页。

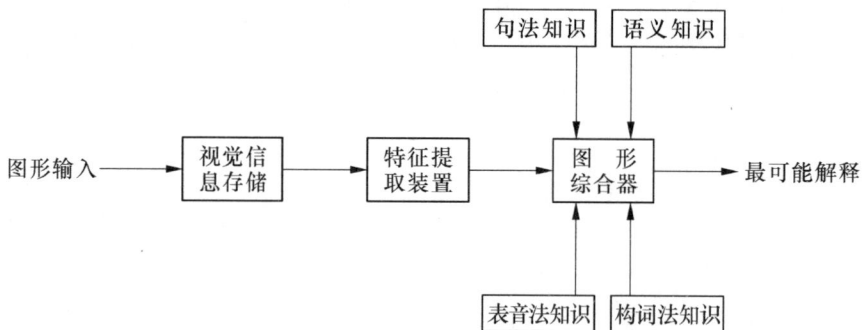

图 7 - 1　相互作用模型

字、单词、词组、句子等),从低级阶段到高级阶段进行加工,依次经过表音法知识、构词法知识、句法知识和语义学知识的解释和补充,最后达到理解;另一方面,信息加工从另一个方向下来,即由高级阶段到低级阶段进行加工,读者在阅读过程中,根据已有的背景知识和语言知识,对视觉扫到的信息提出初步假设,用语义学知识进行证实,然后再作句法知识分析、构词法知识分析和表音法知识分析,以便对假设进行肯定或否定。因此,每一阶段的知识分析不仅来自更高一级的分析,也依赖于低一级的分析。如果低级阶段和高级阶段的信息加工吻合,就产生正确的理解;不然,就要重新修改或建立假设,直至两种信息加工相吻合为止①。例如,阅读古诗《春晓》:"春眠不觉晓,处处闻啼鸟。夜来风雨声,花落知多少?"头脑的知识库对视觉接收到的信息,从表音、构词、句法和语义等知识角度依次进行加工,从小单位到大单位,从低级到高级地去解释和理解。而另一方面,又对初步接收到的信息从高级阶段着眼提出假设:第一句的字面意思(即视觉的低级加工)为"春天好眠",语篇认知(即非视觉的高级加工)是写"不觉";第二句的字面意思为"闻鸟啼而醒",语篇认知是写"觉";第三句的字面意思为"睡梦中隐约听见风雨的声音",语篇认知是写"不觉中之觉";第四句的字面意思为"不知有多少落花",语篇认知是写"觉中之不觉"。从表音—构词—句法—语义的"自下而上"的加工,同时又从语义—句法—构词—表音的"自上而下"的加工分析,证实并肯定这些个假设是合理的。也就是说,读者阅读时,从低到高和从高到低的加工完全吻合,因而理解正确。

---

① 彭聃龄主编:《语言心理学》,北京师范大学出版社 1991 年版,第 311 页。

第二节　阅读教学难点的心理分析

阅读必须有视觉的信息和非视觉的信息两者的相互作用，才能对语料有正确的解释和理解。缺少视觉信息，阅读失去了凭借和依赖，无从进行；缺少非视觉信息，阅读对文字信息的处理只能局限在表层水平，无法深入理解。而视觉信息与非视觉信息的圆满结合是有个过程的，在阅读教学的初期不可避免地会碰到结合上的一些难点，这些难点正是阅读教学所要解决的任务。

一、识记汉字的畏难情绪

识记和积累汉字是汉语阅读的基础，但是熟悉拼音文字的欧美学生，往往视识记方块汉字为畏途，因而在阅读方面的进展很有限。这是阅读教学首先要解决的任务。

（一）难点的表现

欧美学生学习汉语的普遍问题是害怕学习方块汉字。他们觉得方块汉字像一幅幅图画，笔画复杂多变，似乎毫无规律可循，面对一个个汉字简直不知如何下手。有些学生宁可放弃汉字学习，只求能听懂会说。因此，口语课上学生们学习积极性无比高涨，而一到阅读课，情绪就会一落千丈。结果，有的欧美学生就此成为汉字盲，上课只能依靠汉语拼音。这样，由于缺少汉字的视觉信息，不仅阅读课上不去，而且也影响到听力和口语的继续深造和提高。

（二）形成难点的心理分析

欧美人学习汉字的畏难情绪，来自汉字的特点所给他们带来的心理障碍。

1. 拼音文字与方块汉字在感知方面的差异

欧美人习惯于认读由字母线性排列组合而成的拼音文字，它们的词形和读音比较统一，只要将其与某种概念和意义联系上，就算是完成了字词的识记任务。他们听到读音，就能在头脑中显现出词形（如果需要，就能写出词形），并联想起有关的概念和意义；他们看到词形，就能在头脑中浮现出词的读音,同样可联想起概念和意义;反之,他们的头脑中只要存现某种概念和意义,其相应的词音及词形会较快地闪现出来。因此欧美的小学生,其识字教学一般在三年级即可完成。而方块汉字完全不同于拼音文字(虽然它的任何读音都可用汉语拼音方案表现和记录出来,但这只是个注音的拐棍,不是具有区别特征的文字),它不用字母组合,而是用点和线条(包括横、竖、折、撇、捺等)纵横交叉地架构而成。且不说辨认和书写字形比较困难,就是要读出它的音,也是难上加难,因为从字形上很少有发音的线索可资凭借,它们的读音完全是从外部附加上去的。即使所谓的形声字,其声旁也是一个方块汉字,其所标志的读音也需要外加上去。欧美学生勉强记住了一个汉字的形和音,还要跟某个概念或意义相联系,至此,才算是完成了一个汉字的识记任务。尽管汉字是表意的文字,似乎从外形就能捉摸和猜测出它所代表的意义来,但对刚接触汉字的欧美学生来说,要从汉字的外形跟他母语中相对应的词语概念联系和协调起来,是有相当难度的。由此可见,识记一个方块汉字的形、音、义,比识记一个拼音词语要复杂得多。拼音文字只是自左向右的线性感知,而且词音也已包含和显现其中,而方块汉字则要上下左右的立体感知,而且字音必须另外附加上去。因此,即使是中国儿童,其识字教育大致要到小学五、六年级才得以完成。可见汉字对识记带来的麻烦和难度,更何况要变换认读习惯去适应汉字特点的欧美的成年学生呢!

2. 拼音文字与方块汉字在字、词形式上的不统一

拼音文字由二十多个有限的字母组合而成无限的词,再长的词,意义再复杂的词,也是这些字母的有序的排列组合,欧美人学习和感觉这些词自然而方便。因为他们可将声音码(词语的读音)与空间码(词语字母的线性排列)结合起来进行有效的识记。方块汉字没有对应于拼音文字的字母,如果一定要找出其对应的东西,则是各种各样的点和线条。这对欧美人来说已经感到不自然和不习惯。因为方块汉字的读音从字本身来说无从编码,需要外加上去;方块汉字的形,点和线左右上下地交错架构,编制空间码比较复杂,难以驾驭。而且由于汉语的发展,一个方块汉字可能是一个词(如人、手、牛、羊等),也可能是一个词素,需要两个或几个汉字合成一个词。例如,天空、饮料、社会主义等,而在英语中都只是一个词:sky, drink, socialism,这又为欧美人学习汉字增加了一道障碍:好不容易识记了一个汉字,却还要识记另外的汉字,方能接触和接受一个真正的汉语词语。大脑接受一个汉语词语的识记量比识记拼音文字的量超出好几倍,这就难怪欧美学生把学习汉字视为

畏途。

二、切分频频出错，影响阅读速度和理解

书面上汉字的排列和间隔都是等距离的。一串文字中，哪些是单音节词，哪些是双音节词，哪些是多音节词，要求阅读者自行切割和离析。如果切分不正确，错误多，句子意思讲不通，势必要进行再次或多次的切分，这就会影响阅读的速度和理解。

（一）难点的表现

外国学生处于初级汉语阅读阶段，主要走由字而词、由词而句的意义加合的道路，因而，句子词语的切分，显得十分重要。切分正确，对句意的理解比较正确；切分有错，对句意的理解就有偏误。而外国学生在阅读过程中，切分出错的情况不在少数。阅读能力强的，切分也会有错；阅读能力弱的，切分频频出错。他们常常把该与后面词素相结合的字，切到了前面；把该与前面的词素相结合的字，切到了后面。比如"一幅画卷挂在墙上"，切成了"一幅画/卷挂/在墙上"，把其中的"画卷"词语一切为二。一半切到前面，构成词组"一幅画"；一半切到后面，与"挂"合成"卷挂"。而"卷挂"是个不合情理的生造词语。这就造成了理解上的障碍。这种情况，在阅读的初始阶段固然出现较多，即使到中级阶段，也会有诸如此类的错误产生。

（二）形成难点的心理分析

阅读中的切分错误，有心理方面的问题，也有语言方面的问题。

1. 视觉感知上的不适应

母语为拼音文字的外国学生，较难适应对汉字与词语的感知。因为拼音文字的词语与词语之间，无论是印刷体，还是手写体，都有一定的间隔距离，一眼就能看清；而汉语的字，不管是词还是词素，间隔距离完全等同，仅凭视觉的扫描，并不能分清哪个是词，哪个是词素，必须调动头脑中的心理词汇来判断和辨别哪个字是独立的词（如"我想去澡堂子洗澡"中的"我"、"想"、"去"），哪两个（或几个）字合成一个词（如"我想去澡堂子洗澡"中的"澡堂子"、"洗澡"）。这比阅读拼音文字材料复杂得多。拼音文字从形到音、义基本上可以直通，中间不用"拐弯"，阅读比较顺当；而方块汉字，字、词需要区别，读音需要外加，意义需要回忆（因为切分不同，意义各异），阅读时，中间要

转几个弯,既影响速度,又妨碍理解。

2. 心理词典贮存的词语不足或编码不充分

眼睛扫视和感知的汉字,必须在心理词典中找到相应的词语,才能进行切分和理解。这里有两种情况:一种情况是贮存于心理词典中的词汇量不足,视觉所感知的文字,无法在心理词典中找到与之匹配的词语,也就是说,读者不认识这些词语,于是阅读就处于停顿状态;或者因为切错了词语,本来应该是个熟悉的词,却变成了一个陌生词语,比如"一幅画卷挂在墙上",原本都是熟词语,但由于把"画卷"分切开来了,后面的词语成了"卷挂",阅读也因此卡了壳。另一种情况是所贮存的词语编码不充分,较难从心理词典中提取有关词语。认知心理学认为阅读中存在着词语的双通道选择:或以语音形式转录到心理词典,或以外形直达心理词典①。这在汉语中尤为明显。有时光凭字形尚不足以唤醒意义,则通过诵读从语音上也许能较快地联系上有关意义。外国学生在默读过程中常会出声诵读一个词语,就是想利用语音形式来回忆其意义。但是由于学习和积累某些词语时,三方面的编码可能有所欠缺,形、音、义的联系不是很紧密,词语双通道选择,从音到心理词典的通道被堵塞,只剩下从形"直达"心理词典一条通道,如果此路也不通的话,那就走不过去了。

3. 语法结构不熟悉

切分的正确与否,跟语法结构的熟悉度有关。如果对语法结构较为熟悉,从结构着眼,也能随时修正错误的切分。汉语的语法结构包括词法和句法两种。词法是合成词的内部结构(即构词法知识),句法是词组内部结构和句子内部结构(即句法知识),它们涉及头脑认知加工的两个主要储存库。由于汉语的词、词组、句子的内部结构采用的是一贯制,即无论是词、词组还是句子,都是由联合式、主谓式、动宾式、附心式、动补式等方式构结起来的②。这种结构的一贯制,有利于外国学生熟悉和掌握汉语语法结构。因为人们对于规律性强的东西,大脑总是比较容易接收和记忆,同时也比较容易形成和建立这方面的语感,并且也比较容易吸收和积累组块。它们对于阅读中的切分和理解,有着重要的作用。正确的切分,不会违背其内部结构;要是切分的结果,有的讲得通,有的讲不通,那么肯定有地方切得不当,分得不妥。例如

---

① 彭聃龄主编:《语言心理学》,北京师范大学出版社1991年版,第297页。

② 张志公主编:《现代汉语(中册)》,人民教育出版社1982年版,第38—40页。

"我们甩开手臂,迈开脚步行走在广阔的大道上",如果切分为"我们甩开手臂,/迈开脚步行/走在广阔的大道上",就有不合语法结构的地方:"走在广阔的大道上"似乎成立,但"迈开脚步行"就很勉强了,而以错误的切分来连接两个部分,则更不合规矩。如果读者比较熟知汉语的语法结构,就会自行修正为:我们甩开手臂,/迈开脚步/行走在广阔的大道上。外国学生在汉语阅读的初始阶段,对于汉语的语法结构还不能运用自如,这方面的语感还不强,自我监控能力比较薄弱,因此当产生切分错误的时候,就不能自行调整或修正。而到了中高级阶段,语法结构的掌握逐步熟练,汉语句子的语感得到了加强,所积累的组块也大大地丰富了,往往就能据此解决不少切分的问题。

三、停留于表层意义

不同经历、不同知识水平的人,阅读同一种语料,理解和体会是不一样的:有的停留于字面的表层意义,有的能透过字面,领会其深层意义。学习汉语的外国人,缺乏中国的文化知识,不熟悉中国人的思维方式,阅读往往停留在字面意义上。这是阅读教学必须解决的难题。

（一）难点的表现

外国学生阅读汉语文字材料,尤其在初级阶段,往往只停留在浅表的词语意义的叠加层面上,较难理解句子的深层涵义。即使到中级阶段,对所阅读的材料也不是全部能深入地挖掘出句子的内涵。这样,常常造成虽然已经知道句子的表层意思,但只知其然,而不知其所以然;或者对表层意思仍然很茫然,处于半懂半不懂的状态。例如,阅读会话课本中有关送礼的话语:"千里送鹅毛,礼轻情意重"(不解为什么要走"千里",要送"鹅毛"?)、"东西不好拿不出手,请笑纳"(不解为什么不好的东西还要作礼品,而且还要笑着接受?)、"你这样送东西就见外了"(不解"见外"的意思),等等,如果只从字面的意思去理解,当然就无法体会中国人的客气话了。可见,阅读停留于表层意义,实际上没有真正完全达到理解的程度,很可能只是一知半解,甚至不知所云,而且影响后文的阅读和理解。

（二）形成难点的心理分析

阅读过程中的障碍,有来自视觉方面的,如生疏的词语、艰涩的文字等,影响阅读的顺利进行;也有来自非视觉方面的,如知识的不足、生活经验的缺乏、思维和观念的不同等等，影响阅读的深层理解。尤其是非视觉因素，是外国学生汉语阅读水平不高的主要原因。

1. 知识的不足

阅读是由文字激起，进而在头脑的知识层面上展开和深化的过程。阅读过程中的展开和深化，主要依赖于大脑所积存的知识，调用它们去联想和想象，去开掘和钩沉，从而获得真正的理解。大脑中积存的知识包括文化知识、语言知识和阅读经验等。任何语言材料都包含着一定的知识内容。这些知识内容如果是读者所熟悉的，那么接受和理解就比较快速和顺当，且能透过字面联想并展示有关的情景和图式，揭示并挖掘出其深层的意义。例如，如果读者对农村的生活比较熟悉，那么当他阅读古诗"锄禾日当午，汗滴禾下土。谁知盘中餐，粒粒皆辛苦"时，就能透过词语的描述，想象农民在烈日下耕耘的景象和图式，对"一黍一饭当思来之不易"的主题有深刻的领会和体验。反之，则会停留在表层的字面意义上，浅尝辄止。例如，阅读鲁迅的作品《孔乙己》，如果不了解封建社会科举制度对文人的毒害这样的背景知识，就无法理解孔乙己这个旧式读书人的形象，也无法理解作者抨击旧社会、旧制度的真正用意；又如阅读"如此做完全是蛇足之举"这样的句子，如果读者没有汉语成语（诸如画蛇添足、守株待兔等）的知识，那么对"蛇足之举"的意思就很茫然；再如浏览一篇较长的通讯报道，如果没有文体特点、篇章结构等阅读知识，那么就抓不住文章的重心和关键语句，理不出全文的头绪，更无法去开掘深层意义。

2. 生活经验的缺乏

阅读理解跟读者的生活经验密切相关。因为作者通过文字所表达和反映的内容往往是生活经验的浓缩和提炼，读者接触到这些简练的文字，就能激起并联想起相关的生活经验，在头脑里将简练的文字形象化、具体化、乃至细节化，由此，把作者蕴藏在文字深处的思想内涵揭示和挖掘出来。例如，如果读者有多年外出而思念慈母的生活体验，那么阅读古诗"慈母手中线，游子身上衣。临行密密缝，意恐迟迟归。谁言寸草心，报得三春晖"，就能联想起母亲在家里对自己的种种关爱与呵护，为自己整理行装时的细心与依恋，从而激起自己的感恩与报答之情。这样的阅读，由于结合自己对生活的体验，理解就不会停留在表层上。如果外国学生只具备本国的生活经验，缺乏对中国生活的观察和体验，头脑中较少有中国生活的图式和细节表象，那么阅读那些报道和反映中国情况的汉语文字资料，由于缺乏想象和联想的基础，在理解上就会大打折扣。例如,阅读有关高考的报道,涉及"家有考生"、"送考"等词语及相关文句,如果没有对中国的高考或教育状况的了解,恐怕就只能停留在对字面意思的理解而很难体会这些词语所传达的"高考对整个家庭的影响"和"父母对儿女的期望"等含义。

3. 思维和观念的不同

文字材料所反映的内容,跟作者的思维和观念有密切关系。不同国家的人有不同的思维方式和价值观念。比如中国人的思维和表达一般来说比较含蓄和委婉,尤其是在处理重要工作时更是如此,没有西方人那么直率与明快。但在对待某些事情上,西方人要回避的所谓隐私,如问工资、问婚姻、问年龄等,中国人则比较公开,没有那么多的讲究。而阅读乃是读者对作者的思想意识加以推理和演绎的过程,这是一种高级的、复杂的认知心理活动,它是以思维方式和文化积淀作为基础的。如果不熟悉、不了解中国人的思维方式和价值观念,那么阅读汉语材料就会有障碍与困惑,对中国人的某些思想和举措就难以理解和体会。例如,阅读"老夫喜作黄昏颂"这样的诗句,光从字面去理解,也许觉得很平常,但是如果了解多少年来中国老年人一直有感叹"夕阳无限好,只是近黄昏"的心态和观念,那么,就能体会这句诗具有"反其道而行之"的气魄和力量。

四、阅读速度缓慢

外国学生阅读母语材料,一目数行,速度飞快,而阅读汉语资料,往往停留在某个词语,或者读到句尾又回到句首重读,再加上其他一些因素,于是造成了阅读速度缓慢的状况。

(一)难点的表现

外国学生视读汉语材料的速度普遍比较缓慢,尤其习惯于拼音文字的欧美人。他们视读自己的母语材料,扫一、两眼就能把一个句子的主要信息抓住;而阅读汉语材料,对于初中级的学生来说,谈不上什么扫读,差不多是一个字一个字地审视细读。他们在课堂上的阅读表现,或者是嘴里念念有词,读出声来;或者是手指着一个个方块汉字边读边移动;或者是读完一个句子、甚至读到句子的中间,急忙再回到句子的头上再次重读;或者随着一个个汉字声调的上扬、下降,头部作忽上忽下、忽左忽右的摆动。这些行为举动都说明这些外国学生阅读汉语材料的不习惯和不熟练,在一定程度上影响着、妨碍着阅读速度的提高。

（二）形成难点的心理分析

阅读速度牵涉眼动说、转换说等心理学或认知心理学理论。

1. 扫视与眼停

在阅读过程中，眼睛是以快速的一系列眼跳运动的方式进行的，每一个跳动称为一次眼动。眼动之后眼睛停顿在某一点上，称为眼停。眼动时，人看到的东西很少，眼停时能够获得大量的有用的信息，因为只有眼睛的相对静止时刻，才会对文字符号有个清晰的感知。所以通常说的眼睛扫视，其实是一种外表的描写说法，真正的文字信息的获得是依靠眼跳中的注视停顿来实现的①。

眼动有三种形式：前移、后退和换行。前移是眼睛向前运动，即读者的眼睛从每一行的开端移向终端，中间有数次的眼动和眼停。后退是眼睛向后运动，即读者在没有看清或没有理解句子意义时眼动退回到原来曾停顿的注视点上，所以又称回视或回跳。换行是指眼睛的视线从上一行末了移到下一行的开始②。如果外国学生读一篇中文语料或课文，眼动基本上前移的，眼停次数较少，很少有回视，没有上行、下行或下行、上行之间多次往返的换行运动，那就说明读者的阅读比较顺利，也显示了读者的阅读水平较高。如果读者眼睛的停留时间长，眼动频繁，不时地进行回视，而且眼睛在上下行之间反复地移动，那他的阅读肯定大打折扣。汉语阅读不太熟练的外国学生，遇到生疏的字词就会加长注视时间，因为他要在头脑中进行搜索和匹配；碰到难以理解的词组或句子就会回跳到句子头上再次注视，因为他要重新感知和理解这个句子。有时几个连贯的句子分布在不同的行列之中，眼睛就会在上、下行之间不停地移来移去，因为他要把这几个句子的意义贯通起来。凡此种种，都影响着读者的阅读速度。读者眼睛的外显反应，包含着内隐的认知因素，从这里我们也可了解到外国学生阅读速度缓慢的原因。

2. 切分和转换

眼动多，眼停长，回视和移行频繁，这是影响阅读速度的外在表现，而对视觉感知和接收的文字材料的辨认、切分和转换，其精确度和熟练度，才是真

对外汉语教学心理学

---

① 彭聃龄主编：《语言心理学》，北京师范大学出版社 1991 年版，第 286 页。
② 同上注。

正的内隐实质。读者阅读中文资料,首先要辨认一个个汉字字形,并经过追溯或回忆转换成语音,凭借语音正确地判定和切分词语,进而调出和提取它们的词义,中间还可能有母语跟目的语的词义与语义的转换,最后把它们的意义进行加合和补充,从而达到理解。在这个过程中,只要哪个环节出了问题,哪个步骤发生故障,比如回忆不起字的读音,切分出了差错,词义提取不出,意义无法连贯等等,势必在眼睛的运动上得到反映。这里有两种不同的情况:一种是切分和转换不熟练,需要时间去反复斟酌和修正,从而影响阅读速度;一种是某些地方切分有错,转换有误,从而导致阅读失败。这就不仅仅是阅读迟缓的问题了。

第三节　阅读能力的培养

阅读是读者通过对文字的接收和加工来理解作者的思想和意图的过程。其间文字的视觉接收是阅读的外部条件,语感是顺利阅读的桥梁,知识与经验是深化阅读理解的内部条件,有此三者,就能提高阅读的速度和质量。

一、汉字的辨认和识记

汉字的识记和积累是阅读汉语材料的基础。外国学生汉语阅读能力的高低,很大程度上取决于汉字的贮存数量。因此,解决汉字的辨认和识记,是提高学习者阅读水平和阅读能力的关键。

(一)多途径建立汉字字感

欧美人学习汉字的主要问题是不习惯认读方块汉字,因而首先要使之建立汉字字感。中国儿童进学校之前,已经从马路路牌、商店招牌、日用品包装、电视广告等途径,目睹了许多方块字,尽管并不认识,但头脑里已有方块汉字的印象,这就为入学识字打下了基础。同理,对于欧美人学习汉字,也应该创造尽可能多的机会,让他们熟悉汉字的样子,而不要迁就部分欧美学生只学拼音、不学汉字的要求。字感的建立,一个是多接触,充分利用路名、招牌、广告、电视里的汉字,改变只认拼音的习惯。另一个是结合认读汉字的过程,多分析字的结构,让欧美学生体会汉字有独体的,合体的;合体中,有左右(包括左、中、右)部件组合的(如"行"、"衡"等),有上下(包括上、中、下)部件组合的(如"音"、"意"等),有大部件包容小部件的(包括全包容的如"国"、"圆"等,和半包容的如"包"、"闷"、"画"、"同"等)。久而久之,欧美学生会体会到汉字的笔画和构造并非杂乱无章,也是有规律可循的。这样一来就能慢慢让欧美学生打破畏难情绪,鼓起学习汉字的信心。

(二)从小到大与从大到小地识记汉字

汉字的认读是一种整体性的视觉感知,也就是说,它不像拼音文字那样可以将词形离析为字母而背诵和拼读,它必须将一个方块结构作为一个整体来感觉和感知。但在教学中,不妨将整体的汉字离析为一个个小的部件来辨识和组装,如"颖"字,可离析为"匕、禾、页",它就是由这三个部件组装而成的。这就是从小到大地识记。它有利于区别形近字(如"颖"与"颍"通过离析就能区别和辨认)。有些汉字是词素,它必须与其他词素结合起来才能成为一个词语,如"卫生"、"政治"等。那么可先认识一个词语,然后再认识词语中的几个字。如在学习了"社会主义"这个词语之后,再逐个认识和辨别其中的四个字。因为汉语的词语容易跟学生的母语的概念相对应,而字较难对应。这就是从大到小地识记。

(三)先音后形与先形后音地识记汉字

先音后形是中国儿童识字的道路。中国儿童在入学前,已能流利地说话,也就是说,他们对所说话语中的词音及其词义已经初步掌握,学习识字不过是把词音同词形挂起钩来,所以进展神速。欧美学生学习汉语对听和说感兴趣,有一部分字的识记不妨先学词音及其词义,然后再学字形,走中国儿童的识字道路。但欧美学生大多是成年人,儿童的识字办法未必都能适合。比较多的情况,还是采用先形后音的识字途径。教科书中所提供的生词表,有生词、拼音、外语(英语或日语居多)解释,实际上就是由形而音、而义的识字方法。

(四)积累与猜测汉字

欧美学生识记和积累汉字到一定数量,对汉字的形体基本熟悉,特别是比较深入地领会形声字(有80%的汉字是形声字)表音和表意的特点,就能凭借形旁的指示猜测一个汉字的大致意义;也能依赖声旁的提示,记住一个汉字的读音。因而欧美学生在起步学习汉字时比较艰难,但到达一定阶段,他们会发现识记汉字的路越来越广阔。在阅读过程中，他们能够跳跃文字障碍，猜测文字意义，比较顺利地完成阅读任务。

二、汉语语感的培养和增强

阅读是知识（包括语言知识和世界知识）和语言应用能力的综合实施和综合体现，有时间的限制或速度的要求，决不能长时间地把每个词语的词性、搭配功能、义项等进行一番分析，也不能把每个句子的语法结构进行层层的剖析。阅读往往是眼睛扫过文字，所接收的词语和句子立即就在头脑中进行加工和理解。学习者凭借什么来实现如此高速度的阅读，这多半得益于逐步建立起来的汉语语感。因此，教学必须注重汉语语感的培养和增强。

（一）加大诵读力度

在教师指导下进行诵读或朗读，本身就包含着正确的词语切分。所谓耳熟能详，说的就是经常地、反复地听、说汉语的句子和词语，这样，不仅词语的语音形式得以在心理词典中牢固地扎根，就是语音串的分解，也可因语音带动词语的划分而熟能生巧。虽然，阅读的文字切分不同于听话的语音流切分，前者偏重于形，后者侧重于音。但是一个词的形与音是个统一体，它们伴同词义一起进行编码而贮存于心理词典。因此，当阅读文字材料，遇到切分困难或疑惑时，不妨诵读几下，从语音形式唤起有关的词语，即进行词语的双通道选择，以此来确定和切分句子中的词语。例如，阅读"你知道今明两天天会下雨吗"这个句子，是切成"今明两"、"天天会下雨"，还是切成"今明两天"、"天会下雨"。这时，诵读几下，从语音形式的角度，也就是从汉语语感，可以断定和证实后者的划分正确。所以，阅读教学不仅要训练默读，还要注重朗读，通过朗读来增强汉语语感。

（二）有意积累组块

阅读过程中从字而词、而词组、而句子的自下而上的叠加式意义加工，是必然要进行的步骤。但边切分，边加合其意义，这样的阅读细则细矣，速度可相当的迟缓。而且因词语难以切分而回视、斟酌的情况也会屡屡发生。因此有经验的教师比较注重学生在词组方面的积累。词组在头脑的心理词典中是个组块。每一个组块是由两个或几个经常搭配在一起的词语组合而成。例如"建设"一词，可以组成"建设国家"、"建设城市"、"建设家园"、"经济建设"、"法制建设"、"道路建设"、"教材建设"等等组块存入心理词典。一旦阅读中遇到这样的文字,马上能在心理词典中唤醒有关的组块,从而进行整体的切分和理解,用不着作临时的组合来加合其意义。这样不仅减少了阅读的眼动次数,加大了短时记忆的阅读容量,而且还可以省却许多组合的时间,又能避免切分之不当。这实际上是增强了词语方面的汉语语感。

(三)熟悉语法结构

文字材料中的词语或词组是按构词法组成的,同时又按句法结构有序地进行排列。这对文字材料的正确切分,关系甚大。首先是对词单位的确定,例如"成"字,可按构词法组成"成败"(联合式)、"成材"(动宾式)、"成规"(附心式)、"成熟"(动补式)等等词语,单词的确立,为正确的切分创造了条件。其次是对词组的确定,熟悉语法结构就能运用标志词如"的、地、得"、"着、了、过"等等来确定某类词组,例如"高兴的孩子"(名词性附心式词组)、"高兴地说"(动词性附心式词组)、"高兴得很"(动补式词组)、"点了菜"、"喝着茶"、"吃过饭"(都是动词性附心式词组),这样的词组在阅读中都能起到组块的作用。再次是可按句法结构确定句子意义的重心所在,例如,"连……都(也)……"式,重心在"连"后面的词语上;比较句(甲比乙+形+(数量)),重心在表示比较结果的形容性词语上;"把"字句的重心在被处置的对象上,等等。这些句法结构都有助于切分词语和理解句意。语法结构的掌握和熟练,是建立汉语语感的核心部分,这方面不断增强,达到自动化程度,就能少加思索或不加思索地凭借从文字中撷取的一些信息,判断和理解句子的意思。

三、丰富文化知识和生活经验

外国学生汉语阅读深入不下去的缺陷,大多是由于文化知识欠缺和生活经验不足所致。他们很难从作者那简单、精炼的文字中凭借自己的知识和经验去想象、补充、添加、丰富其意义,往往只停留在表层意义上。因此,阅读教学必须设法丰富学习者的文化知识和生活经验,使他们能深化阅读和理解。

(一)增设文化课

尽管对外汉语教学的阅读、会话、听力等课程都会在教材和教学中介绍一些文化背景和文化知识,对外国学生起着潜移默化的作用,但毕竟是有限度的。阅读所涉及的知识面是那么广泛,单就汉语水平考试(HSK)的阅读题目而言,里面就关涉到政治、经济、教育、地理、历史、社会风尚等内容和层面。虽然有些知识是世界共通的,外国学生在国内受教育时已经具备;而有些知识是有关中国各个领域的,是外国学生必须在学习汉语的同时注意获取和积累的。如果缺少关于中国文化知识方面的学习和积累,势必影响汉语阅读的深入。因此,在对外汉语教学中,增设各种文化课,比如《中国概况》、《中国文明浅说》、《民族与风俗》、《地方文化》(像《上海风情》、《齐鲁文化》等)、《报刊阅读》、《新闻导读》、《热门话题》等,甚属必要。它们对于提高阅读水平和阅读质量起着不可估量的作用。

(二)参与中国人的活动

对外汉语教学不应局囿在课堂教学(即小环境),课堂范围的接触面毕竟有限,应该充分利用课堂以外的场所(即大环境),让外国学生直接参与中国人的活动,诸如旅游、运动、娱乐、联欢、讲演等等,感受各种各样的气氛。在大环境里外国学生无意学习的东西,其丰富性和生动性是课堂环境的有意学习所无法比拟的。这不仅可熟悉中国的风土人情,而且能体验到中国人的思维方式和中国人对事物的评价、看法和观念。它们都有助于学习者深入理解阅读材料,提高阅读能力。

(三)多开展讨论

阅读虽属于读者的个体心理活动,但阅读教学可以使个体的阅读活动化为群体的阅读活动。外国学生的汉语阅读,正处于培养和训练阶段,个体的阅读,其理解和接受程度比较有限,如果组织课堂讨论,彼此把自己的阅读心得和体会谈出来,相互交流,相互启发,就能把个体阅读所未能顾及的不足之处,得以弥补和深入。同时,教师也可在讨论活动中,有意识地加以提问和引导,把属于视觉的文字表层意义,跟非视觉的知识、经验和思维方式、价值观念联系起来,促使阅读沿着深层的方向发展。

本 章 小 结

阅读这种高级的认知活动,涉及语言符号、译码和语言结构三个因素和环节。

阅读过程有自下而上(表现为符号意义的简单加合)、自上而下(表现为有重点地选择词语意义和凭知识经验预期句子意义)、相互作用(表现为外部视觉信息和内部知识经验的相互结合与相互作用）三种模型。初级阅读者常采用自下而上模型，熟练阅读者较多采用自上而下模型，一般读者，大多采用相互作用模型。

汉语阅读比较突出的难点集中在汉字的认读和词语的切分上，而知识的缺乏也是阅读理解比较浅表的原因。因而，对外汉语阅读教学应致力于这些方面的训练和积累。

知 识 运 用

1. 阅读有哪些相关因素和环节？它们有什么联系和作用？

2. 怎样让西方学生克服学习汉字的畏惧心理以提高阅读的能力？

研 究 热 点

切分错误是阅读理解的一大障碍，通过外国学生的阅读实践，分析切分错误的情况并归纳形成错误的原因。

对外汉语教学心理学

第八章　对外汉语写作教学的心理分析

汉语作为外语的写作是一个复杂的心理过程，它涉及外界事件和语言信息的输入和储存、写作范文的借鉴和参考、写作表达的酝酿和构思、大脑知识的提取和调用、母语与目的语的对应和转换等一系列的心理活动。在对外汉语写作教学中，这些方面都可能给学习者带来一定困难或缺失，需要采取相应的措施加以弥补或克服，以提高学习者的书面表达能力。

第一节　写作的心理机制

写作是一种高级思维活动。写作的心理机制主要表现在写作的心理过程以及母语与目的语的转换。

一、写作的心理过程

写作是语言的综合运用，也是一种认知过程。它是客观事物通过有限的传递系统反映到大脑，并由大脑做出反应，动用大脑的监控系统、知识系统、策略系统、表达系统对事物进行加工而形成书面文字。可以说一篇作文的产生，是大脑中各种认知系统互相紧密配合的结果。这个过程可以用下面的写作心理流程图来表示：

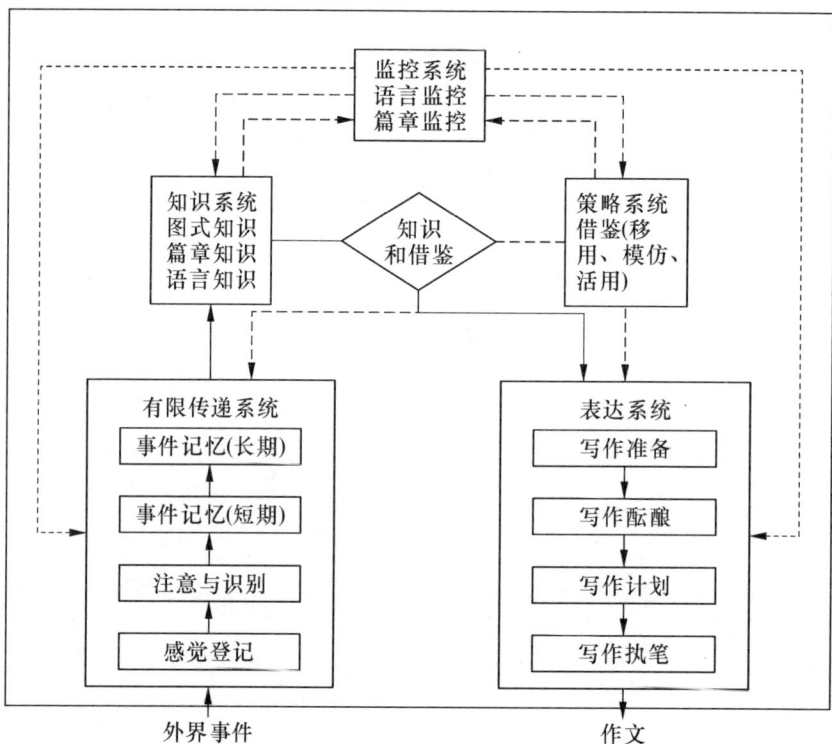

```
        ┌─────────────┐
        │  监控系统    │
        │  语言监控    │
        │  篇章监控    │
        └─────────────┘

┌──────────┐    ◇知识◇    ┌──────────┐
│ 知识系统  │    ◇和借鉴◇  │ 策略系统  │
│ 图式知识  │             │ 借鉴(移  │
│ 篇章知识  │             │ 用、模仿、│
│ 语言知识  │             │ 活用)    │
└──────────┘             └──────────┘

┌──────────────┐        ┌──────────────┐
│ 有限传递系统  │        │  表达系统     │
│┌────────────┐│        │┌────────────┐│
││事件记忆(长期)││        ││ 写作准备    ││
│└────────────┘│        │└────────────┘│
│┌────────────┐│        │┌────────────┐│
││事件记忆(短期)││        ││ 写作酝酿    ││
│└────────────┘│        │└────────────┘│
│┌────────────┐│        │┌────────────┐│
││ 注意与识别  ││        ││ 写作计划    ││
│└────────────┘│        │└────────────┘│
│┌────────────┐│        │┌────────────┐│
││ 感觉登记    ││        ││ 写作执笔    ││
│└────────────┘│        │└────────────┘│
└──────────────┘        └──────────────┘
     外界事件                  作文
```

图 8-1 写作心理流程图

（一）有限传递系统

习作所反映的是一定的生活内容,而社会生活和外界的事件必须通过视觉或听觉去感知和接收,经过认知加工,存入大脑记忆库,或作为写作的素材,或上升为某种图式(包括故事、情节、人物角色等),作为写作的参考。习作不是简单的造句,它要求积句成篇。然而如何谋篇布局,大脑不是天生就有的,它也要利用"他山之石,可以攻玉"才行。也就是说,它也要通过有限传递系统,去阅读跟写作有关的材料,并把它们转化为写作知识,以资参考或模仿。比如写一篇记人的习作,作文者一方面要去感知(或回忆)有关的此人此事,另一方面要参考或模仿课文中写人的方法,这些都是通过有限传递系统来完成的。

（二）知识系统

完成一篇习作,需要运用许多知识:选词造句,需要词语和句法知识;由句成段,需要语法和句群知识;组段成篇,需要有篇章知识。这些基本上还属于语言知识。而习作所反映的内容,涉及方方面面,需要有世界知识;习作把散见的人和事组织起来,需要一定的图式和生活经验。这些都依赖于平时的学习和积累。习作者拥有了丰富的知识,到了写作的时候,就能自由运用,满足习作所需。比如来华留学生中,有的能写记人叙事的文章,有的能写评述说理的短文。他们能够把散杂的事件串联起来,能够进行多方面的比较和联系。这些习作思路比较开阔,内容相对丰富,这都是得益于他们所积累的知识。但也有的外国学生,一篇习作没有几句话,或者翻来覆去就是那么几句话,文章铺展不开,内容干瘪,这大都是因为知识积累较少的缘故。

(三)策略系统

如何有效地学习和积累跟习作相关的知识,这是策略系统所管辖的范围。写作最为有效的策略,莫过于借鉴。人们学会写作,往往都是从借鉴模仿他人的作文开始的。学习外语写作,既要借鉴母语的写作知识、经验和范文,又要借鉴目的语的写作知识和范文,以此逐步培养和提高自己的写作能力与水平。借鉴的内容有:用得好的词语,用得精彩的句子,确切的比喻、排比等修辞手法,醒目的开头,意味深长的结尾,巧妙的过渡话语和过渡段落,构思精到的谋篇布局等等。借鉴的方法有:移用、模仿和活用。移用是把别人文章中好的词语和精彩的句子搬到自己的习作中来;模仿是依葫芦画瓢式地仿照他人文章中的词语、句子、开头、结尾、过渡,以及段落的安排等来进行习作;活用是创造性地借鉴他人文章的构思来安排自己习作的布局和结构等。善于借鉴的学习者,他们在学习课文时会比较注意吸取其中的写作精华,同时,他们还会根据习作要求去阅读一些相关的文章,作为自己写作的参考,从而提高自己的写作能力。学习汉语的外国学生,当其积累一定数量的词语和句式后,就能进行简单的写作,其原因就是他们借鉴了母语的写作知识和范文。到了中级阶段,他们除了间接地借鉴母语以外,还会直接地、有意识地借鉴汉语课本的写作知识和范文。这一切都是运用了策略系统中的借鉴策略而取得的良好结果。

(四)监控系统

监控系统是监测和控制系统,属于元认知范畴。它既控制策略系统中策略的运用,又监测知识系统中知识的调配、提取、应用,以及对错误的纠正等。它既控制有限传递系统的信息输入和吸收,并及时地把输入的信息输送进知识系统,又监测表达系统经过准备、酝酿、计划而形之于书面文字的整个写作过程,其间还监测由母语语句向汉语语句的转换或转译的准确性。因此监控系统在写作过程中,其作用是相当重要和有意义的。

(五) 表达系统

表达系统是大脑实施写作的加工器。表达系统包括了写作准备、写作酝酿、写作计划和写作执笔四个阶段。一般情况下,写作都按照这四个阶段依次进行,但也有在执笔时进行再酝酿、再计划的回复情况。

写作准备阶段主要的任务是搜集材料。有了写作的材料,就可进入到写作的酝酿阶段。写作一般从三个方面去酝酿:第一,题目和立意。所谓立意,是习作者确立写作的思想和观点;第二,文体。根据搜集的材料,决定写成记叙文、说明文还是论说文;第三,构思。构思俗称灵感,灵感的获得有必然性也不乏其偶然性。写作计划主要是根据上一阶段所酝酿的题意和构思列出写作提纲。提纲体现了整篇习作的布局,大致规定了段落的设立和重心,以及材料的详略安排和内容的逐层展开等。通过写作的准备、酝酿和计划,一篇习作的雏形已经了然于胸,此时就可进入具体的写作执笔过程了。执笔过程有好几个步骤:根据提纲不断形成连续的命题(习作不同于造单个句子只要一两个意念和命题就行,它必须接连不断地形成有关的连续的意念和命题);根据每一个意念和命题从心理词典中选择和提取词语到工作记忆;在那里,根据语法规则和产生式把词语连缀成一个个句子;根据写作的构思和布局把一个个句子连贯成句群和段落(包括关联词语和过渡段落的运用)。这样,一篇习作就算初步完成。然后进行全篇的审读、修正和补充。

表达系统是在监控系统的监测和控制下,在借鉴策略的运用下,调用知识系统中的有关知识进行具体的构思和写作。虽然知识对写作是最为直接的,无论是写作的内容、写作的文体、写作的布局与谋篇、写作的语句等等,无一不是直接跟知识有关,但是决不能低估借鉴和监控的作用。有了借鉴,可保证写作的有效实施;有了监控,可保证写作的正确性。可以这样说,一篇习作实际上是有限传递系统、知识系统、策略系统、监控系统和表达系统共同配合、互相协作的结果。

二、母语和目的语的转换

成年外国学生写作,往往先用母语思维和表达,然后再转译成为目的语。

这是因为直接运用目的语来思维和表达需要一个长期的训练和培养过程。学习者在初学用目的语写作的阶段,几乎走的全是转译的道路。到中级阶段,运用目的语词语和句式比较熟练,有的已趋自动化,写作时,有部分的思维和表达可直接用目的语来进行,但复杂内容的思维和表达仍依赖于母语,不能完全丢弃转译这支拐棍。直待到达高级阶段,随着运用目的语的自动化程度越来越高,学习者方始基本上可用目的语直接思维和表达。因此,对外汉语写作教学,在很大程度上是训练学生正确转译和减少转译的过程。这里涉及两个第二信号系统的建立以及系统之间的转换问题。

（一）两个第二信号系统的建立

所谓信号系统指的是外界事物在头脑中的反映。直接反映的,比如外界有一个苹果,通过感觉传递,头脑里也出现一个苹果的形象,这属于第一信号。这些信号累计起来,就成为第一信号系统。间接反映的,比如外界的一个苹果,通过感觉传递,头脑里反映出来的是一个表示该实物的词语(如中文的"苹果",英语的"apple"),这属于第二信号。这些信号累计起来,就成为第二信号系统。第一信号系统是一般动物都有的,而第二信号系统只有人类才具有。人类就因为有了可以反映外界事物的第二信号系统——词语,所以可以突破时间和空间的限制而进行周密的思维活动。不仅可以有具体的形象思维,而且还可以有概括的抽象思维。

人们学习外语,实际上是在母语的第二信号系统之外,再建立一个与母语不同的第二信号系统。它们的不同主要表现在词语系统和语法系统上,当然也包含与思维有关的文化积淀和价值观念。对外汉语教学的任务就是要让外国学生建立起汉语的第二信号系统。在教学中,汉语的语句呈现在外国学生的感官前,比如,汉语的"苹果"一词,在还没有跟外界的实物联系起来以前,它们实际上也属于第一信号系统,这"苹果"两个汉字的形和它那pingguo的读音,通过视觉和听觉,在大脑中构成一种表象。这种表象只是反映了外界有这样的文字形状和读音而已。一定要等到知道这样的文字形状和读音代表什么事物和意义,才算成为第二信号。学习汉语的过程,就是要把一个个语句的形状和读音跟事物和意义以及母语的概念联系起来,逐步建立起一个新的第二信号系统,构筑起汉语的心理词典。因而,外国学生在刚学习和接收汉语时,必须利用母语作为跳板和桥梁:用母语词语来翻译看到的汉字(词),用母语词语来转译听到的汉语语音,即使是造句,也得先调用母语词语组成句子,然后再译成汉语文字或汉语读音。很可能相当长的一段时期都是如此。只有等到汉语的词语积累到相当数量,才有条件建立汉语的心理词典,构筑起汉语词语的语义网络,至此才有可能放下母语而直接用汉语心理词典中的字词来思维和造句。

(二)两个信号系统的转译

转译,无论是词语还是句子,都有一个母语与目的语的对应或相应问题。一个用母语思维和表达的命题转译成目的语,必须符合目的语词语的概念和句子型式。学习者头脑里虽然一时还不能直接调动和提取出目的语词语来组装成目的语句子,但必须明确业已学习和积累的目的语词语所指代的概念以及目的语句式的法则和特点,以便在转译时,努力提取同母语词语和句式对应或相应的目的语词语,组装成符合目的语句式法则和特点的语句,竭力避免词语选择失当或错句、病句出现。

所谓母语与目的语词语和句式的对应,是就宏观方面来说的。实际上完全对应的情况只占一部分,大部分是半对应或不对应的,要用词组来反映有关的概念,因此只能说是"相应"。以汉语与英语为例,有完全对应的,那是有明确的实物所指的词语,例如,"猪"对应于 pig,"儿童"对应于 child,"青草"对应于 grass 等等;有半对应的,那是有具体的动作或性状可言的词语,例如,"归拢"半对应于 put together,"弱小"半对应于 small and weak,"散漫"半对应于 careless and sloppy;也有不对应的,那是两个语言体系所概括的概念有差异的词语,例如,"结婚"可以跟 marry 相对应,但"嫁(指女方从娘家到婆家)"和"娶(指男方把新娘接到家里来)"带有长期的历史文化所形成的概念,在英语中没有相应的词语,仍然只能用 marry 这个词来表示。再如汉语中的"死",可对应于 die,但汉语中由于避讳的原因,常说"故去、逝世、作古、去世"等等,在英语中,基本上用 die 来表示。正由于两种语言的词语有许多不对应的情况,所以由母语转译为汉语时,就有可能出现不确切、不妥贴的情况。例如,说出"恭喜你结婚了一个女子","你父亲死了,我也很悲伤",听起来觉得很不顺耳。另外,汉语与英语在句式方面,不对应地方也不少。外国学生在对译或转译时候,常常会带有母语的烙印。例如,把 He has done better than I,转译为:他做的好比我。这是中英文"比"字句的语序不对应所产生的问题;又如,She left her bags at the left luggage office at the railway station,转译为:她留下她的行李在火车站的行李留存处。听起来很别扭,这是因为没有用中文"把"字句而造成的问题。

外国学生学习汉语，建立汉语的第二信号系统，其有利条件是他们有习得和学习母语的经验可资借鉴；不利条件是两个第二信号系统之间可能产生负迁移，相互干扰。也就是说，在学习和使用汉语的时候，常常会把母语中的东西带进汉语，变成母语化了的汉语，即人们常说的中介语。外国学习者在学习汉语写作的初期，转译的监控能力较弱，表达上出现失误或偏误，在所难免。随着学习的深入，学习者所积累的汉语知识越来越丰富和扎实，头脑中汉语的第二信号系统基本建立，并日趋完善，其转译的监控能力也随之而得到提高和加强。到这个阶段，学习者习作的语句，由于自我监控的作用，就会显得比较流畅和通达。

第二节　写作教学难点的心理分析

写作教学的难点有的表现在语词方面，有的表现在篇章方面，有的表现在内容剪裁方面，它们都有一定的心理成因。

一、词不达意

外国人学习汉语写作，最伤脑筋的是词不达意：或者大词小用，小词大用；或者褒词贬用，贬词褒用；或者大脑记忆库回忆不出合适的词语，以至写出的习作，读起来令人费解。

（一）难点的表现

外国学生学习汉语写作，常有词不达意的情况。他们心里的想法和意念，用自己母语来表达，一般都能够得心应手，挥洒自如；而用汉语来表达，就不那么顺畅了。不少外国学生，自己心里明白要写什么内容，但是或者搜寻不到合适的词语和句子，或者所选用的词语，别人怎么看也不明白要说的是什么意思。例如，有一位外国学生想说："这是件很棘手、需要别人帮忙的事"，结果写出来的是："这是件很刺人、很劳驾的事。"他认为"棘手"就是"刺人"，"需要别人帮忙"就是"劳驾别人"，把这些词语凑合在一起，应该可以把自己的意思表达清楚，谁知恰恰造成了词不达意的情况；即使还没有到不知所云的地步，至少已是令人费解了。外国学生感到写作艰难，首先就难在词语的选择和应用上。

（二）形成难点的心理分析

造成外国学生汉语写作词不达意的情况，比较复杂。它涉及两个第二信号系统之间的贯通，心理词典语义网络的线索和词语的迁移等问题。

1. 两个第二信号系统之间的转换不熟练

外国学生的母语属于第一个第二信号系统，他们的思维和其中的思想、意念都是这个第二信号系统在起作用。外国学生学习汉语是要在头脑中建立另一个第二信号系统，这个第二信号系统还处在学习和积累之中，也就是说，需要传递系统的接收与输入，并及时贮存于知识系统以形成一个汉语的知识网络结构。外国学生在初学汉语的相当一段时期，汉语的第二信号系统尚未完善和成熟，这势必影响和妨碍他们的表达。因为外国学生写作时，在酝酿和形成思想过程中，一般应用的是属于母语的第二信号系统，而到书面表达时，却要应用属于汉语的第二信号系统。也就是说，外国学生在把用母语思维的思想内容，写作为汉语文字时，其间有一个转译和转换的过程。如果所用的词语在两个第二信号系统中基本能对应的，则可以直接对译。例如，Many countries have their own national airlines. 可以直译为：很多国家有自己的国家航空公司。即使是这种情况，也有可能直译出来的文字比较拗口，需要加以修饰。例如 She spent a long time making her garden neat. 直译为："她花了很长时间使她的花园整洁了"，就有点欧式汉语的味道，要润饰为："她花了很长时间整修她的花园"，把 making 和 neat 合起来译成"整修"，语气才感觉通顺。如果所用的词语属于一对应于几的情况，就需斟酌和选择，选择失当，就可能词不达意。例如，The teacher smoothed over the quarrel between the two boys. 其中 smooth 对应于汉语的光滑、平稳、平息、调匀、柔和、奉承等词语。这里就有个选择问题。要是译成："老师平息了这两个男孩子之间的争吵"，当然比较合适。如果"平息"换成了"平稳"、"调匀"，那就词不达意了。

2. 词语网络中的语义线索不完备

除了母语和汉语两个第二信号系统的转译和转换外，还有一个语义网络的因素影响着汉语写作。心理词典中的汉语词汇，在输进大脑记忆时，有形、音、义等诸种线索，其音素线索纳入拼音字母的音序轨道，其字形线索大部分归入检字部首（包括独体字），其语义线索进入语义网络。三者之间互相独立而又统一。网络的节结是汉语词语的语义，节结之间的连线意味着词义之间的联系。汉语词义网络的建立有一个过程，它在学习初始阶段，比较简陋，节结和连线都不多，随着汉语词语的不断接收和积累，这张网络越来越大，外国学生的写作水平也因此而得以提高。但是由于学习的初级阶段，进入心理词典的汉语词语的语义线索一时尚不够完善，它影响和妨碍着监控系统支配大脑匹配和提取词语的正确性和确切性，从而造成写作中的词不达意。比如跟"好"这个词语相关的有："优良、优秀、优越、良好"（质地好）、"健康、强壮、健壮、棒、硬朗"（身体好）、"可口、爽口、甜美"（味道好）、"友爱、和睦、和谐"（关系好）、"满意、舒适、惬意"（心情好）等等。外国学生意念中有"好"的意思，就能通过连线，激活扩散到这一系列意义相关的词语，可从中选择和提取合适的词语来表达自己的意念。由于激活扩散所涉及的词语过多，必须从它们所适用的情景和语境方面来甄别和抉择。如果说"西瓜好"，那可从味道方面选择相关词语，说："西瓜很可口"；如果想说"西瓜品种好"，那可从质地方面来选择相关词语，说："西瓜品种优良"。要是说成："西瓜很强壮"、"西瓜很满意"，那就不合情理了。可见，网络上的有关词语究竟表示何种性质、使用于何种情况，必须有多个线索来规范和限定，如果网络线索比较缺少的话，就可能在选择过程中无所适从，只要词语选择失当，就会导致词不达意。

3. 词语迁移扩大化

知识系统内存放着两类知识，一类是陈述性知识，它们是世界知识（包括语言知识）和概念的积贮；另一类是程序性知识，它们是知识的应用和推理。当提取和使用知识于写作时，这两类知识都在监控系统的监测和控制下发挥着各自的作用。词语的迁移就是其中最为常见的外显现象。同一个词语，可以用于某种情况，也可以用于另一种情况，这叫词语迁移。词语迁移是运用词语进行写作的一个重要环节。但一个词语的迁移有一定的范围和一定的语境，不能随意乱用，这由监控系统严密地监视和掌控着。例如，"优秀"可用于表示人的素质好（他很优秀），可用于表示人的成绩好（他学习很优秀），也可用于表示作品好（这部小说很优秀），但是，如果用于表示味道不错（点心很优秀）或身体强健（他身体很优秀），就犯了词语迁移扩大化的错误，也就是通常说的词语搭配不当。这是由于词语知识语义网络不够健全和词语关联信息线索不足从而导致监控系统监测水平不高而引起的。词语搭配问题跟世界知识有关。具有一定世界知识的人，当然知道动词"吃"只能和食物搭配在一起，石头和房子不能跟"吃"发生关系，一般来说，是不会搭配错的。但在汉语中"吃"还有别的用法，例如有"经受"或"受"的意思，如"吃了一惊"、"吃了大亏";也有"消灭"的意思,如"吃掉敌人一个团"、"拿车吃他的炮"等。这些已经超出了世界知识的范围,必须加以注意和学习,知道并弄清它的用法和条件,因为"我们对语言材料记忆是沿着关联信息的线索组织起来的"[①]。如果缺少或不遵循这种关联线索,无限制地扩大其用法,造出"我吃了他的笑"、"房子的火已经吃完了",搭配就有问题了。所以诸如此类的词语迁移扩大化,也是造成词不达意的一个因素。

二、语句不连贯

语句不连贯是外国学生学习汉语写作的通病,只是在程度上有所不同而已:有的似断似续,有的语句跳跃,有的句子之间缺少关联。这使读的人要花时花力去猜测和揣摩。

(一)难点的表现

外国学生的汉语写作,从单个句子来看,除了词语搭配和句子成分残缺等毛病外,一般都还过得去,所造的大部分句子是比较正确或基本上正确的,所表达的意思也基本上是可以理解的。问题是句子与句子之间的联系,或者不紧密,或者有跳跃,妨碍和影响了整个意思的表达。例如,有外国学生写出了这样的句子:"提高口语,学校安排分配外国学生语言实践去杭州。留学生太多,有困难,分两批。我第一批。我观赏西湖景色。我交谈了两个中国的男女青年。收获很大。"句子还算完整,意思也大致可懂。作为口语,可不必去细细苛求和挑剔。但作为习作,这样的语句,距离写作的要求还差得很远。其中最大的问题是句子断断续续,不相连贯。这是外国学生习作中普遍存在的弊病。

(二)形成难点的心理分析

外国学生习作中的语句不连贯现象,原因多种:有思维上的问题,也有监控水平的局限。

1. 思维层面上的不足

外国学生运用系列产生式造汉语句子,基本上停留在单句层面上。比如,造"比"字句、"把"字句、"被"字句、"有"字句、"是"字句、双宾语句、连动

① [美]罗伯特.L.索尔索著,黄希庭等译:《认知心理学》,教育科学出版社 1990 年版,第 102 页。

句、兼语句等等,都属于单句范围。而句子与句子的连贯已经到了句群层面,涉及句子之间诸如因果、假设、递进、并列、转折、条件等种种思维关系,一般要用关联词语来系连并揭示其中的意义关系。至于句群之间的衔接,那已是到了最高层面——语篇层面,里面包含着多个演绎推理或归纳推理。外国学生习作中的不连贯现象,主要是句群层面,也就是思维层面上的不足所致。思维在表达系统的酝酿和计划阶段,外国学生基本上是用母语进行的。到了习作的话语执行阶段就要转换或转译成汉语。除了选择、提取确切而合适的词语组成句子以表述意念或命题外,还要斟酌和推敲把若干个命题连缀起来以表达完整的思想和观点。这就涉及命题之间的关系。认知心理学认为:命题连结中的两个事件具有"相继关系"、"并列关系"和"时间关系"[1]等等。这些关系形之于书面,就需要一定的连接词语将他们串联起来,如果对汉语的表示命题关系的关联词语掌握不全面或不熟练,表现在习作中,句子的逻辑关系的表述就不充分或不显露,甚至给人以思维混乱的感觉。这里有几种情况:一种是知道两个句子之间的思维关系,但不会选择和使用关联词语,因而回避使用。例如:

> 请你注意天气预报,(如果)明天下雨的话,(那就)取消旅行的计划,(宁可)推迟几天,也要等个晴朗的日子,那才有意思。

如果学生回避使用括号里的关联词语,句子的意思就缺乏连贯性。另一种是只用一种因果关系来表示句子的关系。例如:

> 因为今天下雨,我不能骑自行车上班。因为住的地方离地铁站比较远,我就叫了一辆出租车。因为路上车子拥挤,出租车开得很慢。因为担心上班迟到,就在地铁站下车,改乘地铁。因为我及时换乘车子,在上班的前一分钟赶到了公司。

事物的联系是以因果关系作为其基础的,因而这样写,似乎也通顺。但这样的句子相连,不仅显得太牵强、枯涩,而且文气也不够贯通。

2. 监控水平的局限

外国学生能生成正确的句子以及造出互相连贯的句子,取决于他们头脑中所储存的汉语语言知识的监控能力。自我监控的意识和能力来源于母语和目的语学习过程中积累起来的写作知识,它们贮存在头脑的长时记忆中,

---

① 〔美〕罗伯特. L. 索尔索著,黄希庭等译:《认知心理学》,教育科学出版社1990年版,第279页。

在学习者应用语言进行写作时，它们就会在一定程度上自动地激活并扩散到有关部分(诸如心理词汇、句法规则、写作方法与技巧等)进行对照、校验、审定，以保证写作的通畅和准确。汉语语言知识积累越多，语音、文字、词汇、句式知识越扎实，他们的监控水平也就越高，有能力辨别正确与不正确的句子，能够自行修正不正确或不连贯的句子。因此生成的句子的正确率相应提高，句子的连贯性也大大加强。但是外国学生在汉语写作的初级阶段，由于所学的汉语知识有限，特别是在关联词语的使用方面，监控水平不高，就难免有句子不连贯的情况发生。随着汉语学习的深入和汉语习作的监控水平的提高，这种句子不连贯的情况会得到改善。

三、结构不完整

外国学生的汉语习作，常常有头无尾，或者刚刚开头就草草收笔，或者段落之间没有过渡，或者所有的语句都挤在一段之中，给人的感觉似乎习作还没完稿。

(一)难点的表现

外国学生用汉语写作，特别在初级阶段，常常出现说了一些话以后突然刹车，给人一种有头无尾的感觉。或者说一件事情，不是时间、地点、人物关系、起因、结果交代不清，就是叙述事情发展的脉络和线索含混杂乱，令人疑惑和费解。有的习作，通篇不分段落，自始至终只用一个逗号，很难看出作文的条理和层次；有的习作，两三句话一个段落，全篇都是小段落，支离破碎，似续似断。这些都属于结构不完整的表现。

(二)形成难点的心理分析

外国学生汉语习作结构不完整的原因，大抵是注意资源分配不均、篇章监控能力不强所致。

1. 注意资源分配不均

写作是一种综合性的训练和表达，思想、用词、造句、分段、成章等环节要求全面顾及。写作不像造单个句子，只要有了某个想法或命题，可运用一个句子表现或展示出来就算完事。写作所表达的意念和思想是连续性的、系列性的，也就是说，头脑里所酝酿的意念和思想必须有连贯性。后面的意念和思想是承上面而来的，而在考虑和形成前面的思想和意念时也要笼罩和顾及后面的思想和意念。比如，头脑里存有了"不洁的食物不能吃"的意念，接下来就要思考："吃了不洁的食物会有什么不良后果。"而这个意念，又为后面的"可能中毒，可能腹泻"留下了思索的余地。就这样一环扣一环地思考和形成新的后续的思想和意念。头脑里存有了某些意念和命题，就能激活和唤醒心理词典中的有关词语。例如上述的意念就能激活扩散这么一些词语：与"不洁"有关的"卫生、清洁、干净、肮脏、污染"等词语；与"食物"有关的"饮料、点心、水果、菜蔬、熟食"等词语；与"不良"有关的"不好、不佳、坏、严重"等词语；与"后果"有关的"结果、结尾、结局、效果"等词语。有了这些词语，还必须根据意念和命题从中选择若干词语，按照语法规则造出能表达头脑中所存有的命题的句子。如果这是一篇有关《注意饮食卫生》的习作，那么还要考虑和构思整篇文章的篇幅和结构。上述的意念和思想只是整个话语计划的极小部分，它必须纳入整篇文章的格局，而不能随意游离。也就是说，写作既是由词而句、由句而句群、由句群而段落、由段落而成篇的自下而上、自小到大的加工过程；又是由语篇控制段落、由段落控制句群、由句群控制句子、由句子控制词语的自上而下的、自大到小的监控过程。两方面配合默契就会写出一篇完整的、表达通畅的习作；两方面配合乖违，就会写出一篇结构有缺陷的习作。外国学生汉语习作的初级阶段，对习作加工的一系列心理活动和心理过程尚不完备，还处于机械的将母语句子翻译成汉语句子的地步，他们的注意力全集中到遣词造句方面，没有余力和能力去注意和顾及那么多的加工环节。也就是说，注意资源的分配不均，因而考虑不到篇章结构的合理性和均衡性，这样就会造成一逗到底、段落破碎、有头无尾、前后照应不上等习作上的弊病。

2. 篇章监控能力不强

外国学生的汉语应用，受大脑监控系统的管辖和支配。监控系统由汉语知识系统和学习策略系统两个部分组成：汉语知识系统决定着"监控什么"；学习策略系统决定着"怎样学会监控"。外国学生的汉语习作，除了跟阅读、口语、听力一样需要具备汉语的语音、词汇和句法等知识系统去操作和监控外，还需要有篇章的写作知识和监控能力。也就是说，外国学生的汉语习作要受到词语选择是否适当的监控，生成句子正确与否的监控，段落的衔接与过渡是否得当的监控，篇章结构是否完整的监控。这些监控都依赖于大脑贮存的汉语知识去对自己的习作进行鉴别、推敲、斟酌、修正、删改和补充。而要达到并提高汉语写作的监控水平和应用能力，学习策略的应用是至关重要的。这里的核心策略就是借鉴。首先要借鉴母语写作的知识和经验,这是外国学生最为熟悉的知识内容,最容易转化为汉语习作的间接的监控能力;其次是要大量阅读汉语的课文和语料,从中吸取写作养料,比如文体的特点、材料的剪裁、中心的确立、生活图式与构思布局、逻辑思维与段落结构、开头结尾的呼应以及段落的衔接过渡等等。这些知识,通过学习(体会写作的构思与技巧)、模仿(依葫芦画瓢地学习写作)、创造性应用(融会贯通地进行习作)等几个阶段的借鉴策略的运用,可直接转化为习作的监控能力。但是在外国学生汉语习作的初级阶段,能够借鉴的东西还不足,而且尚处于模仿阶段,他们的篇章监控能力不强,习作中出现语篇不完整的情况还是情有可原的。

四、内容空泛,剪裁不当

外国学生的汉语习作,或者内容单薄,伸展不开;或者内容芜杂,缺乏剪裁。这虽属于写作教学中比较高层次的问题,但也要引起学习者的注意和重视。

(一)难点的表现

外国学生的习作,特别是初中等级的,记流水账的居多。一篇记叙体的作文,从早上发生的事直到晚上睡觉,事无巨细都一一罗列进去,重要的事情突不出,无关紧要的东西占据了大量篇幅;或者通篇都是概括性的语言,无法展示具体内容。如果是写议论体的作文,常常开头写了很多话,却还没有说到正题;需要说理的却三言两语应付过去,道理尚未说清楚,就已经关门结束,或者在说理时也掺进许多不必要的琐屑事情和繁琐过程。给人总的感觉是不像一篇条理井然、层次分明的作文。

(二)形成难点的心理分析

造成外国学生习作中内容空泛、剪裁不当的现象,原因很多,有学习者个体的背景差异,也有心理因素以及借鉴策略运用不足等等。

1. 个体背景有差异,对所写题材不熟悉

写作课的命题作文有两类:一类是规定命题,由教师出题目;一类是自由命题,由学生自己拟题。对外汉语的习作大多是教师规定一个写作范围(如记一次旅游),学生根据写作的内容和思想自拟题目。问题是学生对教师所规定的写作范围不一定熟悉,或者是自己没有经历过,或者是虽然经历但没有仔细去观察有关的这种生活。存在决定意识,外界的东西必须反映到头脑

里来才能形成思想和意识,苍白的、浮面的印象形成不了深刻的、具体的思想意识。所以如果学生头脑里对这类题材的体验是空泛的或肤浅的,那么即使写作能力再强,也无法写出生动、活泼的作文来。认知心理学中的图式理论从认知角度揭示和阐述了写作中这种内容空洞贫乏现象的缘由。人们从丰富而又生动的具体生活中,撷取、提炼、抽绎出带有一般规律性的生活范式——图式(事件图式、情节图式、故事图式、人物图式、角色图式、场景图式等),正是这些生活图式指导着人们去思想、写作、说话和阅读理解。头脑中缺乏有关的生活图式或所积累的生活图式不够完善,势必影响和妨碍人们的思维和表达。外国学生由于个体的生活差异,他们头脑中所建立的生活图式有多有少,有深有浅,有广有窄,特别是对不熟悉的中国生活,他们所积累的相关图式比较少,因此,表现在他们的习作中往往是内容泛泛,立意平平,叙述不详,挖掘不深。

2. 对写作有畏惧心理,过多采用回避策略

外国学生对选词造句等练习比较熟悉和有把握,而写作,因为不是造一、两个句子的问题,而是要造出许多连贯的、能集中传达出某个思想的一连串句子。对此,他们有畏惧心理,害怕有错句,害怕说不清楚,害怕颠三倒四,于是干脆来个避重就轻的办法来应付:对自己熟悉的,能说清楚的,就多写一点;自己不熟悉的,说起来费劲的,就少写一点,一两句带过算数。正是这种写作上的心理障碍,过多采用回避策略,使他们的习作表现出内容空泛、剪裁不当的情况。如果他们能够克服这种惧怕心理,认真地酝酿和计划,是可以写出一篇好作文来的。

3. 阅读、借鉴不够

借鉴是实施写作最为有效的策略。通过大量阅读,可以借鉴范文的文体知识和文体风格,借鉴范文的谋篇和章法,以及思想表达的种种语言手段。初学汉语习作的外国学生往往都是从模仿范文的布局和篇章结构而慢慢得以进步的,即使中高年级的学生也都要从范文中借鉴和吸取有用的东西来指导自己的写作。相当多的外国学生的汉语习作,显露出写作技巧的贫乏。他们只会从头至尾地叙述事情,不善于叙述中有抒情,叙述中带描述,叙述中发议论,所以他们的习作往往平铺直叙,不生动,不形象,比较呆板。这都说明他们阅读范文的数量还不够,或者不善于从范文中借鉴和吸收有益的写作知识和技巧等养料来充实和补足自己。借鉴策略的运用不足,不能充分调用知识系统内的有关知识进行具体的构思和写作,是导致内容空洞、剪裁不当的

原因之一。

第三节 写作能力的培养

外国学生的汉语写作,有篇章结构的问题,也有思维表达的问题,而后者是培养和提高外国学生的汉语写作能力首先要加以重视和解决的问题。

写作是书面表达,写作教学是训练和培养学习者掌握第二语言书面表达技能的有效途径。除了多写多练以外,应采取多种措施帮助学习者建立语义网络,积累组块,熟练掌握产生式,克服中介语现象,为直接应用汉语思维和表达创造条件。

一、建立语义网络

心理学研究成果表明:学习者"心理词典"中的词语不是散放乱堆在记忆仓库中的,而是根据一定的线索有条不紊地加以排列的。它有几种编码线索的排列方法,即语音编码线索、词形编码线索和语义编码线索。学习者由内隐刺激的命题转化而为语句,主要是语义从中起作用,因为语义代表一定的概念。"人们头脑中的概念是互相联系的"①,因而头脑中反映概念的词语也按语义(概念)纵横交错地联系在一起,成为一个语义网络体系。人们需要应用某个概念去搜索词语时,能激活扩散语义网络中多个有关词语,从中选择和提取。

外国学生学习汉语的初期,汉语的词语积累不多,还建立不起语义网络体系。这时,所学的汉语词语大多依附在学习者母语的相关词语上,头脑里的概念往往先激活母语词语,然后由母语词语辗转激活汉语词语。因而当需要用一个汉语词语时,要绕个弯子曲折地提取,没有直捷的道路可走。外国学生学习汉语到了中、高级阶段,积累了相当数量的词语,此时有条件建立起汉语词语的语义网络体系。虽然这个语义网络跟学习者的母语仍然有着多方联系,但毕竟可以独立成系统。在学习者的主观因素的作用下,这个汉语语义网络的建立会有早有晚,有粗有细,因人而异。有的学习者比较注意按类别或按词义整理所学的汉语词语,他的语义网络的建立就较为快速,也较

---

① 刘爱伦主编:《思维心理学》,上海教育出版社 2002 年版,第 70 页。

为细密。例如日本丸红公司的一位学员,他整理汉语词语的本子有几大本,每天都要花几个小时把各门课程中新学的或新接触的汉语词语分门别类、"对号入座"到本子中去。从零起点学习一年以后,他的口头作文一次可讲三十分钟之长,提取和应用的词语丰富而且准确,这说明他头脑中的汉语语义网络已很庞大且细密。

学生头脑中建起了汉语语义网络,命题和概念的表述不必再走母语—目的语这条曲线,可直接刺激汉语语义网络,从中提取能表述该概念的汉语词语,并激活该词语的词形编码,从而得心应手地书写出来①。

二、积累组块

学习者建立起汉语语义网络,头脑中的命题概念有条件直接从汉语语义网络中匹配和提取,这是应用汉语思维和表达的基础。但是被提取出来的词语,只有按一定的语义规则和语法规则组合起来才能表达一个意思,或"产生新颖的、有效的主意或结论"②。既要符合语义规则,又要遵循语法规则,对于掌握汉语不太熟练的学习者来说,其组合的速度及其有效性就成为用汉语思维和表述的难点,一个词组,一个句子往往要斟酌好一阵子方能组织起来,严重影响他的写作。有经验的学习者,在吸收新词语编织语义网络的过程中,常连同词组也一起记忆贮存进大脑。如果说单个词语的吸收和提取是零存零取的话,那么词组的记忆和配搭是整存整取,省却了临时选词语临时进行配搭的手续和功夫,其速度和准确性何止提高一倍。在写作实践中,词组的组合随着知识的积累和经验的丰富,到一定阶段也可以边提取词语边组合新的词组,也就是说可以做到零存整取了。

由几个词语配搭起来的词组,心理学上称为组块。组块"是一种信息的组织或再编码。人利用贮存于长时记忆的知识对进入短时记忆的信息加以组织,使之构成人熟悉的有意义的较大的单位③"。口语能讲得流利,是因为"讲述者必须将信息打包组成一些组块或自然段落,以使听者能够理解④",写作也是如此。由于组块能作为一个单元在写作中实际运用,它的组成本身包

---

① 徐子亮:《写作教学中培养外国学生用汉语思维和表达的方法谈》,《对外汉语教研论丛(第三辑)》,华东师范大学出版社 2005 年版,第 207 页。

② 刘爱伦主编:《思维心理学》,上海教育出版社 2002 年版,第 68 页。

③ 王甦汪安圣著:《认知心理学》,北京大学出版社 1992 年版,第 139 页。

④ Kurt Pawlik Mark R. Rosenzweig 主编,张厚粲主译:《国际心理学手册》,华东师范大学出版社 2002 年版,第 223 页。

含着几个概念,可传递出较多的信息,那么由这些组块构成的部件自然能表述出完整而复杂的意义了。例如"经济的繁荣,贸易的发展,建设的加速推动着新兴城市的崛起,而稠密的人口,拥挤的交通,污染的环境却又困扰着这些城市的进一步发展。"这个句子起码有六个是常用的组块(经济的繁荣、贸易的发展、建设的加速、稠密的人口、拥挤的交通、污染的环境),如果积累组块较多的学习者,很可能连"推动崛起"、"困扰发展"都是他记忆库里的单元。有着这么多的组块可以调动和应用,要写出这么一句包含许许多多命题和概念的复杂话语,似乎也并不是什么难事了。

写作教师应和其他课程的教师一起,引导学生在阅读中注意吸收常用的词组,记忆和积累组块,并在表达实践中反复提取和应用。"人的知识获得离不开经验产生的情境,并且受到情境中各种特征的影响。因为知识获取和应用的最重要情境是人们重复参与的练习和应用,所以严重受到这些练习特点的影响。[①]"这就说明吸取词组这样的组块知识,最好连同出现这些组块的情景一起记忆,因为它们能提供学习者搜索、提取有关组块的线索;而更为重要的是练习和应用,因为它们能加快提取的速度,提高其应用的准确性[②]。

三、熟练掌握产生式

外国学生用汉语遣词造句,仅仅学习一些汉语语法知识是远远不够的,因为这仅仅是一种陈述性知识,还得"通过成千上万小时的练习之后,知识才能达到程序化和自动化"[③]。而汉语知识的程序化和自动化正是学习者直接应用汉语思维和表达的必要条件。

"程序知识则是按规则来表征。通过规则,把程序知识与对真实世界的反映联系在一起。[④]"这种规则是用"假如—那么"来运行的,即"假如是这样的情况(或条件),那么就执行那样的行为。[⑤]"认知心理学称之为产生式规则,它"被认为存储在长时记忆中"[⑥]。学习者在学习汉语过程中,每一条语法都可

---

① Kurt Pawlik Mark R. Rosenzweig 主编,张厚粲主译:《国际心理学手册》,华东师范大学出版社 2002 年版,第 257 页。

② 徐子亮:《写作教学中培养外国学生用汉语思维和表达的方法谈》,《对外汉语教研论丛(第三辑)》,华东师范大学出版社 2005 年版,第 209 页。

③ 刘爱伦主编:《思维心理学》,上海教育出版社 2002 年版,第 84 页。

④ 同上注。

⑤ 同上注。

⑥ 同上注。

.分解为若干"假如—那么"规则。例如,汉语比较句的产生式规则是:

(1) 假如甲是被比较的人或事物,
　　那么甲作句中的主语。

(2) 假如"比"是比较句的介词,
　　那么"比"字紧放在主语之后。

(3) 假如乙是比较的人或事物,
　　那么乙作介词"比"的宾语。

(4) 假如某个形容词表示比较的结果,
　　那么该形容词作句子的谓语。

(5) 假如某个数量词表示比较结果的具体差别,
　　那么该数量词作句子的补语。

学习者循着这些系列性的产生式规则一步步进行推导,就可造出"哥哥比弟弟高五公分"、"信件邮资外地比本市贵二角"等句子。"人们不知不觉地运用着成千上万的产生式规则",只是"通过练习,规则及其应用已达到心照不宣,就不再为人们所意识到了。[①]"写作教学就是要通过写作练习,让学习者熟练地按汉语句子的产生式规则造出大量的正确的汉语句子,并达到自动化的境地。

当然,教师的教学绝对不是把每一条汉语语法分解为无数的产生式规则,那样搞是烦琐哲学,结果适得其反。最有效的办法是让学生记住每一条语法的范句,造句时按范句的样式进行替换。虽然这种造句法外显的形式是不断替换,其实说到底还是学习者内隐的产生式规则在暗暗地运作。

四、克服中介语现象

中介语既非学习者的母语,也不是纯粹的目的语,而是学习者在学习目的语过程中产生的一种变化着的语言系统。说它是系统,因为这是每个学习外语的学习者必然会有的现象。尽管因学习者的差异而有不同的中介语表现,但在操同一种本族语的学习者中,他们在学习和应用目的语时,其中介语现象的发生和发展,似乎有些规律可循。凭藉着这种中介语,学习同一种目的语的学习者即使母语不同,也能进行交流和交际。说它是变化着的语言,

---

① 刘爱伦主编:《思维心理学》,上海教育出版社 2002 年版,第 86 页。

因为它是一种过渡性的语言,随着目的语语言知识和文化背景知识的积累和丰富,应用目的语表述的实践机会的增多,教师或社会人群对其表述的影响,学习者所使用的中介语会逐渐地、自动地向标准的目的语靠拢和接近。最终能不能消灭中介语现象,则要看学习者的主观努力程度如何了。或许因文化的隔阂,即使能熟练应用目的语的学习者,其中介语现象也不能完全绝迹。

中介语现象的产生,不外乎两个原因,一个是受母语知识的干扰。以词语为例,汉语词语的词性比较难以确定,学习者常会把概念上基本对应的两种语言的词语完全等同起来,把母语词语的用法渗透进汉语词语。如母语为英语的学习者常说“我见面他”,就是把“见面”等同于 meet 的缘故。语法上也有这种移用的情况,如初学汉语的日本学生会说“我每天上午学校去”,就是把日语的语法渗透进了汉语的句子。另一个是把学到的目的语语言形式和规则“过度概括化”①,即把只适用于甲情境的语言形式和规则使用到了乙情境中去,引起语言表述上的偏误。例如“不敢当”一般只用在回应别人对自己感谢或赞誉的情境之中,而有的日本学生却说“不敢当你批评我”、“不敢当我没有你做朋友”,似乎泛化到了有点儿滥用的地步。但这是在大胆使用过程中出现的过失,应该在鼓励中加以纠正。

写作教学纠正或扭转学习者的中介语现象,首先要区别失误和偏误。失误是学习者自己可以纠正的,只是因为写作时疏忽或匆忙才发生的笔误或错误;偏误是学习者自以为正确的、比较顽固而不易扭转的、常常是屡纠屡犯的过错。写作教学的重心应放在后者。对于带有个性特点的偏误,可在作业本上指出其问题的症结所在;对于带有普遍性的偏误,则可在课堂上集体纠正。总之,要打破学习者正在形成的“动力定型”或错误的产生式规则,帮助他们重新建立正确的语感。

中介语在一段时期里是学习者用以思维和表达的过渡语言,应该说比依赖母语思维和表达前进了一大步。它虽然不精确,却能够起到交流和交际作用,理应受到鼓励,尤其当学习者大胆使用所学的新词语和新语法时,不能因使用欠当而加以否定。相反,应该循循善诱,多增加实践的机会,使之逐步靠拢和接近目的语。

建立语义网络、积累组块、熟练掌握产生式、克服中介语现象,这些措施

170

---

① Kurt Pawlik Mark R. Rosenzweig 主编,张厚粲主译:《国际心理学手册》,华东师范大学出版社 2002 年版,第 222 页。

应该是同时施行的,并贯穿于写作教学的各个阶段。当然由于学习者的个体因素,也由于学习的不同阶段,我们可以针对某个学习者或某个学习阶段,加强上述四项措施中的某几项或某一项。所有这些措施我们应该作为一个整体来看待,通过几方面的综合努力,培养和提高学习者的汉语写作能力①。

本 章 小 结

写作是由头脑中的有限传递系统、策略系统、知识系统、监控系统和表达系统共同协调和紧密配合的结果。

外国学生学习汉语,要在母语的第二信号系统外,再建立另一个第二信号系统。外国人的汉语习作,一般是用母语思维的,因而有一个母语与目的语这两个第二信号系统之间的转换问题。

外国学生的汉语习作,其难点表现在词不达意、语句不连贯、结构不完整、剪裁不当等问题上。这些难点有其一定的心理成因。针对这些难点,对外汉语写作教学要从建立语义网络、积累组块、熟练掌握产生式、克服中介语现象等方面着手,培养学生的汉语写作能力。

知 识 运 用

1. 头脑中的有限传递系统、策略系统、知识系统、监控系统和表达系统,在汉语习作中是怎样相互协调、紧密配合而发挥作用的?

2. 外国学生的习作,一般需要把母语转换成汉语,在这个对译和转换过程中可能会遇到什么问题?产生这些问题的原因是什么?

3. 外国学生的汉语写作能力应从哪几个方面着手培养?理由是什么?

研 究 热 点

外国学生用自己母语写作得心应手,而用汉语写作显得困难重重,探讨除了语言上的问题外,还可能存在的其他原因,以及加以克服的方法。

---

① 徐子亮:《写作教学中培养外国学生用汉语思维和表达的方法谈》,《对外汉语教研论丛(第三辑)》,华东师范大学出版社 2005 年版,第 210—212 页。

第九章　汉语作为外语学习的
学习者心理

　　学生是教学活动的主体,研究对外汉语教学心理首先必须对学习者进行研究。语言学习跟各种学习活动一样,都有一个知识在头脑中的表征过程。在这个过程中,学习者个人的心理特征起着重要作用。这是因为学习作为人的一种行为,除了受到一般的心理活动规律的支配外,还受到个人心理特质和心理因素的影响。因而讨论语言学习中学习者个体的心理特征就显得十分必要。

　　对外汉语教学的资深教师,一般都有这样的经验,在他们所接触过的各种不同国家、不同年龄的学生中间,在他们所教的各门课程中间,学生的学习会有这样或那样的不同表现:有的擅长交际与说话,有的只埋头于课堂听讲;有的善于把课堂所学到的东西加以归纳和整理,有的注重把课堂学到的知识较快地应用于实践;有的接受能力强,一点拨就能领悟,有的接受能力弱,要反复多次才勉强搞懂;有的在阅读课上发挥自己的优势,有的在听说课上显示自己的长处。凡此种种,都跟学习者的个体心理特征有关。语言学习中学习者的个体心理特征主要表现为认知风格上的差异。不同的认知风格与个性特征,对外语学习有一定的影响。

第一节　学习者的认知风格

　　学习者的认知风格是指学习者在学习过程中对信息进行加工的方式。认知风格一般是在学习过程中受到学习条件、环境和个人的禀赋、素质的影响而形成和发展的。此外,也常受到学习者个性特征的制约。个性特征中个体性格的内向与外向、自信心与自我抑制以及焦虑程度等常常与认知风格关系密切。例如,性格外向的学生在群体活动中一般比较活跃,善于交往。在语言学习上常表现为乐于开口、不怕犯错误,不忌讳他人的看法,因此在口语方面占有一定优势。

认知风格具有一定的稳定性,同时也存在一定的可变性。稳定性是指学习者在相当一个时期内保持其认知风格的一致,例如在儿童时代,或者青年时期,对事物的认知和加工,基本上是一种风格;而可变性则指从学习者整个学习过程来看,他的认知风格会有所变化,例如随着年龄的增长和知识的丰富,在一定程度上会逐步改变或修正自己的信息加工方式,也可能学习和吸取别人的良好的学习方式与学习风格。有经验的对外汉语教师能够根据他们的个性特征采取与之较为吻合的教学方式,充分调动和发挥学生的优良素质,使之具有并保持良好的认知风格;同时,也会鼓励和培养资质一般的学生,以促进和改变原先不够理想的风格,从而提高教学效率①。

教育心理学和认知心理学将学习者在学习过程中对信息加工的方式归纳为:场依存性与场独立性、冲动型与沉思型、容忍倾向与排他倾向等几种类型②③。下面我们将对学习者的认知风格及其与语言学习的关系加以分析。

一、场依存性和场独立性

场依存性与场独立性是人们对客观世界的信息进行加工的两种方式。这两种认知方式普遍存在于人们对客观世界的认知活动中。

(一)场依存性与场独立性的特点

场依存性与场独立性是对视觉信息进行感知和抽象方面所存在着的个体差异而做出的划分。

场依存性的主要特点是注重宏观和整体性,具体表现为:看待事物往往倾向于从宏观上、从整体上着眼,即使在感知个别信息时,也容易受到整体知觉背景的影响。在接受信息时,常以外部参照作为信息加工的依据。例如在对某个事件做出反应时,或在评价自己或他人时,常常会受到外界各种因素的影响和干扰。在处理问题和解决问题时,容易忽略问题的具体因素而被它的整体特征所左右、所吸引。拿学习汉字的读音来说,场依存性强的学生,能

---

① 徐子亮、吴仁甫著:《实用对外汉语教学法》,北京大学出版社 2005 年版,第 54 页。
② 邵瑞珍著:《学与教的心理学》,华东师范大学出版社 1990 年版,第 245 页。
③ 王初明著:《应用语言心理学》,湖南教育出版社 1990 年版,第 123 页。

从形声字声旁类推这个整体规律出发而获知一大批同音字或近音字,如古、故、姑、固、估、咕、沽、菇等都念 gu,但正因为只重视整体规律,忽视其中语音变迁的特殊性,把怙、祜(hu)和苦、枯(ku)等也错归到 gu 音中去了。

场独立性的主要特点是注重微观和具体性,具体表现为:看待事物常常倾向于以微观为基点,善于对每一个具体信息做出分析和辨认,较少受到整体知觉背景的影响,甚至会独立于周围背景来考虑问题。判断事物时常以个人的内部标准或内部参照来进行。在处理问题和解决问题时,能较快地从整体中抽出部分来加以认识,并倾向于进行抽象的分析。这样做虽然能使问题集中,可把部分与整体加以区别,但也会因此而见树不见林,看不到整体中各部分之间内在的联系。也拿学习汉字读音来说,场独立性强的学生,只注重具体的每一个方块汉字的读音,因而他们能分辨含有声旁"工"的汉字的不同读音,如"红、虹"念 hong,"江"念 jiang,"功、攻"念 gong,"空"念 kong 等,不会因声旁相同而混淆。但是却不能用声旁类推的方法去识记和认读更多的形声字。

场依存性与场独立性这两种认知方式对主客观世界的认识,无所谓优劣好坏。它们的运用完全取决于客观任务或问题的性质。有的适宜于采用场依存性的认知方式,有的适宜于采用场独立性的认知方式。例如语言课的技能训练,口语练习宜采用场依存性的认知方式,因为双方的会话必须建立在一定的(即多少带有整体意义的)语境之中;而词语辨析则宜采用场独立性的认知方式,因为这是几个词语的具体比较,跟整个语境关系不是太大。但总的来说,个体的认知方式是有倾向性的。有的以场依存性为主,有的以场独立性见长。这种倾向性的形成与个体的个性特征、生活环境及社会文化背景等有着密切的关系①。例如有的学生个性开朗,家庭生活环境比较宽松,父母给孩子较多的自主权,还有各种机会通过图书、音像媒体、实践活动等接触外部世界的精神文明。这样的学生在课堂上乐意与老师交流、与同学合作,多方面、多渠道地吸收和获取知识作为自己学习和加工的依据和参照,因而在学习中会较多地表现出场依存性的认知方式。

(二)场依存性与场独立性与汉语作为外语学习的关系

个体有场依存性的认知方式倾向的,其内在的爱好比较偏重于形象思

---

① 徐子亮著:《汉语作为外语教学的认知理论研究》,华语教学出版社 2000 年版,第 370 页。

维,外在的要求则常常表现为:希望教师组织结构严密的教学,提供条理清晰的讲授提纲,并进行明确的指导和讲解,以使这一切与他个人内在的情感倾向形成一个有机的互补。他们对文学、历史、地理、教育、政治、法律等学科的兴趣比较浓厚,在这些学科领域中,能够充分发挥他们的形象思维和条分缕析的能力。而具有场独立性的认知方式倾向的个体,由于其具有相当的分析、概括、综合的能力,因而对教学结构上的严整性并不很关注,他有能力对教学材料进行整理并结构化,以此对教学进行补充。他们对数学、物理、化学、生物、医学和工程技术学等学科比较感兴趣,在这些学科领域中,能够充分发挥他们的逻辑思维和归纳整理的能力。就语言学习而言,场依存性和场独立性两种不同的认知方式可以发挥各自的作用。具有场依存性倾向的学习者,易于合群,善于交际。擅长在自然的语言环境中、在交际过程中自然地学习语言。来华学习汉语的外国学生,尤其是欧美学生往往善于运用场依存性的认知方式,他们大都能较快地融入到中国的社会环境中去,从课堂以外的校园和社会,通过与中国人的交往,获得汉语的词语、句式以及文化等各方面的知识,并通过实际的运用来练习各种表达方式。在欧美学生较多的班级中,我们常可发现他们努力地、尽可能地用那还不太纯熟的汉语来与本国的、他国的、甚至中国的同学交谈。因而这些学生的汉语会话往往起步早,进步明显,表达能力提高得比较快。具有场独立性倾向的学生由于以分析见长,善于有意识地学习语言形式,能自然地借助于课堂或其他正规的学习方式来学习和掌握目的语,因而他们对所学的语言内容喜欢进行比较、梳理和归纳,愿意相对独立地掌握所学内容,而在交际方面略为欠缺。这方面,日韩学生往往表现得比较突出。他们所掌握的汉语知识较多,阅读能力也较强,就是不愿或很少用汉语来与他人交谈,最为突出的是他们跟本国同学习惯上都是用母语来进行交流的。外语学习要取得理想的效果,只认同一种认知方式是不够的,应当具备场依存性和场独立性这两种不同的认知方式,并交错运用,充分发挥各自的长处,让课堂教学与社会交际同时产生作用,以此来完善汉语学习①。

二、沉思型与冲动型

沉思型和冲动型是两种不同的认知风格。它们是在相对复杂的认知任

---

① 徐子亮著:《汉语作为外语教学的认知理论研究》,华语教学出版社 2000 年版,第 371 页。

务中所表现出来的或快或慢的以及精确或失误的反应。

（一）沉思型和冲动型的特点

沉思型的主要特点是周密思索，具体表现是：处理问题或事件时深思熟虑，谨慎而全面地检查各种假设，因而错误较少。对问题和事件的关注不停留在整体方面，而更注重细节，并追求完美、确实的答案。在对外汉语教学中，沉思型的同学挂在嘴边的一句话常常是"为什么？"他们不以知其然为满足，而要刨根问底，知其所以然。

冲动型的主要特点是粗枝大叶，具体表现是：遇到问题急于做出回答，而实际上，他们并没有对解决问题的各种方式或途径作全面的检验或思考。对事件和问题的处理常采用整体的、笼统的方式，常常会凭预感猜测答案，因而容易出错。在对外汉语教学中，冲动型的同学在课堂上表现得很活跃，发言非常踊跃，但因为满足于一知半解，其回答的准确率往往不高。

沉思型和冲动型这两种认知风格，对一个事件或一项任务都能按各自的特点做出反应。但是它们并不是一种定式。在一定的时期和条件下，两者可以转换，可以各自起作用。一般情况下，随着年龄的增长，知识和社会阅历的丰富，个体认知的冲动性会有所下降，思考问题的时间和错误率也会发生相应的变化。但在各个年龄阶段，这两种认知风格具有一定的稳定性。比如处于小学和初中阶段的学生，有的解题始终那么细致，有的答题老是那么粗心，就因为认知风格的差异所致。但到高中阶段，随着课程内容的深入和细化，冲动型的学生在一定程度上会慢慢转向沉思型。总的说来，对于一个认知任务或目标，沉思型和冲动型都能按各自的特点做出反应[①]。我们在课堂上会看到这样的情形：教师让学生做看图说话的练习，冲动型的学生往往快速地看一下图片就要求发言。而沉思型的学生则会拿出纸笔，先把要说的内容写下来，经过检查修改，然后再开口述说。

（二）沉思型与冲动型与汉语作为外语学习的关系

在一般学习上，沉思型学习者由于善于思考，比较细致、严谨，常常能发挥他们冷静、全面的特点，因而他们的阅读成绩、各项测验成绩及创造性设计成绩等一般都比较优良。而冲动型学习者由于急于求成的心理状态，对问题

---

① 徐子亮著：《汉语作为外语教学的认知理论研究》，华语教学出版社 2000 年版，第 373 页。

的考虑常常粗疏大意，因而他们的学习能力相对较低，学习成绩不稳定。表现在语言学习上，沉思型学习者善于进行归纳，这种学习方法比较适合于接受和消化课堂教学的内容，完善个人的知识结构。如果教师用归纳法上课，则沉思型学生得益最多。比如教师教带有形旁"心"的字义时，从已经学过的形声字中归纳出形旁"心"所表示的意义范畴，如从"忧、快、恨、怒、恶、悲"等字中说明"心"可以表示有关的心情或感情；从"想、念、怀、思、怜、惜、慕、忍、忘"等字中说明"心"可以表示某种"心理活动"；从"忠、志、惰、性"等字中，说明"心"可以表示某种性格品行；从"忙、急、悠、慢"等字中，说明"心"可以表示某种与心理有关的状态等等（当然也有必要强调这些字义归类的交错情况）。这对沉思型的学生来说，正好符合他们的学习思路，因而能够很快接受并充实自己的知识结构。以后遇到带"心"旁的生字（如惭、愁、忆等），能归入"心"旁所表示的意义范畴，从而记住这个字的意义。但沉思型学习者由于过分拘谨，追求详尽和全面，因而在语言学习的某一个阶段停留的时间可能会比较长一些。然而，一旦从一个学习阶段跨入另一个学习阶段时，可能会呈现出一个明显的飞跃。比如有些沉思型学生，在课堂上保持缄默的情形较多，口语能力比较薄弱，但在一个暑假旅游回来，口语水平突飞猛进，因为他们平日所积累的汉语知识，在实际应用中有相当部分转化成了能力，能力释放的结果产生了一个飞跃。

根据观察和统计数据显示，在汉语作为外语的学习中，用汉语阅读和回答问题时，沉思型学习者往往比冲动型学习者速度慢，但准确率高。课堂中，面对教师的提问常有两种反应：一种是抬着头想，一种是低着头写。前者多数是冲动型学习者，他们跃跃欲试，马上要求回答；后者则为沉思型学习者，他们习惯于把自己的思路和答案写下来加以修改后才做出回答。教师如果对这类学生的个性特征认识不够，对他们缺少耐心，没有给他们留出思考的时间，或者加以催促，打乱了他们的思索，没有足够的时间让他们去考虑正确答案，这样，学生的认知风格与教师的教学风格产生了矛盾，就会影响和妨碍他们的汉语学习与获得。当然，还有一种情况是进行有时间要求的语言训练，例如规定时间的听力训练、口头回答问题或限时阅读等，这就需要教师对沉思型学习者加以正确引导，不能过分迁就，应逐步提高他们的反应能力。冲动型学习者使用的语言学习的方法，比较灵活，顾虑少，勇于做出回答，因而在语言学习上虽然跨出的步子比较小，但发言机会多，使用频率高，也会显示出较为明显的进步。比如有些带有冲动型风格的欧美学生，学习了一个时期,他们使用汉语的口语水平和表达能力明显高于同班的其他同学。但总的说来,冲动型学习者常由于学得不够扎实,在一定程度上会妨碍汉语的学习与获得。教师如果对具有这种个性特征的学生进行有针对性的训练,例如做一些注重语料细节的练习,则可以弥补由于学生个性造成的学习上的不足,使他们的汉语学习得到较大的收获①。

三、容忍倾向与排他倾向

人们对客观事物的接收和概括是有差别的。有的取向宽泛,有的取向狭窄。个体对事物归类过宽或过窄形成了容忍倾向与排他倾向两种不同的认知方式。

(一)容忍倾向与排他倾向的特点

容忍倾向表现为容易接受概括性强的事物。其长处是概括、综合能力强,富于探索精神,能够在模棱两可、线索纷繁的情况下,有条不紊地理出头绪。具有容忍倾向的个体往往能兼收并蓄与他的思想和知识结构不同的观点或意见,互相矛盾的内容和形式。其短处是,有时概括性过强,常常会把不属于同类的事物也包括在内,或者扩大运用只符合某个事物的客观规律,造成规则泛化。比如具有容忍倾向的外国学生,对于汉语中某些形容词兼有动词用法,如"丰富内容、严格纪律、繁荣经济、密切关系、平整土地"等,它们带上宾语时含有"使"的意思,即"使内容丰富、使纪律严格、使经济繁荣、使关系密切、使土地平整"等,虽然这跟汉语中一般形容词的用法有异,跟母语中的形容词用法也不同,但他们能够包容和吸收这种特殊用法。不过,由于他们有过强的概括力,常常会扩大和超出这个应用范围,造出象"热情感觉、潇洒衣服、疼痛心脏"这样的句子,泛化了原有的规则。

排他倾向表现为易于接受概括性小的事物。其长处是善于在明确的范围之内把事物和现象进行分类和细化。其短处是无法容忍模糊不清的事物和状态,有时会拒绝那些与他的想法不一致的内容,而把属于同类的事物也排除在外。比如具有排他倾向的外国学生,对于汉语中宾语与动词的意义搭配关系有表示动作对象(我拿书包)、动作结果(她写了一篇小说)、动作处所(他来上海)、动作所用工具(我写毛笔)等,由于分类细致而明确,他们乐于接

① 徐子亮著:《汉语作为外语教学的认知理论研究》,华语教学出版社 2000 年版,第 374 页。

受。但对于"打扫卫生、恢复疲劳、弥补过失"等这类习惯性的搭配是无法容纳的,在他们看来"卫生被打扫了,不是更脏了吗?""疲劳恢复了,不是更累了吗?""过失弥补了,不是更错了吗?"因而他们是绝对不会造出"改进缺点"之类的病句的。

(二)容忍倾向及排他倾向与汉语作为外语学习的关系

外语学习一般要经历一个从窄到宽、从少到多的认知过程。在学习的初始阶段,由于词语积累、语法规则学习和表达方式的掌握都比较有限,因而新学的词语和句式常常因为觉得没有十分把握而被排斥在使用范围之外。例如,"把"字句是汉语的一大特点。外国学生刚学的时候,会因为在母语中没有对应的句式而常常回避使用。如说"你把课文念一遍",为了回避,直接说成"你念一遍课文"。到了一定阶段,由于学习内容的扩大和丰富,学习者会逐步放宽对语言知识的认知和应用,甚至会泛化所学到的语言规则,出现一些偏误或失误。比如学生会说出这样的句子:"如果你把这件事相信是他干的,你会失望的。"这个句子的偏误在于:"把"字句的动词要带有"处置"意义,而句中的动词"相信"不具有"处置"意义,学生把使用范围有一定限制的语法规则任意搬用到了超出规定范围的话语中去了。但随着学习的深入,对"把"字句的性质有了比较透彻的理解,学习者会进行部分调整,泛化现象也能得到一定的控制。可见,容忍倾向和排他倾向在整个学习语言过程中是互相渗透,有所变化的。

每一种语言都代表了一种看待世界的方式。对外语学习者来说,学习一门外语就意味着学会另一种看待世界的方式,即对事物概念的抽绎和概括以及对事物关系的思维定式等。持容忍倾向的学习者比较能包容不熟悉的、甚至有些矛盾的内容,对于自己现阶段难以理解或接受的语言材料也能容纳。例如听或阅读一段语言材料,其中有一些尚未学过的词语或句子,或者即使学过而记忆模糊的语句,尽管不能完全听懂或看懂,但只要能猜到大概的意思,便也可以接受。而持排他倾向的语言学习者在一个时期内较难接受以一种全新的方式来看待世界的情况,其母语结构的知识以及母语结构的特殊性,在他的认知结构中根深蒂固,因而新的语言内容不是被母语同化(如有的欧美学生很长时期在用汉语形容词作谓语时中间要加一个"是")就是要花较长时间才能被接受(如兼语句的使用),尤其在感受到某种心理压力时会采取回避的态度(如避免使用不太熟练的"把"字句)。我们在对外汉语教学中曾接触过一个排他倾向比较明显的典型个例。有一位法律专业本科毕业的日本学生，由他所任职的日本某公司派来中国学习汉语十个月，要求从零起点达到汉语中级水平。该学生在汉语学习过程中排他倾向的认知风格表现十分典型。他固守个人长期以来在母语学习中形成的学习习惯，过分细化某些学习内容，甚至拒绝接受与他个人想法不一致的信息，自从在学习的初始阶段认定语音的重要之后，处处以语音为重，在以后不管学习词汇、语法还是听力、会话，他始终把80％的精力花在语音上。几个月下来，他跟同时入学的其他学生差距越拉越大。尽管老师花了很多时间为他个别补习，但由于他始终不肯改变个人的学习方式，在课堂上不跟教师同步，教师上课，他自学，对许多教学内容采取完全回避的态度，最终的结业考试，他的成绩最差。HSK 成绩他比其他学生低了两个等级①。从这个个案我们看到个人的认知方式对学习所造成的影响，这是值得对外汉语教师重视的。

容忍倾向与排他倾向两种认知方式在外语学习中都具有一定的作用，这要根据语言使用而定。一般而言，进行输入性的如听或读的技能训练，则容忍倾向的认知方式比较适宜，那样可以接收和吸取更多的知识内容；而进行输出性的如说或写的技能训练，则排他倾向的认知方式会被更多地采纳，那样可少说错话或少写错句。优秀语言学习者很可能兼采两者的长处，既合理准确地运用语言规则，也进行大胆探索。他们在运用语言中顾虑较少，通过实践来证明或推翻对语言规则所作的假设，从而达到语言学习的良好境界②。

四、认知风格与课堂教学方法的关系

对外汉语教师掌握自己教学对象的特点，以利于采取相应的教学措施，提高教学效果。学习者的认知风格与课堂教学方法的运用，有着内在的联系。场依存性与场独立性、沉思型和冲动型、容忍倾向与排他倾向，这些不同的认知风格表现在对教学方法的适应上也是各不相同的。

在具有场依存性认知风格的学习者较多的班级，教师可以较多地运用先讲后练的讲练法进行教学。因为这类学习者常常希望教师系统而有条理地讲授知识。另外这类学习者喜欢从整体到具体地加工信息，所以先规则后例子的演绎法也比较适合于他们。

---

① 徐子亮著：《汉语作为外语教学的认知理论研究》，华语教学出版社 2000 年版，第 376 页。
② 同上注。

在具有场独立性认知风格的学习者较多的班级，教师宜较多采用练讲法。所谓练讲法是先练后讲。这种教学方法的特点表现在教师以重点、难点的讲解为主。而具有场独立性认知风格的学习者有较强的综合归纳的能力，所以教师对重点难点的讲解正是他们所希望的。用先例子后规则的归纳法讲解课程内容也适宜于这类学习者，因为他们喜欢从具体到整体地加工信息。

在沉思型学习者居多的班级宜采用演绎法进行教学。与具有场依存性认知风格的学习者相似的，是这类学习者也乐意从整体到具体地加工信息。

在冲动型学习者居多的班级，采用提问法或对话法进行授课是比较理想的选择。冲动型学习者回答问题踊跃，用提问和解答的方式，或者在师生和同学之间围绕某个话题或语言材料进行对话，能提高学生的学习兴趣、活跃课堂气氛，从而能够较为顺利地开展教学活动。相反，这类教学方法，尤其是对话法，在沉思型学习者居多的班级，往往开展不起来。

具有容忍倾向的认知风格的学习者，比较容易接受在一定情景中进行交际会话的交际法。他们比较善于从交际中学习和吸收、归纳和整理纷至沓来的知识，并通过交际来运用和消化这些知识。另外，先例子后规则的归纳法也比较适合具有容忍倾向的学习者，因为他们同具有场独立性认知风格的学习者一样，也善于从具体到整体地加工信息。

在排他倾向的学习者居多的班级，则可多运用对比法进行教学。对比母语与目的语的异同（语际对比）、对比目的语中不同句型的特点等（语内对比），可让学习者通过对比，改变自己对目的语的排斥，接受新知识。

认知风格与课堂教学方法之间的关系是相对而言的，它们有一定的相关性，也有一定的灵活性。如何处理好其中的关系，需要教师在教学过程中仔细观察、勤于思考分析，并根据教学实践加以监控和随时进行调整，以保证教学活动的顺利进行。

第二节　学习者的情感因素

学习是一种与情感密切相关的心理活动。动机、态度、性格等情感方面的人格特征与学习的效率和效果会相互影响、相互作用。学习心理学告诉我们："良好的性格特征有助于学业成功。而学习上的成功又能增强学习者的信心,得到情感上的满足,产生良好的心境,使其对未来的学习志向水平提高,学习更加勤奋。进而促进开朗、乐观和积极进取的性格发展。[1]"相反,学习的屡次失败,会导致消极情绪的产生,并促进不良性格的发展。

一、动机

动机是驱使人们活动的一种动因和力量,包括个人的意图、愿望、心理的冲动,或企图达到的目标等[2]。不同的动机,对外语学习有一定的影响。

(一) 动机

由于基本生存的需要、社会生活的需求以及精神生活的追求,决定了人类的动机是多种多样的。就学习而言,动机一般分为内部动机和外部动机。内部动机是个体自身所产生的动力,来自个体对活动本身的兴趣和认识,如外国学生有的对中国文化怀有浓厚的兴趣、有的钟情于中国的悠久历史,也有的向往中国山川土地的广袤和独特的风景,因而来华学习中文。外部动机是受外部诱因而产生的动力,来自别人的影响或教师的肯定、表扬和鼓励,例如因为成绩好而得到物质和精神奖励等等,从而激发出学习的积极性。

(二) 动机的作用

动机能对语言学习,尤其是汉语作为外语的学习产生较大的影响。来中国学习汉语的外国学生如果具有明确的学习目的或不断获得的成功,就能激发出学习的动力。有一位新加坡学生,她来中国学习的目的非常明确,就是希望本科毕业后回新加坡当中文教师。明确的学习目的激发出强大的学习动力,她上课从不请假,从不迟到早退,作业完成得非常认真。有一次老师布置调研作业,要求找3个中国人进行访谈,了解各人对方言的看法。结果她找了5个不同年龄层次和不同职业的中国人进行调查,另外还写了一篇一千多字的调查报告。同样,成就动机也能激发出学习的动力。有一位因丈夫来中国工作而随同前来的韩国太太,来中国以前是韩国医院的一名护士。因为同时又是家庭主妇,上有公婆,下有小叔小姑和儿女,生活工作十分辛苦。来中国以后,生活一下子变得十分轻闲。为了消磨时光,她来学校学习中文。

① 邵瑞珍著:《学与教的心理学》,华东师范大学出版社1990年版,第253页。
② 同上注,第270页。

对外汉语教学心理学

由于她比较年长,而且学习认真,结果在班级中得到学生的尊重和老师的赞许。这种获得荣誉的满足感,提高了她学习的信心和积极性,而这种信心和积极性反过来又促进了她的学习。这个例子说明了肯定和表扬能激发学习者自我提高的动机,促进学习的积极性。同样前文所提到的新加坡学生,由于优秀的学习成绩赢得了他人的羡慕和敬佩,并进一步形成学习的动力,提高了她的学习主动性和积极性。由此可见,维持适当的学习动机可以提高学习效率、获得理想的学习效果。动机推动学习,学习增强动机,这两者是互为因果的。

(三)动机的培养和激发

动机的激发可使潜在的动机转化为学习行动。因此学习动机的培养和激发就显得十分重要。明确学习目标、培养学习兴趣,确立切合实际的志向水平,利用反馈、合理的奖惩以及竞争,这些都是培养和激发学习动机的具体而可行的措施。

明确学习目标是使学习者保持旺盛的学习热情、克服困难、跨越障碍的强大动力。教师可以经常强调学习目标以及离目标还存在的距离以鼓励学习者。例如有的学生学习中文是为了获得某一个等级的证书,也有的学生学习中文是为了求职。对前者,教师可以以练习或测验的形式向学生显示到达目标的距离,以此来激励他们;而对后者则可以更多地鼓励他们向目标靠近。

培养学习兴趣是因为一部分学习动力来自兴趣,教师可以通过学习内容的生动、新颖,教学方法的灵活多样,甚至通过引起学生的好奇心和引发求知欲来激发学生的学习动力。表现在语言学习上,教师可以准备学生感兴趣的语言材料或话题、通过情景设置或提问的积极引导、运用多媒体等教学手段丰富教学内容、提高语料的表现力等等来培养学生的学习兴趣,激发学习动力。例如方言课的开设除了能帮助学习者解决一些生活问题以外,学习内容本身可以引起他们的好奇心,引发其求知欲。因而,尽管对外国学生而言,方言的学习很有难度,但对学习内容的兴趣足以激发他们的学习动力。

确立切合实际的志向水平,这也是激发学生学习动机十分切实可行的方法。志向水平是人的主观意志的表现,学业志向水平是学生主观愿望的表现。例如,有一个巴西航空公司的空姐,她的主观愿望是通过三个月的强化训练解决汉语日常生活用语的听说问题,以使她能在飞行中国的航班上工作。解决汉语日常生活用语的听说问题就是这个学习者的学业志向水平。

志向水平与学习动机有比较密切的关系。当学生充满信心的时候,确立的志向水平高,学习动机也较强。反之,对学习缺乏成功的信念,确立的志向水平低,学习动机也会下降。教师应当帮助学生确立切合实际的志向水平,以培养学生的学习动机和维持长久的学习动力。

利用反馈激发学生的学习动机,这是被心理学家所证实的行之有效的办法。反馈是让学生了解自己的学习结果,包括让学生看到自己的缺点或错误来激起上进心。许多实验证明反馈、尤其是及时反馈,对于激发学生的学习动机,提高学生学习积极性的作用是十分显著的。另外奖惩也能激发学习动机,受奖励或表扬对于学生的激励作用最大,且有较长时期的效应;受批评或惩罚的激励作用次之;受忽视的激励作用再其次;而未受到奖惩也未见他人受奖惩则无任何激励作用[①]。这表明合理地使用奖惩手段,可以激发学生的学习动机。竞争也是一种激励机制,部分学习者争强好胜、不甘人后的个性,往往会在竞争中突显出来。通过竞争互相激励,可以增强学习的动力。班级集体学习和个别授课是对外汉语教学最常运用的两种学习形式。个别授课有时会因为没有集体学习的环境、缺乏竞争而使学习者的学习动力不足,或者因为没有参照者而盲目自满。可见竞争机制在一定程度上可以激发学习动机,增强学习动力,提高学习效率。

二、态度

态度是一种藏之于内心的、对行为或事物做出评价反应或准备采取相应行动的倾向性。对外汉语教学要取得良好的效果,应关注学习者的学习态度。

(一)态度

加涅(1985)指出,态度是通过学习形成的影响个体的行为选择的内部状态。加涅对态度的定义包含了三层意思:其一,态度是一种反应的倾向性或准备状态,而不是实际反应本身,它可以使某些行为的出现成为可能;其二,态度决定人们的行为选择,即愿意不愿意做,与个人的能力无关;其三,态度是通过学习或经验组织而形成的。个体可以通过与其环境相互作用而形成

---

① 叶奕乾、祝蓓里主编:《心理学》,华东师范大学出版社 1996 年版,第 334 页。

或改变态度①。比如有一个学习态度认真的学生，听教师介绍早晨读外语能提高记忆，因此而准备这样做。所谓态度是他对晨读外语的反应，或者说由于学习态度认真使他的晨读外语的实施成为可能。即他愿意晨读，而不是晨读这种行为本身。其次，是否晨读不是由这个学生的能力决定的，而是他的学习态度决定的。而对待晨读外语这件事的态度是这个学生与周围环境的相互作用形成的，或者说这个学生对晨读外语的积极态度不是天生的，是在教师的指导下，或者受到周围学生的影响而形成的。我们可以设想，如果他周围的学生学习都十分刻苦努力，那么在环境的熏陶和影响下，他也会采取积极认真的学习态度。否则，周围学生懒懒散散，同样会影响到他的态度的形成和改变。

（二）态度的形成

态度一般由认知成分，情感成分和行为成分构成②。

认知成分是个体对客观行为或事物带有评价性的观念或信念。对一件事，不同的人会持不同的态度，这就是不同的态度中含有不同的认知成分。例如，对待学习成绩，有的学生看得很重，有的学生则无所谓。看得重的学生，每次测验，甚至作业的成绩都要向老师问个究竟，不仅要知道分数怎么评，还要查看其他同学的分数，并与之进行比较；无所谓的学生，测验过后很久也不取回测验卷，成绩如何似乎与他无关。

情感成分指由态度的认知成分而产生的情绪或情感。对客观事物带有评价性的观念或信念一般带有情感成分，上文所提到的对成绩的态度即是。有的情绪反应比较强烈，比如看到好成绩喜形于色；看到成绩差，或懊丧不已，或愤愤然作要讨回公道状。有的情绪表现比较理智，不管成绩好坏，均很平静或淡然处之。

行为成分是指实施某种行为的准备倾向。采取某一种行动，各人的行为态度是不同的，有人始终如一，有人半途而废，有人浅尝辄止。例如外国学生的中文课程选修，有人从开学听课到期末，从不缺课；有人学了半个学期放弃了，甚至不告而别；也有的学生开学的时候图新鲜，或盲目跟从旁人，或自我估计过高，待到真正上课尝试后，遇到些许困难就又匆忙退下阵来。还有一

---

① 邵瑞珍著：《学与教的心理学》，华东师范大学出版社 1990 年版，第 158 页。

② 同上注。

种情况,有些人口头的承诺往往并不付诸事实,正如人们常说的:"只闻雷声响,不见雨点下",或者"说得好听而已"。例如有个别学生不断向老师保证认真做作业,而事实上并未做到。这种情形往往是态度的行为成分与认知成分和情感成分的相分离。而一般情况下,认知成分、情感成分和行为成分应该是相一致的[①]。

(三)态度与动机的相关性

动机与态度往往是相互关联的。正确的动机带来良好的态度,动机不纯或者造成态度不佳,或者良好的态度无法长时维持。例如,有的外国学生来中国学习中文本科是为了提高中文水平和汉语能力,以便当下或将来从事文化、经济或贸易的中外交流工作。这类学生动机正确,所以学习态度很端正,各门课程的学习都很认真投入。有的外国学生在本国考试失利,来读中文本科是为了混个文凭。因为动机不纯,因而学习态度也很消极,迟到、缺课、不交作业,甚至考试通不过而求情等等。学习态度并不是一成不变的。被动的态度经过教育和环境的熏陶影响,可以向好的方向转化;而好的学习态度也会因为某些事件或因素的影响而发生变化。对外汉语教学要取得良好的成效,学习态度是应该引起重视的因素。

良好的学习态度的保持有赖于学习动机的强化以及师生双方的共同努力。明确的学习动机可以激发和促进学习者学习的积极性和自我提高的要求,而且能持续较长的时间,比较稳固。但是有时受外界环境的影响、个人情绪的波动或身体状况的变化,动机会淡化。这就要求教师不断地加以强化和明确,帮助学生重新端正态度,树立信心。比如有一个日本本科生,一直以来学习都非常主动、认真。但进入做毕业论文阶段反而松弛下来,其他学生都进入答辩准备阶段,她连论文初稿都没拿出来,甚至打算延期毕业。指导教师了解到由于求职问题,她的情绪受到较大影响。于是一方面找她谈话,引导她端正态度,树立信心,提高认识;另一方面给她提供了一些切实的帮助,使她重新振作起来。最后该学生顺利通过论文答辩,如期毕业。语言学习往往在初级阶段进步比较明显,进入准中级阶段就会开始放慢提高的速度,或者说,学到一定阶段,学生花了与先前同样的时间和精力却看不到显著的效果。这是语言学习过程中必须要经历的阶段,教师应该鼓励学生,并应想方

---

① 邵瑞珍著:《学与教的心理学》,华东师范大学出版社 1990 年版,第 158 页。

设法调动学生的积极性,强化学习目的,帮助学习者克服各种困难争取进步。学生树立正确的学习动机有利于良好的学习态度的保持。教师如果能以本人的学识素养、教学经验来吸引学生,得到学生的信任,那么就能从另一个角度来帮助学生保持优良的学习态度。另外教师的热情指导、对学生的理解和帮助,都有利于学习者良好的学习态度的形成和保持。

三、性格

性格既属于内部的气质和秉性,又表现为外部的情绪和行为。学习者的性格特征与学习效果是相互影响的。

(一) 性格

性格是个体比较稳定的心理特征。它是人对现实的较稳定的态度和与之相应的行为方式[①]。心理学对性格的这一解释,包含了两层意思:其一,性格是个体对现实的态度。例如对待语言学习,是积极投入的态度还是消极被动的态度;在学习中遇到困难是独立思考、想尽办法独自解决,还是依赖性强、指望着别人的帮助。其二是行为方式。由于态度不同,那么与之相应的习惯化了的行为方式也不同。例如以积极投入的态度对待语言学习,就会采取一系列相应的措施,比如有计划地安排自己的学习,能针对自己的弱项加以重点训练,主动找人交际,练习目的语的运用等等;反之,若以消极被动的态度对待学习,那么表现在学习上,就只满足于完成教师布置的作业,对所学内容缺乏兴趣,发言思考人云亦云,或回避交际,得过且过。

(二) 性格类型与语言学习

性格特征在不同的个体身上有不同结合,构成了不同的性格类型。心理学家按一定的标准对性格进行分类,提出了机能类型说、向性类型说、独立—顺从类型说、特性分析类型说和文化—社会类型说[②]。以下重点介绍与语言学习相关性比较强的三类。

1. 机能类型说

这是由英国心理学家培因(A. Bain)和法国心理学家李波(T. Ribor)提

---

① 韩永昌主编:《心理学》,华东师范大学出版社1993年版,第212页。

② 同上注,第218—223页。

出的按心理标准分出的类别,它以理智、情绪、意志在心理机能方面哪一个占优势来确定性格类型①。

理智型的人常以理智来控制自己的情绪和行为,观察事物细致,遇事冷静,表现在学习上,认真扎实,思维活跃,不易受外界的影响和干扰,不因一时的成绩好坏来左右自己的行为。

情绪型的人遇事易受情绪支配,容易冲动,处理问题常常感情用事。表现在学习上,情绪波动大。有兴趣时情绪高涨、信心十足、干劲倍增,甚至放弃休息,连续作战;遇到困难时烦躁不安,或者闹情绪,甚至一蹶不振。

意志型的人目标明确,自制力强,表现在学习上有毅力、忍耐力强,即使基础差也勇于以自己的意志努力去克服困难,迎头赶上。不足的是有时比较固执,灵活性不够。

这三种是比较典型的类型,也有基于三种的中间型或交叉型的,比如,理智—意志型等。作为教师要努力把握好这三种不同类型的学习者,尤其是对情绪型学习者要善于引导。

2. 向性类型说

这是瑞士心理学家荣格提出的按个人心理活动倾向于内部世界还是外部世界来确定性格类型的学说。心理活动倾向于内部世界的属内向型,反之属外向型②。内向型的人一般深沉稳重,行事谨慎,看重他人的评价,适应环境的过程比较长,或难于适应。表现在语言学习上由于不善交际和说话,所以对于语言结构形式的学习比较深入,基础扎实。而在口头交际方面较为欠缺。外向型的人一般活泼开朗,反应灵活,善于交际,对外界事物易感兴趣。表现在学习上由于爱交际,融入环境快速,所以听说能力的提高快于读写。但有时情绪外露,对事物的感知和把握失于粗疏,或浅尝辄止,因而学得不够扎实。对外汉语教师要掌握这两种类型学习者的性格特征,扬长补短,使他们在充分发挥自己个性特征长处的基础上弥补不足,共同进步。

3. 独立—顺从类型说

这是按照个体独立性的程度来确定性格类型的学说,独立性强的属独立型,反之属顺从型③。独立型的人处事果断,不易受外界的干扰和影响。善于

---

① 韩永昌主编:《心理学》,华东师范大学出版社 1993 年版,第 218—223 页。

② 同上注,第 219—220 页。

③ 同上注。

独立发现问题和解决问题。表现在学习上善于独立思考和完成各项作业。但这类个性的人有时主观武断,容易自以为是,不易接受他人意见、改正错误。顺从型的学习者独立性差,易受外界或他人的干扰或暗示,依赖性强。表现在学习上比较依赖于教师,独立思考、独自解决问题的能力较差。对外汉语教师要避免这两类学习者走极端。防止独立型学习者自以为是,对依赖性强的学习者要创造一些条件训练他们独立思考和完成任务的能力,而不能迁就姑息。

从语言学习的角度而言,动机和态度对学习的影响较之性格可能更大更直接。不论何种性格的学习者,如果他具有正确的学习动机、认真的学习态度,那么它的学习就可能获得良好的效果。性格是非智力因素,性格在学习获得成功的过程中并不起决定因素,但能起到一定的促进作用。例如一个意志坚强,能刻苦、有毅力的人,即使他的语言基础较差,也可以通过不懈的努力而获得成功;相反一个语言基础很好的人,如果他懒散、马虎、依赖性强,那么学习的进展肯定十分缓慢,既没有效率,也不会得到什么好的效果。性格特征对学习效果有一定的影响,好的性格促进学习,学习的成功又能反过来进一步促进良好的性格发展。

对外汉语教学绝大多数是以班级教学的形式进行的。因此在一个班级中,会有各种性格的学习者在一起学习。对外汉语教师在这种情况下,一般应采取从众的方式进行教学。所谓从众,就是以班级中大多数学习者的性格特征为这一班级的主要倾向性特征。根据大多数学习者的个性特征实施教学,同时兼顾少数学习者的个性特征。例如有一个 22 人的班级,其中 20 人是日本、韩国等亚洲学生,只有两个加拿大学生。亚洲学生的个性特征倾向于顺从型,而加拿大学生则倾向于独立型。在教学过程中,加拿大学生很善于独立思考,学了一个新的词语或句型,立即就试着自己来运用。而亚洲学生比较依赖于教师,希望教师举大量的例句让他们模仿。在课堂上他们往往忙于抄写和记录教师的例句,而疏于即时的操练。在这种情况下,教师一方面照顾亚洲学生的特点,板书一定的例句便于他们模仿,但同时也安排一定量的口头练习。这样既兼顾了加拿大学生的个性特征,也可避免亚洲学生开口不足的缺陷。

总之,就语言学习而言,学习者的动机、态度、性格等情感因素都会直接或间接地影响到语言学习的效率和效果,这是值得引起人们重视与关注的。

本 章 小 结

汉语作为外语学习,除了受一般心理活动规律的支配外,还受到个人心理特质和心理因素的影响。

学习者的个体心理特征主要表现为认知风格上的差异。认知风格是指学习者在认知过程中对信息进行加工的方式。它们有场依存性与场独立性、冲动型与沉思型、容忍倾向与排他倾向等几种类型。不同类型表现出不同的认知特点。认知风格具有一定的稳定性,同时也存在一定的可变性。

学习是一种与情感密切相关的心理活动。动机、态度、性格等情感方面的人格特征与学习的效率与效果,相互影响,相互作用。

知 识 运 用

1. 你或周围的同学在认知风格方面占主导地位的是哪种? 具体有哪些表现?

2. 分析一下,动机、态度、性格在外语学习中有怎样的作用和影响。

研 究 热 点

人在学习活动中所形成的认知风格,具有一定的稳定性,但也有可变性。促成认知风格变化的因素可能会有哪些?

第十章　对外汉语教师心理

对外汉语教学的基本原则之一是"以学生为中心,以教师为主导"。教师在教学中,漠视学生的积极能动作用,采取"满堂灌"、"一言堂",固然不可取;而教师退居一旁,放任学生自流,也失之偏颇。实际上教师在课堂内外扮演着各种不同的社会角色,通过这些角色的力量和作用,给学生以示范和指导,给教学以组织和研究。教师的教学,最主要的任务是给学生"传道、授业、解惑",这就要求教师必须具备渊博的学识、一定的专业知识和技能,以及教学的组织能力。另外教师的高度责任感、良好的心理素质和广泛的兴趣,也是吸引学生全身心投入学习的重要条件。

第一节　对外汉语教师的角色和能力

教师是教学活动的主导。教师作为教学活动中必不可少的一方,其心理直接影响着教学活动。认识和研究教师心理,是保证教学活动顺利展开并获得良好效果的必要条件。教师在教学活动中担当什么样的角色,或者说,作为一种社会职业角色,教师应当以什么样的形象出现在教学活动以及人们的视野中,教师应当具备哪些能力才能胜任他的职业角色,这是我们首先要讨论的问题。

一、对外汉语教师的角色

国内学者对教师这一职业角色,有过比较全面的分析和论述。邵瑞珍(1990)认为"每个教师都在不同层次、不同侧面的学校社会生活中,扮演不同的社会角色"。对教师的角色进行分析,可以归纳为:

权威者的角色

1. 知识的传授者；

2. 团体的领导者；

3. 模范公民；

4. 纪律的执行者；

5. 家长的代言人。

心理工作者的角色

1. 朋友与知己；

2. 人际关系艺术家；

3. 心理治疗者。①

莫雷(2002)则将教师在其工作中应具有的角色归纳为五种：

1. 学习的指导者和促进者。教师应当指导学生掌握知识和技能、发展各种能力，促进学生的学习。

2. 行为规范的示范者。教师要以自己的言行作为学生的表率。

3. 心理辅导员。指导学生健康地成长，促进学生良好人格特性的形成。

4. 班集体活动的领导者。帮助学生在集体活动中律己，培养良好的集体气氛与和谐的人际关系。

5. 教育科研人员。通过教育科学研究，解决教学中的问题，提高教学水平②。

综合上述研究，根据对外汉语教学工作的特点，我们认为对外汉语教师基本的职业角色应当是学习的示范者和指导者、教学的组织者和研究者。

（一）学习的示范者

对外汉语教师，除了一般意义上的教师所应具备的职业角色特点，如以自己的品行为学生做出行为示范外，他还需要从对外汉语的专业角度作好示范。对外汉语教学是对母语非汉语的学习者进行汉语教学。对外汉语教师，如果以自己的母语——汉语作为目的语教学，（事实上这种情况占了对外汉语教师的绝大部分）那么首先就应当是一个优秀的语言示范者。这种示范性

---

① 邵瑞珍著：《学与教的心理学》，华东师范大学出版社 1990 年版，第 357 页。

② 莫雷主编：《教育心理学》，广东高等教育出版社 2002 年版，第 519—520 页。

体现在两个层面,其一是语言的示范;其二是语言所承载的文化的示范,特别是交际文化的示范。语言的表达,不论是语音语调、用词造句,还是汉字书写,本身就包含了许多直观性或直觉性因素。学生在学习中,会自觉地、有意地或不自觉地、无意地加以模仿。语言的示范具体表现在:发音吐字应该"字正腔圆";遣词造句必须规范准确;语义表达应当明晰通畅;汉语书写工整、笔画笔顺正确。在这里我们并不否定语言教师的个性化,我们所要强调的是当他作为一个语言教师在教学中面对学生的时候,他应当是优秀的示范者,值得学习者效仿。文化的示范主要表现在语言交际文化和行为文化方面。对外汉语教师将自己的母语作为目的语教给母语非汉语的学习者,这个过程也是一种跨文化交际的过程。在这个过程中,教师通过语言表达和自身行为的表现,对目的语文化作出种种示范。例如,教师在天气变化的时候对学生说:多穿点儿衣服,小心着凉。这是中国文化中对他人表示关心的一种方式,而并非如有些民族文化所认为的,把对方看低了,当成孩子来对待。当然为避免误解,有时应作必要的说明和解释。

（二）学习的指导者

在中国的传统文化中,教师被认为是"传道授业解惑"的"师者"。现代意义上的教师,则不仅仅传授知识,他还必须在学生知识学习和技能掌握的过程中加以指导,帮助学生建构知识体系,促进学生能力的培养。就对外汉语教学而言,一方面,学生通过教师的示范和讲授获得语言知识、通过技能的训练培养语言能力;另一方面,教师从教学过程以及教学反馈中了解学生并加以指导,以激发学生的学习动机,充分发挥其学习的主动性和积极性。例如在语言学习中,由于不同的学习策略的运用,会对学习效率和效果产生一定的影响。如果教师在这方面加以指导,就会给学生提供较为有效的帮助。作为学习的指导者,其作用的发挥往往是建立在师生互动的基础上的。当然由于对外汉语教学的特殊性,互动还必须重视跨文化交际所带来的文化差异方面的影响。

（三）教学的组织者

组织教学活动,实现教学活动的预定目标,是教师最基本的工作。从这一意义而言,教师是教学活动的组织者。组织教学活动,具体体现在设计教学方案、根据教学活动的目的要求选择相应的教学材料,实施教学活动,合理分配时间、内容等教学资源,对教学活动进行调控等。

在形式上,尤其作为语言教学,教师作为组织者,他所组织的教学活动包括课堂教学和课外实践。语言学习,除了课堂教学活动以外,课外的操练和实践将直接影响到教学效果和语言水平的提高。因而,作为对外汉语教师,他不仅有责任组织好课堂教学,也应当有能力组织和安排好课外实践。

(四)教学的研究者

教师不仅从事教学活动,还应对教学活动以及教学活动的对象——学生加以研究。教学活动是一项以理论为基础、以实践为过程的掌握知识和培养能力的智力活动。在这项活动中会产生各种问题,需要加以研究和探讨。因而教师必须具备探求、研究的意识和精神,不断发现问题、进行思考、努力解决问题,提高学习效率。不仅如此,教师还应当研究教学对象,了解学生的心理共性,掌握学生的个性差异,以便因人而异、因材施教。特别是对外汉语教师,由于其教学对象是不同地区和民族、国别各异的学生,由于历史、社会、文化的差别形成了民族心理的差异,在教学中,对外汉语教师尤其应注意其地区、国别差异以及个性差异,以顺利而有效地完成教学任务、实现教学目标。

二、对外汉语教师的能力

教育学和教育心理学对教师的能力有专门的论述。张斌贤等(2002)在阐述教师个体专业性发展时认为:教师个体专业性发展是包括专业思想、专业知识、专业能力和专业自我在内的教师自身素质的提高和专业自我的形成。教师的专业能力包括设计教学的能力、表达能力、组织管理能力、交往能力、处理突发事件的能力、反思能力、研究能力、创新能力[①]。莫雷(2002)将教师的能力概括为:一般教学能力(包括专业知识、组织教材的能力、言语表达能力、组织教学的能力、教学媒体使用的能力)、教学监控能力与教学效能感(即教师对自己影响学生学习行为和学习成绩能力的主观判断)[②]。

综合专家的论述,结合对外汉语教学实践,我们认为对外汉语教师要胜任自己的工作,应具备专业知识和技能、教学能力、监控能力等几方面的能力。

---

① 全国十二所重点师范大学联合编写:《教育学基础》,教育科学出版社 2002 年版,第 118—119 页。

② 莫雷主编:《教育心理学》,广东高等教育出版社 2002 年版,第 525—530 页。

（一）专业知识和技能

对外汉语教师的专业知识和技能应该是多层次和多侧面的，其中包括教师个人的知识结构和语言能力。对外汉语教师的基本知识结构应以汉语语言本体学科知识为基础，以对外汉语教学理论和实践为主导，以广泛的中国文化知识以及跨文化交际的知识为背景，结合心理学、教育学、计算机科学等相关学科知识以及外语来进行构建。对外汉语教师的专业知识是从事对外汉语教学工作的基本保证。

作为语言教师，对外汉语教师要有较强的语言能力应该是不言而喻的。一般情况下，特别是课堂教学，学生主要通过教师的语言传递来获得知识，因而语言表达是教师的基本职业能力。例如介词"对"和"对于"的用法，是外国学生在汉语学习中经常会遇到的问题。对对外汉语教师而言，要解决这一问题，首先就应该具备有关这一对介词的汉语本体知识："对"和"对于"都有引进动作、行为对象的作用，在一般情况下可以通用，即能用"对"的场合大都可以用"对于"。而它们的主要区别在于"对"有指示动作、行为对象的作用，"对于"没有这一用法。"对"和"对于"都有"对待"的意义，但表示人与人的相互对待关系，常用"对"，不用"对于。"[1]此其一。其二，对外汉语教师必须用明白的话语，条理清晰地将上述知识教授给学生。如果教师本人能清晰分辨这对介词之间的区别和用法，但却不能通过举例，明白易懂地来讲清楚这对介词的区别性特征，那么，学生还是无法获得这一知识。对外汉语教学是汉语作为外语的教学，作为对外汉语教师，他的语言表达，不论是语音语调，还是遣词造句，对学生而言，还具有示范作用。因此，教师的教学质量和效果，跟语言表达有密切关系，语言表达的清晰度、逻辑性、说服力、甚至情感因素和表现力都会对学生产生极大的影响。教育心理学认为：教师职业口语是教师在教育教学过程中运用的语言，它要求教师的口语具有规范性、科学性与生动性。教师良好的言语表达能力，表现为形式简单、语句不长、停顿适当、词汇丰富、简练准确、内容具体、形象生动、逻辑严密和符合学生理解水平[2]。

（二）教学能力

对外汉语教学能力包括设计和实施教学，以及分析反馈的能力。首先，

---

[1] 卢福波编著：《对外汉语常用词语对比例释》，北京语言文化大学出版社 2000 年版，第 165—166 页。

[2] 莫雷主编：《教育心理学》，广东高等教育出版社 2002 年版，第 528 页。

设计教学的能力具体表现在三方面：确定教学起点、分析教学对象的汉语程度，这是设计教学的前提。其次是分析教学任务，要确定学习者的现有水平以及学习目标，并探索从学习者现有水平到教学目标这个过程中要跨越的台阶，包括生词、句型(语法)、文化知识等；同时要对教材进行深入细致的研究，要有驾驭教材的能力。再次，设计或充分理解教学大纲，制订教学计划和具体进度。第二，对外汉语教学以传授汉语语言知识、培养语言技能为主要教学目标，在教学实施阶段则应该从方法、教具、活动等方面入手，运用有效的教学技术来进行教学。教师必须具备讲解和操练的教学能力。要进行突出重点、化繁为简、有针对性的讲解。在课堂上要善于提问启发，进行引导。语言学习的过程中改错是经常运用的教学手段，恰到好处的改错也是对教师的基本要求。第三，对外汉语教师还应具备评估教学的能力。在教学反馈阶段应测量与评估教学效果，可以采用测验考试等方式及时得到教学反馈。根据测评结果通过质的量化，检验教学是否达到目标。如部分达到或未达到的须找出原因，分析学生语言错误的性质以及成因并采取相应措施进行补救。

（三）监控能力

监控能力是教师的教学组织管理的能力。把握好教学进度，有效地组织教学，控制教学节奏，调节课堂气氛，引导学生积极参与教学活动，都是监控能力的具体表现。把握教学进度，有效地组织教学，其目的是为了实现教学目标，这是在进行课堂教学前，教师已设定计划好的。要把握好教学进度，有效地组织教学，首先必须熟悉学生的知识水平、学习能力和个性差异。在班级的课堂教学中，由于学生群体中个体差异的存在，会对教学组织和教学进度带来影响。例如一个教学内容有的学生理解起来快，而有的则比较费时费劲。一个课堂提问，有的学生很快做出反应而有的学生不是答错就是答不上来，这些都会影响到教学进度以及教学组织的有效性。这就要求教师在对学生充分了解的基础上，根据学生的个体差异来组织教学、进行调整。在保证教学质量的前提下组织好教学活动，把握好教学进度，使教学过程能进行得比较顺利。

教师的监控能力还表现在控制教学节奏，调节课堂气氛，引导学生积极参与教学活动中。心理学认为，高级神经活动的基本过程是兴奋过程和抑制过程，有机体的一切反射活动都是由这两种神经过程的相互关系决定的。兴

的改错也是

196 对外汉语教学心理学

奋过程是跟有机体的某些活动的发动或加强相联系的；抑制过程是跟有机体的某些活动的停止或减弱相联系的。兴奋和抑制虽然作用相反，但又是互相依存，互相转化的①。整个大脑或大脑的某一部位有时兴奋占优势，有时抑制占优势，有时由兴奋转入抑制，有时由抑制转入兴奋。当某类信息刺激过强、过多或作用时间过长时，大脑皮层神经细胞会因兴奋过度而进入抑制状态，以此保护疲劳的脑细胞，使之免受损坏，心理学称之为超限抑制，也叫保护性抑制②。教学过程中如不注意节奏，一味地加强信息刺激，加大教学容量，加长教学时间，结果不但不能引起学生大脑皮层神经细胞的兴奋，反而使抑制得以发展。学生头脑里信息饱和，昏昏欲睡，效果适得其反。

如果教学过程中能注意教学的节奏，在两个教学段之间有意识地安排一些间歇和活动，就能取得较好的教学效果。例如完成一个教学段之后，提出与下一语段有关的能激发兴趣的问题，引起学生的好奇与思考，师生共同展开讨论。这样既活跃了课堂气氛，又可适时地把学生的注意、记忆、思维凝聚到新的语段教学，进入又一个兴奋高峰。也可在一个教学段之后，变换教学手段，例如使用电视录像、游戏、模拟实践等，把学生大脑皮层的神经细胞的兴奋点转移到另一个能激发起兴趣、唤醒其注意的中心上来。虽然原来的信息通道已被抑制，但学生又进入了新的兴奋状态，从另一种形式的感觉通道继续接收着新的知识信息。这样，就可控制和避免大脑皮层神经细胞由兴奋向抑制转化，保证后续教学取得较好的效果③。

语言教学是一项培养学生语言能力的教学活动。调节课堂气氛，引导学生积极参与教学活动，能发挥他们的主观能动性，给学生提供更多的操练机会，通过训练掌握语言技能。课堂气氛是教学中师生心理活动发出的外在信息，它会在不知不觉中给师生双方造成一定的心理影响。对外汉语教学的对象往往来自于不同的国家和地区，不同国别的学生由于长期以来生活的社会环境和民族文化的影响，形成了不同的心理特征和外在表现，例如东方学生比较拘谨，西方学生比较活跃。这就要求教师能调节好课堂气氛，灵活把握与创造性地发挥各种教学活动和教学方式的作用。同时对自己所从事的教学工作具有充分的信心，能快速应变教学中出现的各种问题，并加以妥善解决。

---

① 叶奕乾、祝蓓里主编：《心理学》，华东师范大学出版社1996年版，第25—26页。
② 华东师范大学心理学系主编：《心理学》，华东师范大学出版社1984年版，第47页。
③ 徐子亮著：《汉语作为外语教学的认知理论研究》，华语教学出版社2000年版，第280页。

第二节　对外汉语教师的人格特征

教师的人格特征对教育和教学都具有影响力：学生对教师的信赖，往往来自教师的高度责任感；学生对学习的信心，往往来自教师稳定的情绪；学生对学习的热情，往往来自教师丰富的学识与广泛的兴趣。因此，对外汉语教师具备这些人格特征，是教学取得良好成效的重要因素。

一、对外汉语教师的人格特征

教师的人格特征对其所从事的教育工作会产生重要的影响。教师的人格特征是教育心理学研究的一个方面。莫雷（2002）认为教师的人格特征主要表现在行为动机和行为目标、兴趣、情绪、意志、道德、能力六个方面[①]。邵瑞珍（1990）将有成效教师应具备的人格特征概括为教师的自我意识、教师的责任心、教师对学生的期望、教师的焦虑、教师的挫折忍受力和教师人格结构的 PAC 理论（P 父母态，A 成人态，C 儿童态）六个方面[②]。

对外汉语教学工作是一项综合多种因素的复杂的教学工作，因而它对于从事这项工作的教师也有比较高的要求。除了知识和能力等要求以外，要使教学工作富有成效，教师在人格特征方面就应当具备高度的责任感、稳定的情绪和广泛的兴趣这几个基本要素。

（一）高度的责任感

责任感是个人自觉地把自己所承担的任务和负责的工作做好的一种心情，是一个教师所必须具备的基本素质。对外汉语教师的高度的责任感建立在他对自己所从事的工作意义的认识之上。对外汉语教学是一项国家和民族的事业，进行汉语国际推广，是中国走向世界，加强中国同世界各国的联系和交流的重要工作。对这项工作意义的正确认识能使教师以高度的责任感去完成自己的教学工作。

具有高度责任感的教师能够自觉而认真地投入到对外汉语教学工作中

[①] 莫雷主编：《教育心理学》，广东高等教育出版社 2002 年版，第 537 页。
[②] 邵瑞珍著：《学与教的心理学》，华东师范大学出版社 1990 年版，第 369 页。

去，他们会克服各种困难，尤其是因为跨文化交际而对教学工作可能带来的障碍；他们也会对工作负责，而不会因为有没有考核或检查而有所改变。他们的教学一般是成功的，并往往受到学生的欢迎。教师的工作责任感不仅直接作用于教学工作，还会对学生产生心理影响，使学生信服和信赖教师，从而提高教师的威信。

（二）稳定的情绪

稳定的情绪表现在教师对学生的耐心以及对自身焦虑的控制。语言学习是一项需要意志和毅力的学习。学生在学习过程中会遇到各种困难和问题，例如对有些句子意思的理解，学生会有困难，往往需要教师反复加以说明，这就需要教师有足够的耐心用各种方式去帮助学生理解和掌握。由于对外汉语教师所面对的一般是外国学生，不同的社会文化背景以及由于跨文化交际，有时会产生影响教师上课心态的现象，这就需要教师控制自己的情绪。例如学生提出一些教师在备课中意想不到的问题，或者由于教师因所教的目的语是自己的母语而习以为常、一时回答不出的问题，教师为了维护自己的自尊心，可能会做出不恰当的反应。这些现象的发生要求教师克服自己的焦虑，能够理智对待各种问题，控制和调节自己的情绪，以不懈的努力去克服困难而不是抱怨、责怪或推卸责任。教师稳定的情绪是教学工作顺利开展并取得良好效果的基本保证。教师稳定的情绪也会感染学生，使师生关系融洽，使学生产生亲近教师的心理效应。

（三）广泛的兴趣

对外汉语教师广泛的兴趣表现在对新知识的追求、对新事物的探索，对所教的学科和有效的教学倾注极大的兴趣；表现在善于思考和探究，善于进行各项交际活动；也表现在对生活经验和世界知识的热情关注和吸取。教师在教学中表现出来的兴趣也会引起学生的兴致，能帮助教师吸引外国学生，在学生中树立威信。

比如，有一位资深的对外汉语教师，由于他具有广泛的兴趣，且能将这些兴趣倾注在教学之中，因而取得了较好的教学效果。他对文字有研究，遇到学生难以识别和掌握的字词，如"盗寇"，就能从汉字的结构来分析："盗"字的"次皿"是"垂涎别人的器皿"、"寇"字的"完攴"是"持棍入屋击人"，通过这种方法帮助学生认读和识记。他对词义有研究，到一定阶段就引导学生整理同义词和反义词，如"热情、热心、热忱、热诚、亲热、亲切"和"冷漠、冷淡、冷清、冷静、冷落"等等，有意识地帮助学生建立心理词典中的语义网络。他对词法和句法有研究，善于思考和总结规律性的东西让学生去掌握，如有学生问到：星期与周同义，为什么可说一个星期，而不说一个周？这位教师引导学生思考汉语中借用名词作量词的情况：桶、盆，当其为名词时，可说一个桶，一个盆；当其借为量词时，只能说一桶米、一盆水，决不可加"个"，就像度量衡量词，不说"一个斤、一个寸、一个克"一样。而"星期、月、年"与"区、县"等既是名词，又是量词，所以可说：一星期、一月、一年、一区、一县，也可说：一个星期、一个月、一个年、一个区、一个县等。这样一比较，学生就清楚了。他还有意识地培养和指导学生讲究学习策略，如快速阅读时，如何抓住主要信息和线索，跳过次要或无关紧要的东西；听力课，如何把握和摄取关键语句以及注意题目所要求的细节；会话时，如何进行问和答，如何展开话题，等等。在课外活动中，这位教师还善于利用周围的景物和环境传播中华文化，如让学生认商店的招牌，他在一旁解释"老介福"、"老凤祥"等的文化涵义，让学生了解中国人喜欢"大福"、"吉祥"的心态。正是这位教师的广泛兴趣和对教学的思考和探索，使他赢得了学生的信赖和称颂。

对外汉语教师的广泛兴趣还可以表现在丰富的知识和经验上。如果教师对中国的书法和文房四宝有兴趣，他就可以给学生介绍书法中不同字体的特点，如柳体的风骨、欧体的娟秀、颜体的浑厚、魏体的遒劲；也可以介绍湖笔、徽墨、宣纸、端砚之所以闻名的特征，如宣纸的柔韧和色泽的经久不变等等。如果教师对旅游感兴趣，他就可以给学生讲述中国的山水。比如黄山的秀、华山的险、泰山的雄、庐山的奇。如果要看海，那么宁静如世外桃源的莫过于与普陀山一水之隔的桃花岛；想要领略惊涛拍岸、天地浩淼，则可以去胶州半岛，那里有一块中国版图最东面的陆地。在它的身后是几百万平方公里的陆地，而它的前面就是人们称为"天尽头"的浩瀚大海。广泛的兴趣和丰富的知识是优秀的对外汉语教师人格特征的体现。

二、对外汉语教师的角色认知及影响力

对外汉语教师的影响力最直接地作用于学生。这种影响力具体表现在教师对学生的角色认知、对学生的期待，以及教师的个人形象对学生产生的榜样作用。

（一）角色认知

角色认知是个体对自己或他人的社会地位、身份以及相应的行为规范的认知过程①。教师对学生的认知往往是一种角色认知，它常常带有一定的主观色彩。人们常说的第一印象、刻板印象以及心理学中的晕轮效应都属于角色认知的范畴。

1. 第一印象

第一印象是人们对初次见面的人的印象，是对其年龄、身材、衣着、谈吐、仪表、姿态等等的印象。第一印象好，以后就会对其行为向好的方面去考虑和解释，反之，则向相反方向思考。这种情况往往发生在教师身上，对外汉语教师也不例外。比如外国学生入学的分班面试时，有的表现比较优秀，对教师恭敬礼貌，回答问题反应较快，或者表现出对学习抱有很大的期待，那么就会给教师留下良好的印象。如果该生以后分到面试教师所教的班，那么即使有些不足或发生差错，教师也会或者不自觉地加以弥补甚至袒护。反之，如果一个学生在面试时表现较差，则会给教师留下相反的印象。第一印象往往会掩盖学生的发展变化，这就要求教师要以发展的眼光来全面评价学生。

2. 刻板印象

刻板印象指的是人们头脑中对存在的某一类人的固定印象。在教育心理学中，指教师头脑中存在的关于某一类学生的固定形象②。这种固定形象往往来自教师从外界得到的各类信息，如书籍、音像传媒中对某一类人的形象塑造，抑或是教师按照个人的经验或在个人生活经历的基础上对学生所作的结论。刻板印象会产生积极的作用，它能帮助我们将学生进行归纳分类，以便整体判断和概括性地了解一类学生。但是刻板印象也有消极作用，由于进行整体概括，所以常常会抹去群体学生中的个别差异。例如对外汉语教师往往根据自己的工作经验，概括东西方学生的个性特征。一般而言，东方学生比较拘谨，而西方学生则比较活泼、开朗。曾有一个初次担任教学工作的新教师，根据人们对外国学生的一般印象，在检查学生复习的一项练习中，挑选了两个西方学生到黑板前来听写生词。结果其中一个美国女学生因为写错了一个汉字而当场就哭了起来，这使新教师手足无措，在对学生百般安慰以后，课才得以继续进行下去。这个教学实例就生动地说明了刻板印象往往

---

① 邵瑞珍著：《学与教的心理学》，华东师范大学出版社1990年版，第384页。
② 同上注，第385页。

会对现实中各具特性的学生做出不正确的判断。美国学生相对而言比较开朗、外向，但也不乏有较为内向、拘谨的学生。正确的做法应该是对学生既要有整体的想象又要了解其个性特征，只有这样才能正确地对待学生，顺利地进行教学。

3. 晕轮效应

晕轮效应是指教师对学生的某个特殊印象特别强烈，以至于以此为中心扩大了这种印象，并以这个印象掩盖和代替了他的特征。这是一种以偏概全，以点带面的观念，教育心理学上称之为"晕轮效应"[①]。对学生的了解和认识中如果产生晕轮效应，往往会造成以偏概全的偏差。例如有位对外汉语教师遇到一个来自亚洲的外国本科生，该生各门课程都学得很吃力，成绩勉强及格，因而对他产生了不好的印象。而事实上这个学生的社会活动能力很强，课余的大部分时间忙于学生会的工作，组织各种中外学生的交流活动。教师在一个偶然的机会了解到这种情况，才改变了对他的看法。以后教师找这个学生谈话，进行引导，指出他的成绩和不足。期末考试，这个学生有了比较大的进步。

角色认知是一种正常的心理现象，对外汉语教师必须在工作中努力克服角色认知中可能产生的偏差，正确客观地了解自己的教学对象，并给予指导和帮助，努力提高教学水平。

（二）皮革马里翁效应与教师期待

皮革马利翁是古希腊神话中塞浦路斯的国王。这个国王擅长雕刻，并且把自己的全部感情与期望倾注于他所雕刻的美丽少女雕像的身上。后来在爱神的帮助下雕像被赋予了生命，最终使国王如愿以偿。国外教育家借用这个神话故事来比喻教师对学生的期待作用，将其称为"皮革马里翁效应"[②]。

罗森塔尔（R. Rosenthal）和雅各布森（L. F. Jacobson）曾在小学1—6年级的学生中作过一个"预测未来发展的测验"。他们随机在各班抽取20％的学生作为实验组，并有意告诉教师这些学生是"未来的花朵"，有很大的发展潜力。八个月后再对全体学生进行了一次同样的测验，结果发现被认定为"未来花朵"的学生在智力上比其他学生有更大提高，并且在教师的期末评定

---

① 邵瑞珍著：《学与教的心理学》，华东师范大学出版社1990年版，第385页。

② 韩永昌主编：《心理学》，华东师范大学出版社1993年版，第352页。

中,这些"未来花朵"明显优于其他学生。这个实验表明,一方面教师受到实验者的暗示,对"未来花朵"倾注了更大的热情与关注;另一方面,这些"未来花朵"在得到教师的期待后产生了激励效应,更加努力地学习,而教师得到学生的反馈也会以更大的教育热情来期待这些学生。这种被罗森塔尔称之为"皮革马里翁效应"的现象说明了教师的期待足以影响学生的学习①。

对外汉语教师在教学中对学生的期待和关注同样会激励学生的学习热情。上海某教学单位曾接待过日本一著名大公司派遣来中国学习中文的7名公司学员。在十个月的时间里经过强化学习,这些公司学员的汉语水平从零起点一跃而通过汉语水平考试中的中等级别,其中1人八级,5人七级,1人六级。在这十个月的时间里,所有任课教师全身心地投入到教学工作之中,不时地以汉语水平考试八级的目标来激励学员,以自身对学员的信赖和期待来影响他们。可以说赢得这次培训的成功有多种原因,但是师生间互相感染、激励是不可或缺的重要因素。

教师对学生的期待有着有意识和无意识之分,有时是教师的主动影响,有时是教师在不自觉中的流露。如果对外汉语教师了解到教师期待的作用,则能给学生带来积极的影响。当然教师的期待应该建立在对学生全面了解和评价的基础上,才能更好地发挥应有的作用。

（三）对外汉语教师的影响力

除了对外汉语教师高度的责任感、稳定的情绪、广泛的兴趣等人格特征,以及教师的期待能对学生产生影响以外,教师的衣着、谈吐、仪表、姿态等形象以及他的行为方式等也会在各方面感染和影响学生。对外汉语教师是汉语国际推广工作的主要的执行者。这项工作是直接把中国的语言文化传播到海外,它将增进世界对中国的了解,加强国际交流。因此对外汉语教师的形象不仅仅代表个人,更代表着一个国家和一个民族。中国有史以来一直以"礼仪之邦"著称,尤其以五千多年悠久的文明史著称于世。因此,应当让学生从对外汉语教师的身上体会文明之邦的精神。对外汉语教师,尤其面对学生的时候,应当十分注意个人的仪表和形象,注意自身的谈吐及行为。例如个别男教师不修边幅,胡子拉碴,衣服皱巴巴的,就会引起学生的不快;有的青年女教师衣服太露,招来学生的议论,也会带来不好的影响。往往衣着

---

① 叶奕乾、祝蓓里主编:《心理学》,华东师范大学出版社1996年版,第420页。

整洁而又大方,言行端庄而又热情的教师,会得到学生的尊敬和信赖。

对外汉语教师的工作实际上是在进行着跨文化交际,因而对跨文化交际知识的掌握和运用,是对对外汉语教师提出的一个重要的课题。例如,在相互谈话时采取什么姿势,是站立还是坐下,也会因文化而异。中国人喜欢请客人坐下,他们认为站着的客人不好答对。因此在请人时会说:"请到我家来坐坐。"而西方人有喜欢站着办事的习惯。西方人邀请人时不会像中国人那样说声"请到我家坐坐",而是用"请到我家来好吗?"这样就回避了坐和站的问题。在很多场合,西方人对"站"有一种偏爱,他们站着开会,站着吃饭,站着聊天……这是传统习惯,有时与效率有关,有时却丝毫无关。他们认为站着交谈会使气氛更加和谐、亲切①。对外汉语教师在工作交际中,一方面要让学生充分了解中华民族的社会习俗、生活习惯和文化心理;另一方面也要了解相异民族的社会习俗和文化心理。交际行为是文化和社会的行为,通过交际可以加强沟通。但是由于文化的差异和母语文化的思维定势、交际原则与价值观念的差异,可能产生交际障碍,因而对外汉语教师要在交际过程中通过自己的行为体现中华文化的精华。在与学生的相互接触和交流中,求同存异地对待文化冲突;在立足母语文化的优秀传统和本质特征的基础上,汲取相异文化的长处,不断发展进取,这是对外汉语教师应持的态度,这种态度也将对学生产生巨大的影响。

本 章 小 结

教师在不同层次、不同侧面的学校社会生活中,扮演不同的社会角色。他们是学习的示范者,学习的指导者,教学的组织者,教学的研究者。

对外汉语教师应具备专业知识技能、教学能力和监控能力,才能胜任教学工作。

对外汉语教师在人格特征方面应当具备高度的责任感、稳定的情绪、广泛的兴趣等几个基本要素。

对外汉语教师对学生的角色认知,对学生的期待,以及教师的个人形象对学生有直接的影响力。

知 识 运 用

1. 为什么说教师要扮演多种社会角色?他们在教学活动中的作用是

---

① 贾玉新著:《跨文化交际学》,上海外语教育出版社 1997 年版,第459—460页。

什么？

2. 一个合格的对外汉语教师应具备哪些知识、能力和人格？

研 究 热 点

　　在对外汉语教学活动中，要充分发挥教师的主导作用。探讨教师吸引、激励学生努力学习，提高学生的学习效率和效果的方法与举措。

第十章　对外汉语教师心理

参 考 文 献

柏树令主编:《系统解剖学》,人民卫生出版社 2001 年。

北京语言学院来华留学生二系编:《中级汉语听和说》,北京语言学院出版社 1990 年。

桂诗春编著:《实验心理语言学纲要》,湖南教育出版社 1991 年。

韩永昌主编:《心理学》,华东师范大学出版社 1993 年。

胡裕树主编:《现代汉语》,上海教育出版社 1989 年。

华东师范大学心理学系主编:《心理学》,华东师范大学出版社 1984 年。

贾玉新著:《跨文化交际学》,上海外语教育出版社 1997 年。

李维主编:《认知心理学研究》,浙江人民出版社 1998 年。

刘爱伦主编:《思维心理学》,上海教育出版社 2002 年。

卢福波编著:《对外汉语常用词语对比例释》,北京语言文化大学出版社 2000 年。

莫雷主编:《教育心理学》,广东高等教育出版社 2002 年。

彭聃龄主编:《语言心理学》,北京师范大学出版社 1991 年。

彭聃龄主编:《汉语认知研究》,山东教育出版社 1997 年。

彭聃龄主编:《汉语认知研究——从认知科学到认知神经科学》,北京师范大学出版社 2006 年。

全国十二所重点师范大学联合编写:《教育学基础》,教育科学出版社 2002 年。

邵瑞珍著:《学与教的心理学》,华东师范大学出版社 1990 年。

束定芳、庄智象著:《现代外语教学——理论、实践与方法》,上海外语教育出版社 1996 年。

王初明著:《应用语言心理学》,湖南教育出版社 1990 年。

王甦、汪安圣著:《认知心理学》,北京大学出版社 1992 年。

徐子亮著:《汉语作为外语教学的认知理论研究》,华语教学出版社 2000 年。

徐子亮:《汉语作为外语的口语教学新议》,《世界汉语教学》2002 年第 4 期。

对外汉语教学心理学

徐子亮：《语言实践在口语自动化中的作用》，《对外汉语论丛（第二集）》，上海外语教育出版社 2002 年。

徐子亮：《写作教学中培养外国学生用汉语思维和表达的方法谈》，《对外汉语教研论丛（第三辑）》，华东师范大学出版社 2005 年。

徐子亮、吴仁甫著：《实用对外汉语教学法》，北京大学出版社 2005 年。

杨治良等编著：《记忆心理学》，华东师范大学出版社 1999 年。

叶奕乾、祝蓓里主编：《心理学》，华东师范大学出版社 1996 年。

张必隐著：《阅读心理学》，北京师范大学出版社 1994 年。

张长城、葛斌贵、周保和主编：《人体生理学》，科学技术文献出版社 1993 年。

章兼中著：《外语教学心理学》，安徽教育出版社 1986 年版。

章兼中著：《国外外语教学法主要流派》，华东师范大学出版社 1986 年。

张志公主编：《现代汉语（中册）》，人民教育出版社 1982 年。

朱纯编著：《外语教学心理学》，上海外语教育出版社 1994 年。

［美］John B. Best 著，黄希庭主译：《认知心理学》，中国轻工业出版社 2000 年。

Kurt Pawlik Mark R. Rosenzweig 主编，张厚粲主译：《国际心理学手册》，华东师范大学出版社 2002 年。

［英］Michael Eysenck 著，阎巩固译：《心理学——一条整合的途径》，华东师范大学出版社 2002 年。

［美］Robert. L. Solso 著，黄希庭等译：《认知心理学》，教育科学出版社 1990 年。

［美］R. M. Gagné 著，皮连生等译：《学习的条件和教学论》，华东师范大学出版社 1999 年。

［英］Christine Nuttall 著，Teaching reading skills in a foreign language. 上海外语教育出版社 2002 年。

Piaget. J & Inhelder. B, *Memory and Intelligence*. New York：Basic Books，1973.

Skinner. B. F., *Verbal Behavior*. New York：Appleton-Century-Crofts，1957.

［美］William Grabe and Fredricka L. Stoller 著，Teaching and researching Reading. 外语教学与研究出版社，北京，2005 年。

后　记

　　著作的撰写不外乎两种缘由：主观的意愿或客观的促进与需求。本书的写作当属后者。2005年，我从对外汉语学院的汉语言系调到对外汉语系。当时学院正在进行本科学历教育改革，副院长顾伟列教授积极敦促我开设新课。不久，学院开始组织本丛书的编写。几方面的促进之下，便有了本书的撰写。

　　春花秋月，寒来暑往，时光随着一章章书稿的写成而流逝。两年的教学、科研工作之余，我所有的时间几乎都交付给了本书的写作。

　　付梓之际，谨以有限的文字向所有给予支持和帮助的人们表示衷心的感谢：对外汉语学院的领导促进了本书的撰写并为出版提供了良好的条件；潘文国教授始终关注和指导并惠赐佳序；吴仁甫教授将我们合作撰著《实用对外汉语教学法》一书时所搜集、积累而未及利用的资料提供给我；华东师范大学出版社编辑曹利群女士为本书付出了辛勤的劳动。

　　将心理学研究与对外汉语教学相结合并作系统的阐述，在对外汉语教学界还是一项尝试性的工作。不周密之处，恳请学界同行与广大读者批评指正！

徐子亮

2007年大暑日写于上海

对外汉语教学心理学